U0541348

国家社科基金一般项目"基于全球价值链的中国流通业对外直接投资研究"（项目批准号：15BJY114）结项成果

智库丛书
Think Tank Series

袁平红 著

中国流通业对外直接投资
基于全球价值链（GVC）视角

中国社会科学出版社

图书在版编目（CIP）数据

中国流通业对外直接投资：基于全球价值链（GVC）视角/袁平红著.
—北京：中国社会科学出版社，2024.1
ISBN 978-7-5227-2866-7

Ⅰ.①中… Ⅱ.①袁… Ⅲ.①流通业—对外投资—直接投资—研究—中国 Ⅳ.①F832.6

中国国家版本馆 CIP 数据核字（2023）第 246700 号

出 版 人	赵剑英
责任编辑	周　佳
责任校对	胡新芳
责任印制	王　超

出　　版	中国社会科学出版社
社　　址	北京鼓楼西大街甲 158 号
邮　　编	100720
网　　址	http://www.csspw.cn
发 行 部	010-84083685
门 市 部	010-84029450
经　　销	新华书店及其他书店
印　　刷	北京明恒达印务有限公司
装　　订	廊坊市广阳区广增装订厂
版　　次	2024 年 1 月第 1 版
印　　次	2024 年 1 月第 1 次印刷
开　　本	710×1000　1/16
印　　张	18.75
插　　页	2
字　　数	298 千字
定　　价	98.00 元

凡购买中国社会科学出版社图书，如有质量问题请与本社营销中心联系调换
电话：010-84083683
版权所有　侵权必究

目　　录

序　言 …………………………………………………………… (1)

第一章　导论 …………………………………………………… (1)
第一节　研究背景与研究意义 ……………………………… (1)
第二节　研究内容、研究方法与技术路线 ………………… (4)
第三节　创新与不足 ………………………………………… (8)
第四节　主要概念界定 ……………………………………… (9)

第二章　文献综述 ……………………………………………… (20)
第一节　全球价值链 ………………………………………… (20)
第二节　中国流通业对外直接投资 ………………………… (30)
第三节　中国对外直接投资与全球价值链关系研究 ……… (36)
第四节　本章小结 …………………………………………… (40)

第三章　中国流通业 OFDI 和 GVC 参与现状 ……………… (42)
第一节　中国流通业对外直接投资环境 …………………… (42)
第二节　中国流通业对外直接投资现状 …………………… (57)
第三节　中国流通业 GVC 参与率与地位测算 …………… (74)

第四章　GVC 视角下欧美国家流通业 OFDI 经验及启示 ……… (83)
第一节　GVC 视角下美国流通业 OFDI 特征、经验与启示 ……… (83)
第二节　GVC 视角下美国沃尔玛 OFDI 及启示 ……………… (94)

第三节　GVC 视角下美国亚马逊 OFDI 经验与启示 …………(110)
　　第四节　GVC 视角下其他国家流通企业 OFDI 的经验
　　　　　　与启示 ………………………………………………(117)
　　第五节　本章小结 ………………………………………………(130)

第五章　中国流通业 OFDI 对 GVC 地位的作用机理与效应 ………(132)
　　第一节　中国流通业 OFDI 影响 GVC 地位的作用机理 ………(132)
　　第二节　GVC 视角下中国流通业 OFDI 效应分析 ……………(144)
　　第三节　中国流通业 OFDI 与 GVC 构建：以跨境电商为例 ……(155)

第六章　基于 GVC 的中国流通业 OFDI 区位选择与优化 …………(164)
　　第一节　GVC 下中国流通业 OFDI 区位选择：母国因素 ……(165)
　　第二节　GVC 视角下中国流通业 OFDI 区位选择：
　　　　　　东道国因素 …………………………………………(169)
　　第三节　GVC 视角下中国流通业 OFDI 目标国选择与优化 ……(194)

第七章　基于 GVC 的中国流通业 OFDI 障碍及破除机制 …………(204)
　　第一节　GVC 视角下中国流通业 OFDI 面临的主要障碍 ……(204)
　　第二节　GVC 下中国流通企业 OFDI 障碍分析：
　　　　　　以苏宁易购为例 ……………………………………(209)
　　第三节　基于 GVC 的中国流通业 OFDI 障碍破除机制 ………(225)

第八章　GVC 视角下中国流通业 OFDI 战略 ……………………(243)
　　第一节　GVC 视角下中国流通业 OFDI 的基本目标 …………(243)
　　第二节　GVC 视角下中国流通业 OFDI 的主要路径 …………(245)
　　第三节　GVC 视角下促进中国流通业 OFDI 的支持体系 ……(248)

参考文献 ………………………………………………………………(255)

附　　录 ………………………………………………………………(267)

序　言

摆在读者面前的这部《中国流通业对外直接投资——基于全球价值链（GVC）视角》专著，是由我主持的国家社科基金一般项目"基于全球价值链的中国流通业对外直接投资研究"（项目批准号：15BJY114）的最终研究成果。

流通业属于全球价值链的高端环节。自2004年以来，中国流通业对外直接投资快速发展，对外直接投资存量仅次于租赁和商务服务业，位居第二。但是，与发达国家尤其是美国相比，中国流通业对外直接投资不仅规模小，而且缺乏全球价值链的话语权。以全球价值链理念为引领，实现中国流通业高水平"走出去"，推动中国从流通大国向流通强国迈进，助推国民经济高质量发展，成为中国流通业发展的新使命。

本书共分为八章。第一章是导论，围绕研究背景、研究意义、研究内容、研究方法与技术路线、创新与不足以及主要概念界定展开。第二章对本书涉及的主要文献进行了梳理。第三章分析全球价值链视角下中国流通业对外直接投资环境和全球价值链参与现状。研究发现，中国流通业对外直接投资存量超过2/3沉淀在亚洲，大约1/4沉淀在拉丁美洲。中国流通业境外直接投资者逐渐增加，中国流通业境外企业数量占中国境外企业总数的比重超过28%。中国流通业的全球价值链参与度及分工地位测算的结果表明，中国流通业全球价值链前向参与度长期处于1%以下的水平，后向参与度在5%上下浮动，中国流通业在全球价值链分工中处于下游水平。

第四章涉及欧美发达国家流通业对外直接投资的经验及启示。全球价值链视角下欧美发达国家流通业对外直接投资经验表明，对母国市场的绝对控制权是流通业对外直接投资的根基。开展对外直接投资的流通企业，要么对整条价值链具有控制权，要么对全球价值链的核心环节具有绝对控制权。流通企业全球价值链治理的核心在于对供应链的管理。要获得全球价值链的主导地位，流通企业必须拥有自主品牌开发的能力。国际市场进入模式呈现多元化，在实际运营中，处理好全球化和本土化的关系很重要。

第五章主要研究中国流通业对外直接投资对全球价值链地位的作用机理与效应。中国流通业对外直接投资从正、负两个方面，对中国流通业全球价值链地位产生影响。中国流通业对外直接投资通过产业结构合理化和高级化两个路径，对中国流通业全球价值链分工地位产生正面影响。对外直接投资引发的资本外流、对国内投资的挤出效应以及海外投资盲目扩张，将对中国流通业全球价值链分工地位产生负面影响。中国流通业对外直接投资对中国流通业全球价值链地位的最终影响，取决于这两种影响的相对大小。利用2004—2015年中国流通业对外直接投资、中国流通业全球价值链分工地位数据进行的实证分析结果显示，中国流通业对外直接投资规模每增加1%，中国流通业全球价值链地位会下降0.0501788%，表明在此期间中国流通业对外直接投资的负面影响超过了正面影响。从调查问卷的模糊数学评价可知，中国流通业对外直接投资的产业内溢出效应强于产业间溢出效应。

第六章主要研究全球价值链视角下中国流通业对外直接投资的区位选择以及优化方向。从母国和东道国视角出发，分析中国流通业对外直接投资的区位选择依据及优化方向。针对东道国选择影响因素的调查问卷进行的模糊数学评价结果表明，中国流通业对外直接投资选择东道国时，比较看重以下几个因素：东道国的经济发展水平、东道国流通业的法律法规以及其流通业的发展水平、东道国与中国的经贸往来、东道国的政治稳定性以及东道国的地理位置。中国流通业对外直接投资的目标国选择总体方向为，针对发达国家和发展中国家的投资同时进行、全球整体扩散与区域相对集中相结合。

第七章分析全球价值链视角下中国流通业对外直接投资的障碍，以苏宁为例进行分析，据此从国家和产业层面提出相应的对策。中国流通业对外直接投资障碍的调查问卷结果表明，东道国的市场进入限制、跨国管理人才缺乏、商业品牌价值低、资源整合能力差、跨境供应链整合难度大，是中国流通业对外直接投资面临的最主要障碍。为此，中国政府需要加快推进中国自由贸易区战略，助推中国流通业国际市场准入，继续推动双边投资协定，加强中国流通业海外投资安全，以双边税收协议为抓手，保障中国流通业海外投资收益的获取；尽快制定统一的对外投资法，完善中国对外投资法制体系。中国流通业则要实现全球化与本土化的兼容，确保流通企业在东道国扎根；做好税收规划，选择OFDI架构，维护集团全球税收利益；以全球价值链为引领，提升流通企业对供应商的整合能力；将成本节约与顾客导向相结合，打造流通企业柔性供应链。

第八章则从基本目标、投资路径、配套政策等角度出发，制定全球价值链视角下中国流通业对外直接投资的总体战略。以全球价值链为引领，创建由中国流通企业主导并能实现全球生产和消费有效匹配的价值链网络，这是GVC视角下中国流通业对外直接投资的总目标。具体目标则包括以OFDI流量增长带动OFDI存量增长；打造大型流通企业，提高中国流通业国际话语权；以跨境电子商务为抓手，参加全球流通业市场准入规则制定。中国流通业OFDI的去向，共建"一带一路"国家是首选，稳定在西欧、北美的投资，增加对非洲的投资。对外直接投资的主要方式包括合资、独资、并购。店铺类型则可以是实体店铺、虚拟店铺以及实体店铺和虚拟店铺的结合。GVC视角下促进中国流通业OFDI的政策支持体系包括四个方面：引导支持中国流通企业发展，夯实对外直接投资根基；关注海外投资国际环境，做好中国流通业对外直接投资的风险管控；加快研究统一的对外投资法，完善中国流通业对外直接投资的支持政策体系；加强公共外交参与全球治理，改善中国流通业对外直接投资的国际环境。

从初稿写作、修改到终稿的完成，本书凝聚了国内流通界学术前辈、匿名评审专家的集体智慧。在书稿大纲的撰写、修改阶段，衷心感谢柳思维教授提出的宝贵意见。在书稿的初审阶段，衷心感谢匿名评审专家针对概念界定、理论推演到具体行文等各个方面所提出的建设性建议，这对书稿质量的提升发挥了至关重要的作用。

调查问卷是获取第一手数据的主要手段。在调查问卷的发放、填写环节，感谢中国商业经济学会提供的平台，感谢参会的流通学界、业界人士给予的无私帮助。在调查数据的后续整理环节，感谢我的学生李鲁付出的辛勤劳动。在书稿的修改阶段，感谢江西财经大学温婷老师在全球价值链测算方面给予的悉心指导。

  从立项、结项到成果出版，感谢我校科研处、财务处等职能部门以及本人所在学院的大力支持。感谢中国社会科学出版社周佳老师的辛勤劳动。从本书的初审一直到最后的出版，她一直在为书稿提供优秀的编辑支持和指导。

袁平红

2023 年 3 月 8 日

第 一 章

导 论

第一节 研究背景与研究意义

一 研究背景

改革开放 40 多年来,中国流通业发展取得了可喜的成绩,[①] 中国成为名副其实的流通大国。但也应看到,中国在分销零售等领域的全球竞争中并不具备优势。[②] 中国内资流通企业无论是在规模上,还是在大型化发展方面,都明显落后于全球领先国家。[③] 中国流通业在全球价值链中缺失话语权。在粮食、药品等关系国计民生的重大领域,中国流通企业目前无法与跨国流通企业抗衡。比如,在粮食流通领域,全球四大粮商没有一家来自中国。总体来看,在全球商品流通中,中国流通企业普遍存在下游话语权比较弱的问题,以至于陷入"中国买什么,什么就贵;中国卖什么,什么就很便宜"的困境。

随着中国经济步入新阶段,发挥流通业的先导性作用,重塑中国流通业的国际话语权,推动中国从流通大国向流通强国迈进,助推国民经济高质量发展,已经成为中国流通业发展的新使命。2016 年 12 月,多部门联合下发《关于加强国际合作提高我国产业全球价值链地位的指导意

---

① 荆林波、袁平红:《改革开放四十年中国流通领域发展回顾与展望》,《求索》2018 年第 6 期。
② 李俊:《建设服务贸易强国的战略思考》,《国际贸易》2018 年第 6 期。
③ 纪宝成、谢莉娟:《新时代商品流通渠道再考察》,《经济理论与经济管理》2018 年第 7 期。

见》，明确提出"走出去"与"引进来"相结合，主动构筑全球价值链。① 2020 年 9 月召开的中央财经委员会第八次会议提出，要统筹推进现代流通体系建设，为构建新发展格局提供有力支撑。2022 年 3 月，《中共中央国务院关于加快建设全国统一大市场的意见》明确指出，建设现代流通网络是推进市场设施高标准连通的重要举措。

全球化时代要求我们从世界的角度看中国。② 欧美发达经济体的发展表明，要从流通大国迈向流通强国，持续不断地开展对外直接投资（Outward Foreign Direct Investment，OFDI）是必经之路。对外直接投资存量是贸易强国的重要衡量指标之一。从世界主要经济体的研究来看，对外直接投资存量占全球的比重大概需要提高到 10% 才符合贸易强国的要求。③ 2021 年，中国对外直接投资存量占全球的比重达到 6.7%，与贸易强国还存在差距。由此可见，中国对外直接投资存量需要继续增加。中国流通业是中国对外直接投资的主力军，中国流通业扩大对外直接投资势在必行。

流通业天生具有连接的基因。流通业是联系生产和消费、工业和农业的桥梁。④ 现代流通业被视为市场经济运行的"加速器"和"助推器"，⑤ 甚至被视为中国经济血脉。⑥ 强大流通业组织支持下的价值链细分，能大大提高整个经济的效率。⑦ 特别是在信息技术的推动下，通过打造强大流通企业引领生产，构建新型产业链，实现定制化生产，能有效提高生产和流通的效率。⑧

---

① 《商务部等 7 部门联合下发〈关于加强国际合作提高我国产业全球价值链地位的指导意见〉》，2016 年 12 月 5 日，商务部网站，http://www.mofcom.gov.cn/article/b/fwzl/201612/20161202061465.shtml。
② 周有光：《朝闻道集》（增订版），世界图书出版公司北京公司 2009 年版，第 29 页。
③ 裴长洪、刘洪愧：《中国怎样迈向贸易强国：一个新的分析思路》，《经济研究》2017 年第 5 期。
④ 吴慧：《中国古代商业史》（第一册），中国商业出版社 1983 年版，第 13 页。
⑤ 陈海权：《加快推进现代流通体系建设》，2020 年 12 月 21 日，中国网，http://www.china.com.cn/opinion2020/2020-10/21/content_76828469.shtml。
⑥ 荆林波：《流通业担纲中国经济"血脉"》，《中国商贸》2008 年第 6 期。
⑦ 吴敬琏：《中国流通业缺陷与出路》，《商业时代》2003 年第 1 期。
⑧ 依绍华：《统筹推进现代流通体系建设》，2020 年 12 月 3 日，中国国情网，http://www.zhongguoguoqing.cn/gqzs/gqjt/202011/t20201104_5211518.shtml。

作为国内国际双循环的市场接口,① 中国流通业迫切需要在稳定国内市场开发的基础上,鼓励并支持有能力的企业开展对外直接投资,为重塑全球价值链话语权、实现中国流通业高质量发展、打造流通强国奠定基础。

二 研究意义

中国流通业对外直接投资的顺利推进,离不开理论的指导。研究中国流通业对外直接投资,捕捉流通业国际资本流动的基本规律,提炼适合中国国情并且具有前瞻性的中国流通业对外直接投资理论,势在必行。

(一) 理论意义

首先,从全球价值链的视角,讨论流通业对外直接投资,既丰富了流通领域的研究,又对全球价值链理论进行了有益补充。一直以来,无论是在对外直接投资领域,还是在全球价值链领域,国际、国内学术界主要关注制造业,针对流通业的研究则相对稀少。这与20世纪末期、21世纪初期全球流通业大规模跨国并购等不相吻合。本书改变以往研究现状,重点关注流通业对外直接投资,旨在丰富不同细分产业对外直接投资领域的研究。

其次,在流通业对外投资领域,已有学术研究主要围绕发达国家的零售国际化展开。进入21世纪,包括中国在内的一些发展中国家逐步跻身流通业对外直接投资国家行列,而这并没有引起国际、国内学术界的足够重视。本书从全球价值链视角,以中国为样本,将研究对象从发达国家拓展至发展中国家和新兴经济体,使得流通业对外直接投资领域的研究日益丰富。

最后,本书不仅研究了全球价值链视角下中国流通业对外直接投资对流通业全球价值链地位的影响,也讨论了中国流通业对外直接投资给中国其他产业带来的影响。这些研究将有助于构建中国流通业与其他产业对外直接投资的协同机制,为中国对外直接投资可持续发展提供理论支持。

---

① 陈海权:《加快推进现代流通体系建设》,2020年12月21日,中国网,http://www.china. com. cn/opinion2020/2020 - 10/21/content_76828469. shtml。

（二）现实意义

首先，本书的研究成果有助于帮助中国政府把握全球流通业对外直接投资总体规律，了解中国流通业全球价值链地位的现状，进而为中国政府研判中国流通业对外直接投资发展态势、制定流通业对外投资规划、推动流通业走进世界市场提供理论参考。

其次，本书系统梳理欧美发达国家流通业对外直接投资与全球价值链构建的主要做法，剖析中国流通业对外直接投资对全球价值链地位的作用机理，分析其效应。在此基础上，分析中国流通业OFDI的区位选择依据，介绍优化思路。结合苏宁易购，剖析中国流通业对外直接投资障碍与破解机制，制定全球价值链视角下中国流通业对外直接投资战略。这将为中国流通企业谋划全球布局、增强海外投资风险识别、规避风险等提供理论指导，对优化中国流通业对外直接投资结构、提升对外直接投资质量具有重要意义。

最后，本书的研究有助于新型国际关系的构建，有助于推动世界朝着和平、繁荣的方向前进。本书从全球价值链出发，不仅考虑中国流通业对外直接投资的收益，而且关注中国流通企业的社会责任，提倡按照与目标国的价值网络对接等方式，实现合作共赢。全球价值链成为共建"一带一路"国家构建人类命运共同体的重要载体。诚如彼得·弗兰科潘所言，"中国和远邦近邻的关系，以及他在世界舞台上所扮演的角色，必将对21世纪产生深远的影响"[1]。本书的研究将有利于加强中国与共建"一带一路"国家的商贸往来，加强在流通领域的合作，以合作促发展，最终为推动世界和平与繁荣贡献中国智慧、中国方案和中国力量。

第二节 研究内容、研究方法与技术路线

一 研究内容

作为服务业的重要组成部分，中国流通业在"十三五"时期、"十四五"时期，如何以全球价值链为指导思想，有序开展对外直接投资，这

---

[1] ［英］彼得·弗兰科潘：《丝绸之路：一部全新的世界史》，邵旭东、孙芳译，浙江大学出版社2016年版，第447页。

已经成为关系中国流通业高质量发展和中国新发展格局构建的重大理论和现实问题。基于此,本书从全球价值链视角出发,对中国流通业对外直接投资展开研究,研究内容包括以下几个方面。

第一章介绍本书的研究背景和意义,确定研究内容和研究方法,指出研究的创新之处与不足,并对核心概念进行界定。

第二章对本书涉及的相关文献进行系统梳理,为本书的研究提供理论支撑并指明有待突破的方向。

第三章从中国流通业对外直接投资环境入手,从投资规模、投资区位分布、投资主要形式等方面,介绍中国流通业对外直接投资的总体情况。利用附加值贸易数据库,对中国流通业全球价值链参与率、全球价值链地位指数等进行测算。

第四章选取美国作为国家代表,以沃尔玛、亚马逊、宜家、无印良品等大型跨国流通商为案例,介绍 GVC 视角下欧美国家流通业 OFDI 经验,从中得出对中国有益的启示。

第五章分析中国流通业 OFDI 影响中国流通业 GVC 地位的作用机理。首先,采用理论分析方法,建立中国流通业 OFDI 影响 GVC 地位的理论模型。然后,利用相关数据进行实证检验。结合调查问卷,分析中国流通业 OFDI 的效应,并采用数学模糊评价法进行评价。最后,选取跨境电子商务,分析中国流通业 OFDI 与 GVC 构建的具体效应。

第六章讨论 GVC 视角下中国流通业 OFDI 的区位选择与优化。分别从母国和东道国角度,分析影响中国流通业 OFDI 的区位因素。结合中国流通业 OFDI 的特点,设计相关调查问卷,获取影响中国流通业 OFDI 区位选择的第一手数据,并进行相应的分析。据此,提出 GVC 视角下中国流通业 OFDI 目标国选择、区位优化的理论依据。

第七章分析 GVC 视角下中国流通业的 OFDI 障碍及破除机制。在常见障碍的基础上,结合流通业特点,设计相关的调查问卷,识别中国流通业 OFDI 的主要障碍。选取苏宁易购,对其发展历程、对外投资现状等进行梳理,重点分析其在日本市场上 OFDI 面临的主要障碍。从国家和企业层面,提出中国流通业 OFDI 障碍的破除机制。

第八章分析 GVC 视角下中国流通业 OFDI 战略。结合前文分析,制定 GVC 视角下中国流通业 OFDI 的基本目标,从投资去向、投资方式、店铺类型等方面介绍实现路径，从夯实根基、风险管控、公共外交等角度提出相应的支持体系。

二 研究方法

本书从全球价值链视角，对中国流通业对外直接投资展开研究。系统梳理国内外公开发表的学术论文，研读公开出版的学术著作，跟踪与主题密切相关的国内外行业研究报告，跟踪微信公众号、微博、报纸、电视等新媒体与传统媒体资讯，掌握全球流通业与中国流通业发展最新动向。

（一）理论分析与实证分析相结合

本书以流通经济学为根基，对全球价值链理论、对外直接投资理论进行梳理，综合运用区域经济学、产业经济学、国际贸易学、法学、金融学以及统计学等多学科知识进行研究。同时，结合时间序列数据、调查问卷以及国际咨询公司的相关报告等，展开实证分析。

（二）案例分析与问卷调查相结合

案例分析是应用经济学研究的常用方法之一。本书选取美国做国别案例，选取沃尔玛、亚马逊、无印良品、宜家等做典型企业案例，旨在为中国流通业开展对外直接投资挖掘国别经验与企业经验。重点选取苏宁易购，分析中国流通业对外直接投资中的障碍；以京东为例，分析跨境电商对外直接投资带来的效应等。

调查问卷是本书获得第一手数据的主要途径。调查问卷围绕中国流通业对外直接投资效应、区位选择、发展战略等设计。通过参加国内流通界学术年会比如中国商业经济学会、参加中国国际贸易学会年度征文等方式，接触流通领域、国际贸易领域的国内专家学者以及相关从业人员，并邀请对方填写调查问卷，获得第一手资料。

三 技术路线

本书以党的二十大精神为指导，在笔者对流通理论的研究和前期相关成果的基础上，从全球价值链视角对中国流通业对外直接投资进行研究，具体技术路线如图1-1所示。

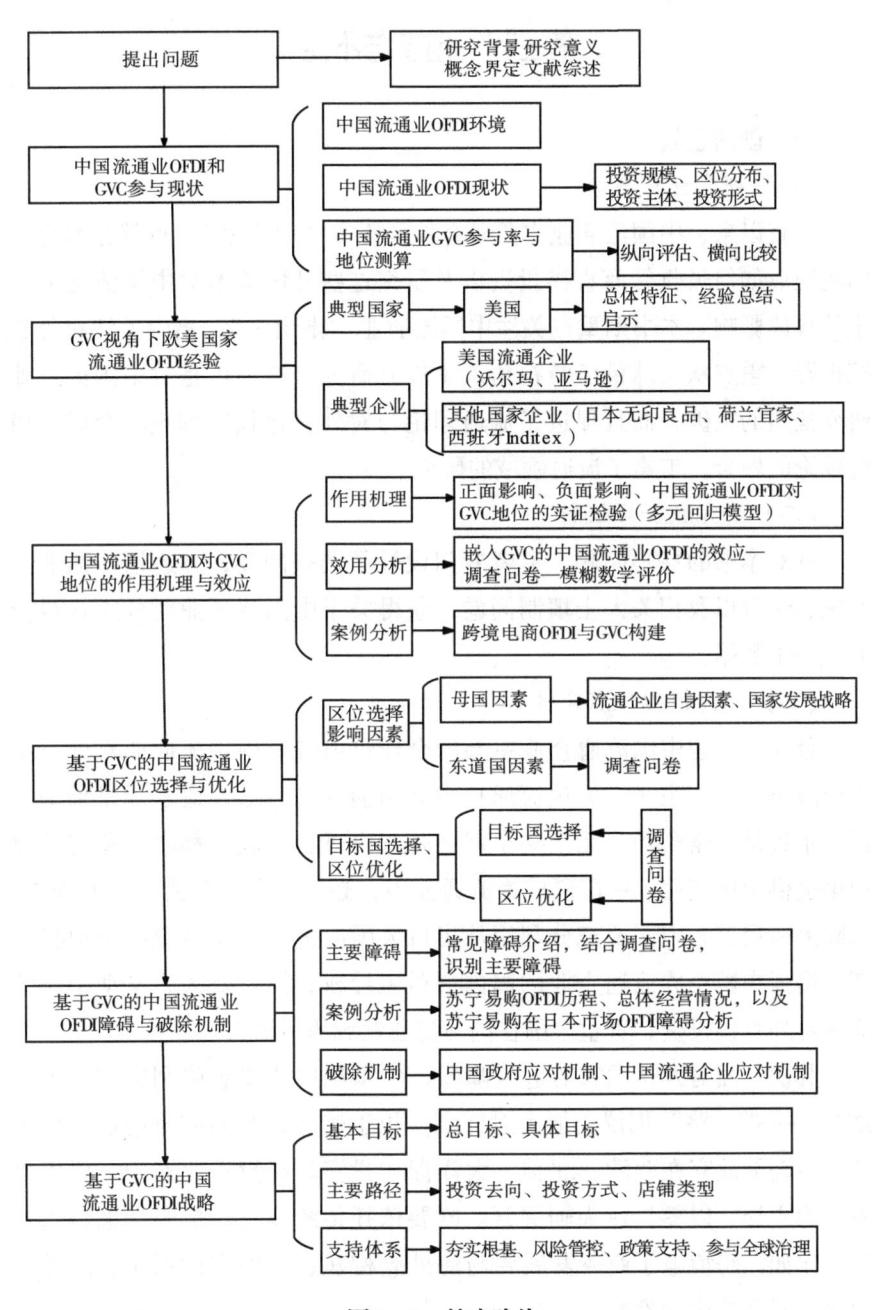

```
┌──────────┐      ┌─────────────────────┐
│ 提出问题 │─────▶│ 研究背景、研究意义  │
└────┬─────┘      │ 概念界定、文献综述  │
     │            └─────────────────────┘
     ▼
┌──────────────┐   ┌─────────────────────┐
│ 中国流通业OFDI和│──│ 中国流通业OFDI环境  │
│ GVC参与现状  │   ├─────────────────────┤   ┌─────────────────────┐
└──────┬───────┘   │ 中国流通业OFDI现状  │──▶│ 投资规模、区位分布、│
       │           ├─────────────────────┤   │ 投资主体、投资形式  │
       │           │ 中国流通业GVC参与率与│  └─────────────────────┘
       │           │ 地位测算            │──▶ 纵向评估、横向比较
       ▼           └─────────────────────┘
```

图 1-1 技术路线

第三节 创新与不足

一 创新之处

（一）研究视角新颖

一直以来，中国流通业主要研究外国资本"引进来"，也就是研究中国流通业如何吸收外商直接投资以及研究这些外国资本对中国流通业产生的具体影响。本书则重点关注中国流通业"走出去"，集中关注对外直接投资，重点从全球价值链视角入手展开研究。这不仅是对中国流通业研究视角的突破，而且促进了流通理论与对外直接投资理论、全球价值链理论的融合，丰富了流通领域的研究。

（二）研究数据比较新

针对本书的核心问题，笔者专门设计了调查问卷，并邀请流通业界专家、学者以及相关人士填制问卷，获得关于中国流通业对外直接投资的第一手数据。

（三）部分核心观点比较新

首先，构建中国流通企业主导的全球价值链是中国流通业对外直接投资战略的核心主张。无论流通技术如何演变，流通渠道永远是稀缺资源，永远是战略资源。无论买全球还是卖全球，天底下都没有免费的流通渠道供中国使用。中国要成为流通强国，必须掌握具有话语权的国内、国际流通渠道。中国要充分利用从出口大国向进口大国转变的历史机遇期，增强中国民族流通企业的国内渠道主导权，同时要大力推动中国流通业对外直接投资，重塑中国在国际流通领域的话语权。

其次，面对发达国家的进入障碍，中国流通业要想顺利突围，可以结合"一带一路"倡议，加大对亚洲、拉丁美洲、非洲的流通业直接投资，不轻易放弃在西欧、北美、大洋洲的投资。在投资业态中，要以批发业为主导、以零售业为辅展开。既要依托传统业态，更要考虑新兴业态。比如，跨境电子商务发展要与海外仓构建、海外支付系统、海外法律援助服务等协同发展。

特别值得注意的是，对外直接投资要有长远眼光，不能为了追求短期利益而损害长期利益。对外直接投资的评估不能只考虑经济因素，必须将环境等因素纳入，强化企业社会责任。"走出去"的每个中国流通企业都要将企业自身品牌建设、企业社会责任纳入中国国家品牌形象中，争取每"走出去"一个企业，就为中国流通品牌建设增加一枚有分量的棋子。国家品牌与企业品牌相互促进，最终形成具有国际公信力的中国流通品牌。

最后，中国流通业对外直接投资能否构建中国流通企业主导的全球价值链，不是取决于哪一家流通企业，而是取决于中国政府、中国流通业以及中国其他行业三者之间能否形成合力。政企协作、产业协作往往是发展的根本。虽然对外直接投资是提升中国民族流通企业竞争力的重要方式，但中国流通业国际竞争力的根基必须牢牢建立在中国国内市场上。这就需要一批又一批中国民族流通企业能够在中国本土市场出现并且成长起来，从国内价值链构建、区域价值链构建向全球价值链构建迈进。基于国内价值链构建的极端重要性，中国政府要为中国民族流通企业的诞生提供土壤，为这些企业的成长提供良好的政策环境（尤其是融资支持等）。中国政府和中国流通企业全方位协作，为中国流通业对外直接投资可持续发展培养后备军。流通业媒介生产和消费，流通业对外直接投资要与中国其他产业海外投资协同发展。以流通企业的品牌建设为基础，以政企协作、产业协作为抓手，共同推动中国流通业对外直接投资可持续发展，为构建中国流通企业主导的全球价值链奠定基础。

二 不足之处

中国流通业对外直接投资处于起步阶段，目前只能公开获取国家层面的总体数据。因此，本书仅采用了国家层面的数据，从流通业行业角度对中国流通业对外直接投资进行定量研究。缺乏微观层面数据的定量分析是本书的不足，留待以后进一步挖掘。

第四节 主要概念界定

一 流通业

一直以来，国内学术界对流通概念的界定不一。基于研究的需要，本书将从流通概念的界定开始，然后过渡到流通业的界定。

(一) 流通

在流通概念的界定上，马克思侧重于一般交换，认为流通就是"从总体上看的交换"[①]。根据马克思的观点，产品和商品之间存在本质的区别。也就是说，一种产品当且仅当其"通过交换，转到把它当做使用价值使用的人的手里"时才能成为商品[②]。

在马克思的基础上，国内外学者根据交换的内容究竟是产品还是商品，从不同角度对流通进行界定。孙冶方等侧重于产品的交换，提出流通就是"社会产品从生产领域进入消费领域所经过的全部过程"[③]。简言之，流通就是"生产物的社会经济性移动"[④]，或者说"商品从生产领域（供给者或发生地）向消费领域（需求者或使用地）的转移过程"[⑤]。在日本学者林周二看来，流通就是"围绕人与社会的各种产品的、社会的、实物的流通"[⑥]。纪宝成等对流通的界定，侧重于商品的交换，所谓商品流通就是"以货币为媒介的商品交换过程"[⑦]。晏维龙据此将流通分为广义流通和狭义流通（见图1-2），徐从才主编的《流通经济学：过程、组织政策》一书中沿用了该分类方法。柳思维认为，流通产业应该以商品交易为基点。[⑧] 综合国内外的研究，本书将商品交换作为流通的内涵。

(二) 流通业

本书采用属加种差定义法，将流通业定义为"媒介生产和消费、从事商品交换的第三产业"。

关于流通业的具体构成，本书的界定相对狭窄，只包括批发贸易业（简称"批发业"）和零售贸易业（简称"零售业"）。

---

① 《马克思恩格斯选集》第2卷，人民出版社1972年版，第101页。
② 马克思：《资本论》第1卷，人民出版社1975年版，第54页。
③ 《孙冶方全集》第5卷，山西经济出版社1998年版，第171页。
④ 夏春玉：《现代商品流通：理论与政策》，东北财经大学出版社1998年版，第19页。
⑤ 夏春玉：《当代流通理论：基于日本流通问题的研究》，东北财经大学出版社2005年版，第1页。
⑥ ［日］林周二：《流通革命——产品、路径及消费者》，史国安、杨元敏译，华夏出版社2000年版，第211页。
⑦ 纪宝成等：《商品流通论：体制与运行》，中国人民大学出版社1993年版，第4页。
⑧ 柳思维等：《新兴流通产业发展研究》，中国市场出版社2007年版，第70页。

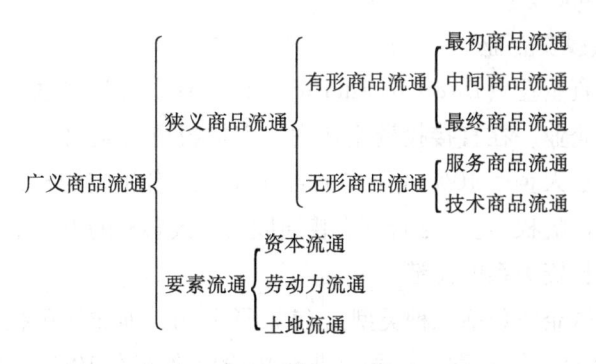

```
                              ┌ 最初商品流通
                   ┌ 有形商品流通 ┤ 中间商品流通
          ┌ 狭义商品流通 ┤        └ 最终商品流通
          │        │        ┌ 服务商品流通
广义商品流通 ┤        └ 无形商品流通 ┤
          │                 └ 技术商品流通
          │        ┌ 资本流通
          └ 要素流通 ┤ 劳动力流通
                   └ 土地流通
```

图1-2　商品流通的外延

资料来源：晏维龙：《交换、流通及其制度：流通构造演变理论》，中国人民大学出版社2003年版，第35页。

二　对外直接投资

对外直接投资是国际资本流动的主要形式之一，又被称为国际直接投资、海外直接投资，本书重点介绍国际货币基金组织以及中华人民共和国商务部、国家统计局的界定。

（一）国际货币基金组织的界定

1. 外国直接投资

在国际货币基金组织出版的《外国直接投资统计（2001）：国家如何测算FDI》中，外国直接投资（Foreign Direct Investment，FDI）被定义为"一个经济体中的居民或经济实体为了获得长期利益，对另一个经济体中的企业开展的国际投资"[①]。对外直接投资的形式包括海外创办新的企业（所谓"绿地投资"）、购买外国企业的股票并达到控股水平以及利用以前国际直接投资的利润在海外再投资。

2. 直接投资者

国际货币基金组织指出，个人、法人或非法人的私人、公有企业，政府、个人的联合、企业的联合集团，只要他们不是在他们定居的经济体而是在别的经济体中拥有直接投资企业，他们都可以成为直接投资者

[①] International Monetary Fund, "Foreign Direct Investment Statistics: How Countries Measure FDI 2001", Washington, D. C., 2003.

(Direct Investor)。①

3. 直接投资企业

直接投资企业（Direct Investment Enterprise）可以是法人企业，也可以不是法人企业。在直接投资企业中，直接投资者是另一个经济体中的居民，拥有法人企业10%或更多的普通股，或者相应的投票权，或者非法人企业等值的权力。② 是否拥有普通股或者投票权的10%，成为决定是否存在直接投资关系的关键。

直接投资企业包括三种类型：（1）子公司，即非居民投资者拥有超过50%的企业；（2）联营公司，非居民投资者拥有10%—50%的企业；（3）直接投资者的分支机构（全部或者部分为非居民投资者所有的非公司组织企业），要么为直接投资者直接所有，要么为直接投资者间接拥有。③ 因此，一旦直接投资者拥有某个企业的10%，与该企业相关的某些其他企业也被视为直接投资企业。直接投资企业因而扩展为以下三种类型：直接投资者的分支机构和子公司（非居民投资者拥有超过50%）；直接投资者的分支机构，含有10%—50%的参股权；直接投资者的非居民合伙人的子公司。

（二）商务部、国家统计局的界定

2004年12月，《对外直接投资统计制度》明确统计口径，界定直接投资企业概念，并对境外企业设立形式进行明确。

对外直接投资是指中国国内投资者以现金、实物、无形资产等方式在国外及中国港澳台地区设立、购买国（境）外企业，并以控制该企业的经营管理权为核心的经济活动。④

直接投资企业是指境内投资者直接拥有或控制10%以上投票权（对

---

① International Monetary Fund, "Foreign Direct Investment Statistics: How Countries Measure FDI 2001", Washington, D.C., 2003.

② International Monetary Fund, "Foreign Direct Investment Statistics: How Countries Measure FDI 2001", Washington, D.C., 2003.

③ International Monetary Fund, "Foreign Direct Investment Statistics: How Countries Measure FDI 2001", Washington, D.C., 2003.

④ 《商务部、国家统计局关于印发〈对外直接投资统计制度〉的通知》，2004年12月29日，商务部网站，http://hzs.mofcom.gov.cn/article/zcfb/b/200412/20041200326135.shtml。

公司型企业）或其他等价利益的境外企业。①

境外企业的设立形式主要包括三类。(1) 境外子公司。境内投资者拥有该企业50%以上的股东或成员表决权，并具有该境外企业行政、管理或监督机构主要成员的任命权或罢免权。(2) 联营公司。境内投资者拥有该境外企业10%—50%的股东或成员表决权。(3) 分支机构。分支机构是指境内投资者在国（境）外的非公司型企业。在国（境）外的常设机构或办事处、代表处视同分支机构。②

三 流通业对外直接投资

本书的对外直接投资概念主要采用《对外直接投资统计制度》中的界定。流通业对外直接投资是指境内机构和个人，以现金、实物、无形资产等方式在国外以及中国港澳台地区，以设立、参股、兼并、收购批发零售企业等方式，在境外拥有10%或以上股权，并以拥有或控制批发零售企业的经营管理权为核心的经济活动。

四 全球价值链

全球价值链兴起于20世纪90年代。在过去的20多年里，全球价值链被视为新的发展战略。③ 任何国家、经济体甚至是跨国公司，通过全球价值链就能与世界上最重要的原材料、高科技和新兴市场建立起物理和经济上的联系。④ 从某种意义上说，全球价值链蕴含的连接供应链的能力甚至比军事能力更重要，⑤ 以至于有的学者认为全球价值链可以

---

① 《商务部、国家统计局关于印发〈对外直接投资统计制度〉的通知》，2004年12月29日，商务部网站，http://hzs.mofcom.gov.cn/article/zcfb/b/200412/20041200326135.shtml。
② 《商务部、国家统计局关于印发〈对外直接投资统计制度〉的通知》，2004年12月29日，商务部网站，http://hzs.mofcom.gov.cn/article/zcfb/b/200412/20041200326135.shtml。
③ Bilgin Orhan Orgun, "GVCs Participation as Development Strategy", *Procedia-Social and Behavioral Sciences*, Vol.150, 2014, pp.1287–1296.
④ [美]帕拉格·康纳：《超级版图：全球供应链、超级城市与新商业文明的崛起》，崔传刚、周大昕译，中信出版社2016年版，第24页。
⑤ [美]帕拉格·康纳：《超级版图：全球供应链、超级城市与新商业文明的崛起》，崔传刚、周大昕译，中信出版社2016年版，第5页。

作为联合防御的重要手段。① 反过来，切断外国大型企业全球价值链中来自本国的重要部分，则成为某些国家重构全球价值链、争夺全球话语权的手段。

（一）全球价值链概念

在理解企业和国家参与全球经济方式的同时，理解一国国内经济中资源配置有效性的政策环境，价值链分析是一个有用的分析工具。价值链就是企业中用来设计、生产、营销、交货以及对产品起辅助作用的各种活动的集合。② 在迈克尔·波特看来，价值链既可以用来判定企业的竞争优势，③ 也可以用作创造和维持竞争优势的基本分析工具。为了分析全球产业中企业的竞争性定位，学者引入增值链（Value-added Chain），其定义因面向的市场不同有所差异：针对高度竞争的市场设计战略时，增值链最好被定义为每个连接对总成本的贡献；针对竞争受产品差异化驱动的产业设计战略时，增值链最好被定义为每个连接对市场价值的贡献。④

全球价值链概念的提出不仅与价值链、增值链有关，与全球商品链也存在关联。商品链（Commodity Chain）被定义为"由劳动和生产过程构成的网络，该网络的最终结果为成品"⑤。全球商品链（Global Commodity Chain，GCC）则由构成生产过程的关键点组成，比如原材料的获取、生产和销售等。⑥

---

① 大卫·J.伯托等认为，全球价值链所拥有的整合能力，全球价值链涉及的伙伴成员间存在的技术发散，能够对大型跨国运作提供更有效益的后勤保障。参见［美］大卫·J.伯托等《如何利用全球价值链进行联合防御》，《国际经济评论》2015年第2期。

② ［美］迈克尔·波特：《竞争优势》，陈小悦译，华夏出版社1997年版，第37页。

③ 价值链概念不同于供应链概念，后者关注企业与供货商和客户之间按照较少的成本供货的关系。而价值链关注企业与供货商、客户之间有可能通过连接从而创造价值，这种价值恰恰是竞争优势的来源。从这个意义上来说，价值链概念比供应链更进一步，因为价值链将客户放在优先位置，同时关注价值的创造及其捕获。

④ Bruce Kougut, "Designing Global Strategies: Comparative and Competitive Value-added Chains", *Sloan Management Review*, Vol. 26, No. 2, 1985, pp. 15 – 28.

⑤ Terence Hopkins, Immanuel Wallerstein, "Commodity Chains in the World-Economy Prior to 1800", *Review*, Vol. 10, No. 1, 1986, pp. 157 – 170.

⑥ R. P. Appelbaum, G. Gereffi, "Power and Profits in the Apparel Commodity Chain", in *Global Production: The Apparel Industry in the Pacific Rim*, Temple University Press, 1994, p. 43.

在上述概念的基础上，全球价值链（Global Value Chain, GVC）的概念应运而生。全球价值链具体是指在全球范围内，一个产品从研发设计、组装生产到消费使用等所有价值创造的一系列经济活动的总和。[①] 图1-3展示的就是服装业的全球价值链。如果说全球商品链关注的是整个生产过程涉及的节点及其构成的链条，那么全球价值链则是将生产和消费囊括在内，主要关注价值的产生、实现、沉淀和分配。

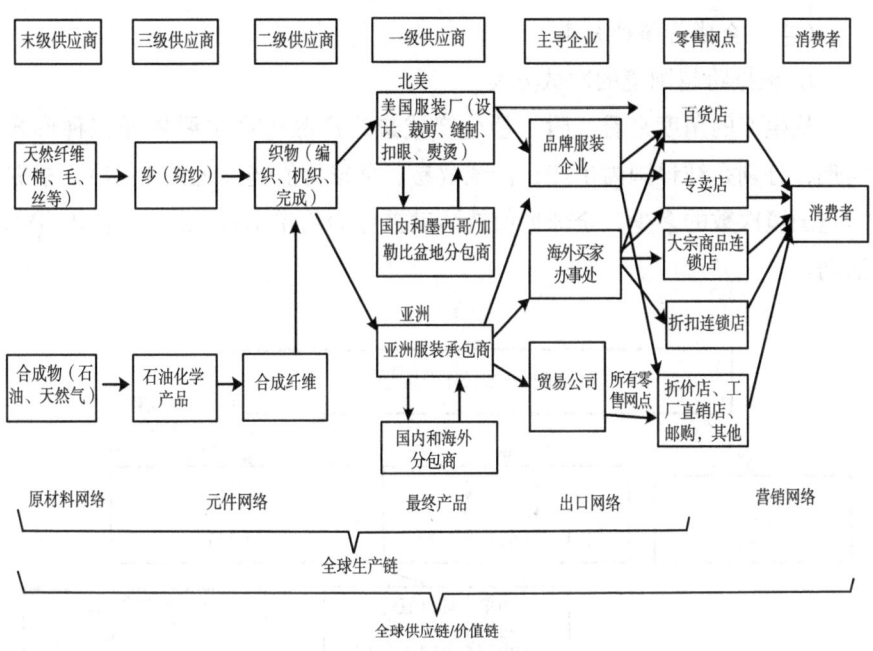

图1-3 全球价值链

资料来源：Gary Gereffi, Olga Memedovic, "The Global Apparel Value Chain: What Prospects for Upgrading by Developing Countries?", 2003, United Nations Industrial Development, https://ssrn.com/abstract=413820。

价值链系统的目标是在供应链中对组织进行定位，在有效利用供应链中所有组织才能的同时，获得最高的顾客满意度和价值。如果将供应链中的组织定位于零售商，就出现了零售商价值、零售价值链等概念。

[①] Garry Gereffi, Karina Fernan-dez-Stark, "Global Value Chain Analysis: A Primer", Duke University, North Carolina, USA, 2011.

零售商价值（Retailer Value）可以被视为一种可以感知的、具有互动性的相对偏好体验，这种体验涉及零售的产品与供货商属性、属性绩效及其后果，这种体验影响价值链目标的实现。这种价值取决于零售链感知的竞争环境和对消费者价值的感知。[1] 与零售商价值主要关注零售商本身不同，零售价值链则涵盖与零售有关的主要环节。因此，零售价值链（Retail Value Chain）被定义为从产品采购到零售门店，再到将产品交付给消费者过程中，每个阶段增加价值的一系列零售活动。[2]

（二）全球价值链分类

1. 根据跨越国境的次数分类

从生产的角度来看，附加值生产或最终产品生产主要依托三种形式实现，分别是纯粹国内生产、传统贸易、全球价值链（见图1-4）。根据跨越国境次数的多少，全球价值链活动被分为简单GVC活动和复杂GVC活动。

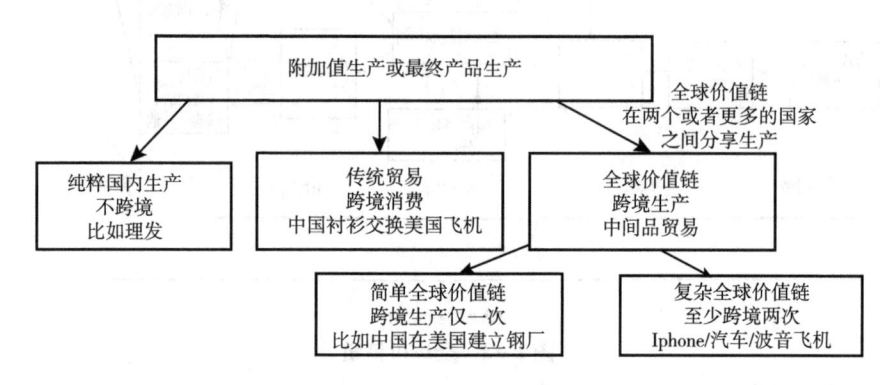

图1-4 生产活动的分解

资料来源："Global Value Chain Development Report 2019: Technological Innovation, Supply Chain Trade, and Workers in a Globalized World", World Trade Organization, https://www.wto.org/english/res_e/booksp_e/gvc_dev_report_2019_e.pdf, p.11。

---

[1] Hans Skytte, Karsten Bove, "The Concept of Retailer Value: A Means-end Chain Analysis", *Agribusiness*, Vol. 20, No. 3, June 2004, pp. 323-345.

[2] V. V. Devi Prasad Kotni, "A Conceptual Study on Retail Value Chain Management", *International Journal of Multidisciplinary Educational Research*, Vol. 1, No. 2, 2012, pp. 410-419.

简单 GVC 活动就是附加值在生产过程中只跨越一次国境，它既没有通过第三方间接出口，也没有再出口或者再进口。复杂 GVC 活动牵涉附加值至少两次越过国境。① 有的学者利用 2000—2014 年世界投入产出数据库中 44 个国家、56 个产业的数据进行研究，发现纯粹国内生产和消费占国内生产总值（Gross Domestic Product，GDP）的比重在逐步下降，依托 GVC 的生产活动尤其是复杂 GVC 活动在增加。从全球范围来看，纯粹国内生产占 GDP 值的比重从 1995 年的 85% 开始下降，到 2008 年该比重不足 80%。随着全球 GDP 的增长，复杂 GVC 活动比其他生产活动更强烈。②

2. 根据驱动力分类

全球价值链上主导企业的属性不同，全球价值链活动也有所差异。全球价值链的驱动力主要来自购买者和生产者，③ 全球价值链因此被划分为生产者驱动的全球价值链和购买者驱动的全球价值链。在生产者驱动的全球价值链中，生产主要由资本密集型与技术密集型产业中的一体化跨国制造商控制，这在汽车行业、电子行业中比较常见。在购买者驱动的全球价值链，主导企业往往是大型零售商（比如沃尔玛和乐购）、市场交易商（比如耐克和阿迪达斯）与品牌制造商。在没有特别说明的情况下，本书的全球价值链通常指购买者驱动的全球价值链。

（三）国家价值链、区域价值链、全球价值链

1. 国家价值链

国家价值链（National Value Chain，NVC），有时被称为国内价值链，④ 是指基于国内本土市场需求发育而成，由本土企业掌握产品价值

---

① Zhi Wang et al., "Measures of Participation in Global Value Chains and Global Business Cycles", National Bureau of Economic Research, Cambridge, 2017. MA. http: //www.nber.org/papers/w23222.

② Zhi Wang et al., "Measures of Participation in Global Value Chains and Global Business Cycles", National Bureau of Economic Research, Cambridge, 2017, http: //www.nber.org/papers/w23222.

③ Garry Gereffi, *Commodity Chains and Global Capitalism*, Praeger Publishers, January 1994, p.149.

④ 刘志彪：《以国内价值链的构建实现区域经济协调发展》，《广西财经学院学报》2017 年第 10 期。

链的核心环节,在本土市场获得品牌和销售终端渠道以及自主研发创新能力的产品链高端竞争力,然后进入区域或全球市场的价值链分工体系。① 国家价值链的培育被视为发展中国家摆脱 GVC 背景下被俘关系的出路。② 加快构建以本土市场需求为基础的国家价值链,将有助于中国从被"俘获"的全球价值链中突围。③ 虽然国家价值链概念的产生与摆脱 GVC 升级困境有关,④ 但是国家价值链与全球价值链具有不同的发展内涵(见表1-1)。

表1-1　　　　　　GVC 与 NVC 条件下的发展内涵比较

	GVC	NVC
可实现的升级类型	工艺升级、产品升级	工艺升级、产品升级、功能升级与链的升级
品牌构建能力	无	有
销售渠道终端控制能力	无	有
自主创新能力	弱	强
面对的市场需求特征	不接触市场需求,需求稳定	直接接触市场需求,需求不稳定
是否为价值链主导企业	不是	是
产业转移机制	国外转移循环机制	国内转移循环机制

资料来源:张杰、刘志彪:《全球化背景下国家价值链的构建与中国企业升级》,《经济管理》2009 年第 2 期。

2. 区域价值链

区域价值链(Regional Value Chains,RVC)是指以产业升级和中高

---

① 张杰、刘志彪:《全球化背景下国家价值链的构建与中国企业升级》,《经济管理》2009 年第 2 期。
② 刘志彪、张杰:《全球代工体系下发展中国家俘获型网络的形成、突破与对策——基于 GVC 与 NVC 的比较视角》,《中国工业经济》2007 年第 5 期。
③ 刘志彪、张杰:《从融入全球价值链到构建国家价值链:中国产业升级的战略思考》,《学术月刊》2009 年第 9 期。
④ 崔向阳、袁露梦、钱书法:《区域经济发展:全球价值链与国家价值链的不同效应》,《经济学家》2018 年第 1 期。

端化发展为目标，联合周边产业互补性强的新兴国家或地区，为实现商品或服务价值而连接生产、销售、回收处理等过程的区域性跨企业网络组织。基于国家价值链的发展中国家的本土企业，取得价值链的高端环节竞争优势后，针对其自行研发设计推出的自主品牌建立全国销售渠道，再逐步进入周边国家或者具有相似需求的发展中国家市场，建立以自己为主导的区域价值链分工体系。①

3. 发展中国家主导的全球价值链分工体系形成路径

为了摆脱俘获型关系网络，刘志彪、张杰提出了发展中国家主导的全球价值链分工体系形成的两种路径，具体见图1-5。② 第一种路径是从国家价值链构建开始，拓展至区域价值链，最终形成全球价值链。第二种路径则直接由国家价值链孵化为全球价值链。

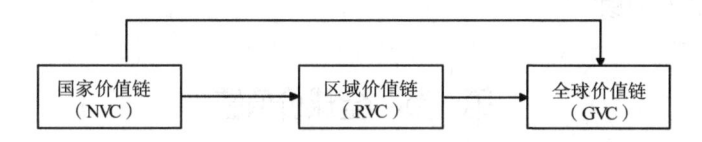

图1-5 发展中国家主导的全球价值链分工体系形成路径

资料来源：刘志彪、张杰：《全球代工体系下发展中国家俘获型网络的形成、突破与对策——基于 GVC 与 NVC 的比较视角》，《中国工业经济》2007 年第 5 期。

---

① 刘志彪：《以国内价值链的构建实现区域经济协调发展》，《广西财经学院学报》2017 年第 10 期。

② 刘志彪、张杰：《全球代工体系下发展中国家俘获型网络的形成、突破与对策——基于 GVC 与 NVC 的比较视角》，《中国工业经济》2007 年第 5 期。

第二章

文献综述

本章从全球价值链理论梳理入手,继而综述对外直接投资与中国流通产业发展方面的研究,最后围绕中国对外直接投资与全球价值链之间的关系进行回顾。

第一节 全球价值链

2013年,在联合国贸易与发展会议(United Nations Conference on Trade and Development,UNCTAD)发布的《世界投资报告》中,全球价值链首次被作为关注重点,全球价值链被视为促进发展和投资的贸易。全球价值链的驱动机制、治理与升级、重构等逐渐成为研究热点。

一 全球价值链驱动机制

有关全球价值链驱动力的研究,最具代表性的是杰里菲(Gary Gereffi)提出的二元驱动机制,即生产者驱动和购买者驱动。在此基础上,张辉提出了兼具购买者驱动和生产者驱动的混合驱动机制,将全球价值链的驱动力从二元拓展为三元。[1] 于明超等将购买者驱动型全球价值链归因为品牌驱动,将生产者驱动型价值链归因为技术驱动,将二者兼具的全球价值链视为混合驱动,提出了三元驱动的观点。[2]

---

[1] 张辉:《全球价值链动力机制与产业发展策略》,《中国工业经济》2006年第1期。
[2] 于明超、刘志彪、江静:《外来资本主导代工生产模式下当地企业升级困境与突破——以中国台湾笔记本电脑内地封闭式生产网络为例》,《中国工业经济》2006年第11期。

随着互联网的广泛运用，网络被视为 GVC 新的驱动力，网络引发了电子商务革命。① 电子商务的迅猛发展，正在对传统的生产者驱动和购买者驱动的价值链进行重构。② 在互联网时代，中国流通组织正在重构，③ 并呈现出明显的提升流通业效率的倾向。④ 值得注意的是，互联网的发展不仅没有消灭中间层，反而一手促进了中间人阶层的兴起。中间人在社会经济中所占据的比例比以往任何时候都高。⑤ 这场革命将改变全球产业中企业对企业（Business to Business，B2B）电子商务结构，而且也会改变企业对消费者（Business to Customer，B2C）电子商务结构。阿里巴巴、亚马逊、wish、eBay 等的迅速发展，表明以互联网为技术工具、以跨境电子商务为商业模式的贸易新时代已经开启。⑥ 随着技术的发展，物联网、大数据分析、3D 打印技术、机器人、人工智能、云计算等成为全球价值链的新驱动力。⑦

二 全球价值链的测度

随着全球价值链活动的增加，全球价值链活动究竟有多全球化，迫切需要进行测度。在国际学术界，全球价值链的测度通常采用生产长度指数、参与率指数和位置指数。

生产长度指数是指价值链中的平均生产阶段数量和平均复杂度。1995—2009 年，由于生产链中外国部分细分化水平的提高，所有行业

---

① Gary Gereffi, "Beyond the Producer-Driven/Buyer-Driven Dichotomy the Evolution of Global Value Chains in the Internet Era", *IDS Bulletin*, Vol. 32, No. 3, 2001, pp. 30 – 40.

② Gary Gereffi, "Shifting Governance Structures in Global Commodity Chains with Special Reference to the Internet", *American Behavioral Scientist*, Vol. 44, No. 10, 2001, pp. 1616 – 1637.

③ 谢莉娟：《互联网时代的流通组织重构——供应链逆向整合视角》，《中国工业经济》2015 年第 4 期。

④ 谢莉娟、张昊：《国内市场运行效率的互联网驱动——计量模型与案例调研的双重验证》，《经济理论与经济管理》2015 年第 9 期。

⑤ [美] 玛丽娜·克拉科夫斯基：《中间人经济：经纪人、中介、交易商如何创造价值并赚取利润?》，唐榕彬、许可译，中信出版社 2018 年版，导论第 X 页。

⑥ 裴长洪：《别小看跨境电商：平台企业可取代跨国公司》，《中国外资》2018 年第 8 期。

⑦ 荆林波、袁平红：《全球价值链变化新趋势及中国对策》，《管理世界》2019 年第 11 期。

GVC 的平均长度都在变长。①

全球价值链参与率指数用来衡量一个国家特定部门参与全球价值链的密集度。它通常采用经济合作与发展组织（Organization for Economic Co-operation and Development，OECD）和世界贸易组织（World Trade Organization，WTO）提供的贸易附加值来测算。贸易附加值研究主要来自垂直专业化概念，也就是"一个国家的出口中蕴含的进口中间产品的价值"，也就是"出口中的进口含量"，即使用进口的投入品来生产出口商品。② 有的学者利用 10 个 OECD 和 4 个新兴经济体的投入产出表数据进行测算，发现垂直专业化大概占这些国家出口的 21%，并且 1970—1990 年垂直专业化增长了 30%；不仅如此，垂直专业化能够解释这些国家出口增速的 30%。有研究指出，出口企业的生产率与 GVC 参与率存在一定的相关性。以中国为例，2000—2006 年，中国出口企业的生产率与 GVC 参与率正相关，而融资约束与 GVC 参与率负相关。③

尽管垂直专业化在国际贸易学领域受到普遍关注并且广泛运用，但这个指标只是部分测量了 GVC 的参与，而忽略了那些并不使用外国投入品的生产步骤。基于此，Robert Koopman 等提出了 GVC 参与率指数。④ GVC 参与率指数用蕴含在一国出口中的外国附加值与间接附加值出口之和占出口总额的比重来表示。该指数既能捕捉出口中的进口含量（后向参与），又能测度究竟有多少本国国内附加值作为中间投入品蕴含在第三国的出口总额中（前向参与）。从 GVC 参与率指数来看，全世界的 GVC 参与率水平都在提高。跨国公司大概贡献了全球贸易的 80%。

虽然关于跨国公司附加值的数据难以获得，但是 FDI 存量和跨国公司

---

① Koen De Backer, Sébastien Miroudot, "Mapping Global Value Chains", OECD Trade Policy Paper, No. 159, 2013, OECD Publishing, Paris, http://dx.doi.org/10.1787/5k3v1trgnbr4-en.

② David Hummels, Jun Ishii, Kei-Mu Yi, "The Nature and Growth of Vertical Specialization in World Trade", *Journal of International Economics*, Vol. 54, No. 1, June 2001, pp. 75 – 96.

③ Yue Lu et al., "Productivity, Financial Constraints, and Firms' Global Value Chain Participation: Evidence from China", *Economic Modelling*, Vol. 73, 2018, pp. 184 – 194.

④ Robert Koopman et al., "Give Credit Where Credit is Due: Tracing Value Added in Global Production Chains", Working paper series (National Bureau of Economic Research), 2010. https://www.nber.org/papers/w16426.

GVC 参与率之间已经具有显著的统计关系。[1] 1995—2009 年，G20 国家的 GVC 参与率一直在提高。2009 年，G20 国家的 GVC 参与率为 30%—60%。2005—2010 年，GVC 全球参与水平按照 4.5% 的速度增长，而且实现快速增长的主要发生在发展中国家。[2] GVC 参与率指数比垂直专业化能捕捉到更多的信息，但是从 GVC 参与率指数的界定可以看出，两个国家即使拥有相同的 GVC 参与率指数，他们在供应链中的地位也有可能存在显著差异。这是因为在生产网络中，他们能专业化从事 GVC 的上游活动或者下游活动。

基于 GVC 参与率指数的固有缺陷，全球价值链位置指数（GVC Position Index）应运而生，[3] 该指数用来表示一个国家是专业化从事生产中的第一步或者最后一步。GVC 位置指数构建中，将前向参与比后向参与高的国家价值记录为正值，这些国家处于供应链相对上游的位置。GVC 位置指数主要考虑的是该部门与全球价值链端点之间的相对距离，可以用来衡量一个国家的部门在全球价值链上的地位匹配。

值得说明的是，尽管全球价值链长度指数、参与率指数和位置指数在国际贸易学界得到了广泛的运用，但是由于缺少商业功能、治理结构和网络关系等其他信息，全球价值链的测度依旧困难重重。[4]

三 全球价值链治理

（一）全球价值链治理模式

全球价值链治理主要研究分配机制与跨境生产—消费网络中的组织之间的交互作用。根据 GVC 治理者对价值链的控制程度，全球价值链治

---

[1] UNCTAD, "World Investment Report 2013", New York and Geneva: United Nations, 2013.

[2] Ronald Hirshhorn, "Getting Value from Global Value Chains: A Canadian Perspective", *Transnational Corporations Review*, Vol. 7, No. 1, 2015, pp. 1 – 21.

[3] Robert Koopman et al., "Give Credit Where Credit is Due: Tracing Value Added in Global Production Chains", Working paper series (National Bureau of Economic Research), 2010, https://www.nber.org/papers/w16426.

[4] Peter Bøegh Nielsen, "The Puzzle of Measuring Global Value Chains: The Business Statistics Perspective", *International Economics*, Vol. 153, 2018, pp. 69 – 79.

理模式可以分为市场型、网络型、准层级型和层级型四种类型。① 基于交易复杂性、交易加密能力以及供应基地能力三方面的考虑，全球价值链治理模式分为市场型、关系型、模块型、领导型和层级制五种类型。② 从连接和习俗两个维度，从微观、中观和宏观三个层面，可以构建出模块化的全球价值链治理模式。③

（二）全球价值链治理主体

当前，全球价值链是一个单极治理体系，以发达国家跨国公司为主的领袖企业是唯一的治理主体。④ 有的学者用不平等的交换，对全球价值链上发生的活动进行研究，指出处于主导地位的企业专业化从事产品研发、设计、品牌化和广告等高附加值活动，但是实际上生产活动是分包至其他处于低层级的外国企业。⑤ 简而言之，GVC 上的价值创造是控制和区位决策以及分给单个活动任务持续时间决策的函数。也就是说，在高效的全球工厂中，GVC 中的专业化、知识密集型和创造性活动（位于微笑曲线末端）倾向于内部化，而且选址于发达市场经济国家，并且按照相对长期、稳定的任务来组织。而 GVC 上标准化、低技术含量、重复性活动（位于微笑曲线中部）倾向于外包，选择在发展中市场经济国家进行，以相对短期、灵活的任务来组织。⑥

在全球价值链中居于主导地位的企业，倾向于拥有垄断或者寡头垄断市场势力，而其他低层级的企业则面临来自彼此的激烈竞争。这种非对称的市场结构导致主导企业和低层次企业之间不对称的讨价还

---

① John Humphrey, Hubert Schmitz, "Governance and Upgrading: Linking Industrial Clusters and GVC Research", Institute of Development Studies, 2000.

② Gary Gereffi, John Humphrey, Timothy Sturgeon, "The Governance of Global Value Chains", *Review of International Political Economy*, Vol 12, No. 2, 2005, pp. 78 – 104.

③ Stefano Ponte, Timothy Sturgeon, "Explaining Governance in Global Value Chains: A Modular Theory-building Effort", *Review of International Political Economy*, Vol 21, No. 1, 2014, pp. 195 – 223.

④ 秦升:《"一带一路"：重构全球价值链的中国方案》,《国际经济合作》2017 年第 9 期。

⑤ James Heintz, "Low-wage Manufacturing and Global Commodity Chains: A Model in the Unequal Exchange Tradition", *Cambridge Journal of Economics*, Vol. 30, No. 4, 2006, pp. 507 – 520.

⑥ Peter J. Buckley, Thomas D. Craig, Ram Mudambi, "Time to learn? Assignment Duration in Global Value Chain Organization", *Journal of Business Research*, Vol. 103, 2019, pp. 508 – 518.

价能力。[1] 比如，苹果公司运用自身的资源和能力创造价值，同时也运用市场势力校准价值链上苹果公司与供货商的关系，从而确保苹果公司的价值捕获能够转换为财务绩效。[2]

四 全球价值链升级

（一）定义

全球价值链升级是指，"通过国家、企业和工人这些经济主体，实现从全球生产网络的低附加值活动迁移到高附加值活动的过程"。[3] 有的学者将升级定义为，"在报酬和风险之间实现平衡，即达成更好的交易"。[4]

（二）模式

在全球价值链上，主导企业和供应商升级的模式具体包括产品升级、流程升级、功能升级和链的升级。[5] 这种分类模式被广泛引用，但是在具体实践中遇到了困难。比如，在农产品中引进新的生产工艺带来新的产品时，要区分流程升级还是产品升级并不容易。[6] 有的学者重点对功能升级展开研究，将其分为五种类型：第一种就是低层级供货商向高层级供货商渗透，第二种模式就是放弃某些更低附加值的活动，第三种模式即更高层级的企业将某些高附加值的功能自愿转让，第四种模式即开发新的（中间）市场，第五种模式就是通过并购来升级。[7] 有的学者将 GVC

---

[1] William Milberg, "The Changing Structure of International Trade Linked to Global Production Systems: What are the Policy Implications?", *International Labour Review*, Vol. 143, No. 1 - 2, 2004, pp. 45 - 90.

[2] Colin Haslama et al., "Apple's Financial Success: The Precariousness of Power Exercised in Global Value Chains", *Accounting Forum*, No. 37, 2013, pp. 268 - 279.

[3] Gary Gereffi, John Humphrey, Timothy Sturgeon, "The Governance of Global Value Chains", *Review of International Political Economy*, Vol 12, No. 1, pp. 78 - 104.

[4] Stefano Ponte, Joachim Ewert, "Which Way is 'up' in Upgrading? Trajectories of Change in the Value Chain for South African Wine", *World Development*, Vol. 37, No. 10, 2009, pp. 1637 - 1650.

[5] John Humphrey, Hubert Schmitz, "How does Insertion in Global Value Chains Affect Upgrading in Industrial Clusters?", *Regional Studies*, Vol. 36, No. 9, 2002, pp. 1017 - 1027.

[6] Stefano Ponte, Joachim Ewert, "Which Way is 'up' in Upgrading? Trajectories of Change in the Value Chain for South African Wine", *World Development*, Vol. 37, No. 10, 2009, pp. 1637 - 1650.

[7] Jiri Blažek. "Towards a Typology of Repositioning Strategies of GVC/GPN Suppliers: The Case of Functional Upgrading and Downgrading", *Journal of Economic Geography*, Vol. 16, No. 4, 2016, pp. 849 - 869.

上的升级分为经济升级和社会升级。其中，经济升级包含流程升级、产品升级、功能升级和链的升级，并且每种经济升级都包含资本维度和劳动力维度。其中，资本维度是指使用新的机器或者发达技术，劳动维度则是指技术发展或者每个工人的劳动生产率的提高。社会升级则是将劳动者视为社会角色，关注针对劳动者就业质量的劳动者权利的完善和赋予过程。社会升级包括获得更好的工作，也包括改善工作条件、保障他们的权力。社会升级可能会出现小规模工人升级、劳动密集型升级、更高技术升级三种情形。① 经济升级本身仅限于低附加值产品的制造业企业，尤其是那些处于俘获型网络中的制造业企业。经济升级和社会升级的结合，与在关系型网络中运营的高附加值产品供应商具有正相关关系。②

（三）发展中国家面临的 GVC 升级困境

在全球价值链中，升级主要关注国家、地区和其他经济利益相关者为了保留或者改善他们在全球经济中的地位所使用的战略。③ 虽然嵌入发达国家主导的全球价值链被许多发展中国家视为推动一国经济发展的重要举措，但是嵌入全球价值链并不一定能给这些发展中国家带来它们所期待的升级。

首先，在全球价值链低端的企业要沿着价值链升级，困难重重。2008 年国际金融危机以后，对发展中国家来说，沿着价值链升级面临的困难更大。④ 以北非为例，参与全球价值链对北非国家的本地产业、国家和整个区域来说都有巨大利益，但是北非能否继续保留这些利益，则要取决于当地的特定条件，比如对外商直接投资的有利条件、更低的贸易

---

① Stephanie Barrientos, Gary Gereffi, Arianna Rossi, "Economic and Social Upgrading in Global Production Networks: A New Paradigm for a Changing World", *International Labour Review*, Vol. 150, No. 3, 2011, pp. 319–340.

② Amira Khattak et al., "Is Social Upgrading Occurring in South Asia's Apparel Industry?", *Critical Perspectives on International Business*, Vol. 13, No. 3, 2017, pp. 226–243.

③ Gary Gereffi, "Global Value Chains and International Competition", *Antitrust Bulletin*, Vol. 56, No. 1, 2011, pp. 37–56.

④ Peter Nolan, Jin Zhang, "Global Competition after the Financial Crisis", *New Left Review*, Vol. 64, 2010, pp. 97–108.

壁垒等。[1] 在信息和通信技术领域，虽然有几个中国企业在 GVC 中提升迅速，但是总体来说中国仍旧在 GVC 的低附加值环节徘徊，这是中国对外国技术及其相关知识产权的不间断依赖造成的。[2]

其次，参与全球价值链只能在特定的治理结构下支持某种形式的升级。[3] 针对拉脱维亚和爱沙尼亚的研究发现，只有这些出口企业参与 GVC 上游的高附加值活动时，出口才会带来显著的生产率收益。[4] 在摩洛哥的服装企业中，企业升级并不一定会对工人有益。[5] 对中国出口制造业来说，贸易展览和品质优势有助于企业功能性升级。[6]

最后，在某些情况下，参与全球价值链不仅不会增加附加值，反而出现附加值侵蚀。1995—2008 年，许多国家经历了所谓的附加值侵蚀，尤其是出口占 GDP 比重高（平均46%）的国家中的绝大部分都经历了附加值侵蚀。也就是说，随着这些国家越来越嵌入全球价值链，这些国家出口中所包含的国内附加值比重却随之降低，这主要是因为全球价值链中的上游环节被外国企业主导的高附加值活动扩张取代。[7] 中国通过加工贸易嵌入全球价值链，带来的直接影响就是中国加工出口额从 1995 年的 38% 提高到 2009 年的 51%。出口加工品日益集中在耐用品部门，这些变

---

[1] Davide Del Prete, Giorgia Giovannetti, Enrico Marvasi, "Global Value Chains: New Evidence for North Africa", *International Economics*, Vol. 153, 2018, pp. 42–54.

[2] Yutao Sun, Seamus Grimes, "China's Increasing Participation in ICT's Global Value Chain: A Firm Level Analysis", *Telecommunications Policy*, Vol. 40, No. 2, 2016, pp. 210–224.

[3] Ruggero Golini et al., "Which Governance Structures Drive Economic, Environmental, and Social Upgrading? A Quantitative Analysis in the Assembly Industries", *International Journal of Production Economics*, Vol. 203, September 2018, pp. 13–23.

[4] Konstantins Benkovskis et al., "Export and Productivity in Global Value Chains: Comparative Evidence from Latvia and Estonia", University of Tartu-Faculty of Economics and Business Administration Working Paper Series, No. 107, 2018, https://ssrn.com/abstract=3102382 or http://dx.doi.org/10.2139/ssrn.3102382.

[5] Stephanie Barrientos, Gary Gereffi, Arianna Rossi, "Economic and Social Upgrading in Global Production Networks: A New Paradigm for a Changing World", *International Labour Review*, Vol. 150, No. 3, 2011, pp. 319–340.

[6] Ruey Jean, "What Makes Export Manufacturers Pursue Functional Upgrading in an Emerging Market? A Study of Chinese Technology New Ventures", *International Business Review*, Vol. 23, No. 4, August 2014, pp. 741–749.

[7] Jose G. Caraballo, Xiao Jiang, "Value-Added Erosion in Global Value Chains: An Empirical Assessment", *Journal of Economics Issues*, Vol. 1, 2016, pp. 288–296.

化最终导致中国的出口构成转向耐用品和 GVC 贸易。中国耐用出口品对外国收入冲击的敏感度是非耐用消费品的四倍多。中国不断嵌入全球价值链，已经影响到中国出口的收入弹性，但是这种影响通过组合效应而不是通过供应链效应来发挥。①

五 全球价值链重构

全球价值链重构的概念目前学术界没有统一的界定。毛蕴诗、郑奇志将其界定为，"处于价值链低中端的新兴经济体制造企业基于创新驱动，通过积累能力、寻求能力，打破由发达国家企业主导的国际分工，立足全球配置资源，向价值链中高端发展，促使全球竞争格局发生结构性变化的过程"。② 谭人友等认为，全球价值链重构是一个全球生产再配置的过程，并将其分为技术驱动和劳动成本驱动两种类型。③ 戴翔将其界定为，价值链分工在纵向和横向维度上的"伸"与"缩"及网络节点位移。④

全球价值链重构是要素变动、技术改革和制度重构三者协同的过程。⑤ 重构全球价值链本质上是国际市场重新分工，全球经济体重新"洗牌"的过程。⑥ 关于全球价值链重构的需要，主要有两种观点。

第一种观点认为，重构的需要源自发展中国家。单纯依靠融入发达国家主导的全球价值链，并不能帮助中国获得预期的发展，主动构建国家价值链势在必行。⑦ 中国企业"走出去"，要依托"一带一路"推动区

---

① Byron S. Gangnes, C. M. Alyson, Ari Van Assche, "Global Value Chains and Trade Elasticities", *Economics Letters*, Vol. 124, 2014, pp. 482-486.
② 毛蕴诗、郑奇志：《论国际分工市场失效与重构全球价值链——新兴经济体的企业升级理论构建》，《社会科学文摘》2016 年第 5 期。
③ 谭人友、葛顺奇、刘晨：《全球价值链重构与国际竞争格局——基 40 个经济体 35 个行业面板数据的检验》，《世界经济研究》2016 年第 5 期。
④ 戴翔：《新冠肺炎疫情下全球价值链重构的中国机遇及对策》，《经济纵横》2020 年第 6 期。
⑤ 朱明珠、孙菁：《全球价值链新一轮重构下中国企业突破"低端锁定"的路径选择》，《商业经济研究》2020 年第 14 期。
⑥ 毛蕴诗、郑奇志：《论国际分工市场失效与重构全球价值链——新兴经济体的企业升级理论构建》，《社会科学文摘》2016 年第 5 期。
⑦ 刘志彪、张杰：《从融入全球价值链到构建国家价值链：中国产业升级的战略思考》，《学术月刊》2009 年第 9 期。

域价值链构建。① 全球价值链面向下游活动的国际扩张,增强了新兴市场中位于全球一体化购买者驱动产业中的供应商企业的权力位置。这个过程让本地企业从价值链的低附加值环节中逃离出来,并对全球价值链治理结构施加更多的权力。②

比如,在全球农产品价值链中,印度尼西亚和马来西亚的棕榈油、巴西的大豆以及南非的水果等使相关市场出现新的南方标准。③ 亚洲跨国服装制造商正在重构服装产业全球价值链结构。④ 巴西汽车制造业和印度的软件行业通过美国和德国的企业建立联系,并且关注与这些发达国家联系在一起的价值链环节,结合本国政府对研发的支持,提升创新能力,正在对 GVC 进行重构。⑤

第二种观点则认为,全球价值链重构的需要不限于发展中国家,也涵盖发达国家,虽然两者在利益诉求和期望发展方向上有所不同。⑥ 当面对新冠疫情这样的全球冲击时,无论是发达国家还是发展中国家,都自觉或不自觉地参与了全球价值链重构。这是因为新冠疫情不仅影响发达国家,也影响发展中国家,它从生产、消费、贸易、政策等方面,对全球价值链重构产生影响。⑦

关于全球价值链重构的路径,有的学者提出水平重构和垂直重构两

---

① 李丹、董琴:《全球价值链重构与"引进来""走出去"的再思考》,《国际贸易》2019年第9期。

② Pavida Pananond, "From Servant to Master: Power Repositioning of Emerging-Market Companies in Global Value Chains", *Asian Business & Management*, Vol. 15, No. 4, September 2016, pp. 292 – 316.

③ Greetje Schouten, Verena Bitzer, "The Emergence of Southern Standards in Agricultural Value Chains: A New Trend in Sustainability Governance?", *Ecological Economics*, Vol. 120, December 2015, pp. 175 – 184.

④ Shamel Azmeh, Khalid Nadvi, "Asian Firms and the Restructuring of Global Value Chains", *International Business Review*, Vol. 23, 2014, pp. 708 – 717.

⑤ Rasmus Lema, Ruy Quadros, Hubert Schmitz, "Reorganising Global Value Chains and Building Innovation Capabilities in Brazil and India", *Research Policy*, Vol. 44, 2015, pp. 1376 – 1386.

⑥ 张二震、戴翔:《疫情冲击下全球价值链重构及对策》,《南通大学学报》(社会科学版)2020年第5期。

⑦ 戴翔:《新冠肺炎疫情下全球价值链重构的中国机遇及对策》,《经济纵横》2020年第6期。

种模式，① 这种划分方式被广泛使用。有的学者则关注后发转型国家全球价值链权力争夺的路径，将全球价值链重构的路径分为嵌入发达国家跨国公司主导的 GVC、自主构建价值体系两种方式。② 有的学者则认为，无论是发达国家还是发展中国家，均可借助"第二故乡"战略，在全球价值链重构中实现转型升级。③

六　评论和启示

国内外学者围绕全球价值链的测度、驱动力、治理、升级、重构等展开了系统性的研究。总的来看，目前的研究已经形成了以下结论。(1) 全球价值链的驱动力从买方驱动、卖方驱动逐步向多元驱动转变，电子商务的驱动力正在凸显。(2) 发达国家的跨国公司是全球价值链的主要组织者，它们在全球价值链治理中的主导地位短时期内不会改变。(3) 对包括中国在内的发展中国家和新兴经济体来说，要想在发达国家主导的全球价值链中实现升级，困难重重。(4) 全球价值链重构一直在进行，新冠疫情的暴发加速了这一过程。

第二节　中国流通业对外直接投资

一　中国流通业对外直接投资的理论研究

(一) 国际学术界关于流通业对外直接投资的理论研究

1. 对外直接投资理论演变

对外直接投资理论起源于 20 世纪 60 年代，运用传统的资本国际流动理论，从完全竞争市场出发，用利率差异来解释资本的跨国流动。1960年，美国学者海默（Stephen Hymer）和金德尔伯格（Charles Kindleberger）主张从不完全竞争出发，指出企业对外直接投资的决定性因素不是利率差异，而是来自产品市场或要素市场不完全的优势，提出对外直接投

---

① 佘珉、钱峰：《全球价值链重构的动因与方式》，《特区经济》2014 年第 5 期。
② 陆颢：《全球价值链重构的新特征与中国企业价值权力争夺》，《企业经济》2017 年第 4 期。
③ 李平、李达、杨政银：《应对 VUCA 的认知范式："第二故乡"战略与全球价值链重构》，《清华管理评论》2020 年第 3 期。

资的垄断优势理论。1968年，弗农（Raymond Vernon）将时间引进来，从产品生命周期角度解释美国对外直接投资的变动。巴克莱（Peter Buckley）和卡森（Mark Casson）从不完全市场出发，结合交易成本分析，针对企业扩张究竟选择市场交易机制还是企业内部交易机制，于1976年提出对外直接投资的内部化理论。1978年小岛清（Kiyoshi Kojima）以日本为例，主张将一国已经或即将丧失比较优势的产业（边际产业）进行对外直接投资，提出了对外直接投资的边际产业理论。邓宁在垄断优势理论、内部化理论的基础上，引入区位优势理论，于1981年系统阐述了涵盖所有权、内部化与区位优势的国际生产折衷理论。

2. 服务业对外直接投资理论

流通业隶属于第三产业，即服务业。流通业对外直接投资的理论研究追根溯源，要从服务业对外直接投资理论入手。20世纪80年代，主要集中在原材料、其他初级产品以及资源型制造业等的FDI，向主要集中于服务业和技术密集型制造业的FDI转变。[1] 与制造业相比，服务业跨国公司虽然正处于婴儿期，但是其发展规模和增速都不可小视。20世纪80年代，来自北美、欧洲和日本的服务业迅猛发展，服务业在国际资本流动中已成为不容忽视的领域。进入20世纪90年代，全球经济发展中服务业无处不在，服务业跨国公司的行为以及它们与信息技术之间的亲密互动、全球城市中新型网络的出现等尤为显著。[2] 以往的FDI理论主要围绕制造业展开研究，服务业在全球直接投资中的丰富实践，迫切需要理论上的支持和引导。

服务业是否需要自成体系的理论基础，来解释服务领域不断涌现的海外投资现象呢？有学者认为，对跨国服务企业进行界定、分类、测度、比较和解释都比较困难，服务业跨国公司并不需要特别的定义和理论。换句话说，在某些条件下将跨国公司和FDI的概念进行解构，在FDI理

---

[1] United Nations Center on Transnational Corporations, "World Trade Investment 1991", United Nations, New York, 1991, p. 15, http://unctad.org/en/pages/PublicationArchive.aspx? publicationid = 622.

[2] Peter W. Daniels, "A world of services?", *Geoforum*, Vol. 22, No. 4, 1991, pp. 359 - 376.

论中当涉及服务业时限定产权属性、内部化和区位优势即可。① 根据这个主张，相关学者利用邓宁的综合生产理论，对美国中小型计算机软件服务企业的国际市场进入模式选择活动展开研究，发现所有权优势和区位优势对中小企业进入模式选择的影响，要大于这两个优势对更大型企业的影响。该研究表明，FDI 折衷理论适用于服务业。② 这些研究表明，服务业对外直接投资没有必要重新构建一套完全独立的理论体系，国际生产折衷理论等可以用来研究服务业的对外直接投资。

后续针对服务业对外直接投资的研究为该观点提供了实证支持。学者针对进入制造业和包括批发贸易、零售贸易以及金融服务在内的三个服务行业的 14863 例日本 FDI 进行研究，指出服务的可分离性和人力资本密度因素对外国市场进入模式选择产生影响。具体来说，与最终顾客的亲密接触、高水平的专业技能、专业化知识等都是日本 FDI 偏好的因素。③ 有的学者利用国际生产折衷理论和制度理论，以越南服务业为例，分析跨国公司 FDI 动机，发现跨国公司对服务业投资动机的关键决定性因素是市场寻求型政府政策和文化。④ 这些研究从实证层面支持了国际生产折衷理论在服务业对外直接投资领域的适用性。

对外直接投资中，欧美地区的发达国家在流通领域的广泛参与引起了学者的关注。跨国零售企业在进入海外市场时的战略决策会继续影响外国子公司的将来绩效，这些绩效包括销售额和每平方米实现的销售额衡量的销售效率。具体来说，如果进入国际市场早，而且采取大规模进

---

① J. J. Boddewyn, Marsha Baldwin Halbrich, A. C. Perry, "Service Multinationals: Conceptualization, Measurement and Theory", *Journal of International Business Studies*, Vol. 17, No. 3, September 1986, pp. 41 – 57.

② Keith D. Brouthers, Lance Eliot Brouthers, Steve Werner, "Dunning's Eclectic Theory and the Smaller Firm: The Impact of Ownership and Locational Advantages on the Choice of Entry-Modes in the Computer Software Industry", *International Business Review*, Vol. 5, No. 4, August 1996, pp. 377 – 394.

③ Cyril Bouquet, Louis Hebert, Andrew Delios, "Foreign Expansion in Service Industries: Separability and Human Capital Intensity", *Journal of Business Research*, Vol. 57, No. 1, January 2004, pp. 35 – 46.

④ Ali Salman Saleh et al., "A New Theoretical Framework to Assess Multinational Corporations' Motivation for Foreign Direct Investment: A Case Study on Vietnamese Service Industries", *Research in International Business and Finance*, Vol. 41, December 2017, pp. 630 – 644.

入，并提供对东道国来说很新同时对母公司来说很熟悉的一种店铺形态（业态），而无须使用合作伙伴的资产，那么这样一种进入方式将在进入后获得更多的长期销售额和更高的效率。[1] 有的学者将国际生产折衷理论用来研究跨国零售企业的国际市场进入模式等。在进入国际市场时，跨国零售商选择其合作伙伴的标准主要围绕当地关系、市场知识尤其是当地房地产等反复考虑。[2] 有的学者对英国零售商跨国企业的研究发现，采用国际合资企业方式的跨国公司能够应对来自东道国市场的大量制度压力，同时能够在外国市场拥有自身的合法性。[3] 有的学者利用43个法国时装零售商的数据进行分析，结果表明在外国市场上零售商的扩张模式不同于其进入模式，国际营销战略、外国市场可感知的吸引力、战略和所有权条件等都是零售商想在外国市场上进行扩张时要考虑的因素。[4]

（二）国内学者针对中国流通业外向国际化的理论研究

1992年，《国务院关于商业零售领域利用外资问题的批复》标志着中国流通业逐步对外开放。2001年，中国加入世界贸易组织。2004年，中国流通业全面对外开放。在与外国流通业全方位、多层次的竞争中，中国流通业国际化研究成为热点，主要围绕以下几个方面展开。

1. 中国流通业对外投资的可行性与意义研究

汪旭辉等对中国流通业对外投资的可行性与意义展开了研究。汪旭辉重点讨论了中国零售企业国际化的可行性。[5] 毕克贵则讨论了中国零售

---

[1] Katrijn Gielens, Marnik G. Dekimpe, "Do International Entry Decisions of Retail Chains Matter in the Long Run?", *International Journal of Research in Marketing*, Vol. 18, 2001, pp. 235–259.

[2] Martin Owens, Anna Zueva-Owens, Mark Palmer, "Partner Identification and Selection of Joint Ventures in International Retailing", *The Service Industries Journal*, Vol. 32, No. 3, 2012, pp. 383–410.

[3] Martin Owens, Mark Palmer, Anna Zueva-Owens, "Institutional Forces in Adoption of International Joint Ventures: Empirical Evidence from British Retail Multinationals", *International Business Review*, Vol. 22, No. 5, 2013, pp. 883–893.

[4] Karine Picot-Coupey, SteveL. Burt, Gérard Cliquet, "Retailers' Expansion Mode Choice in Foreign Markets: Antecedents for Expansion Mode Choice in the Light of Internationalization Theories", *Journal of Retailing and Consumer Services*, Vol. 21, No. 6, 2014, pp. 976–991.

[5] 汪旭晖：《中国零售企业国际化的可行性与战略研究——由天客隆与联华的海外扩张谈起》，《财经问题研究》2006年第9期。

国际化的意义，比如促进中国商品国际分销、减少贸易摩擦等。[1] 纪艳凤则重点讨论了中国流通业（批发和零售业）和中国制造业国际化在中国对外贸易增长方式转变中的作用。[2]

2. 中国流通业国际化发展阶段的判断

中国流通企业国际化以批发市场为主体，零售企业尚处于探索阶段。[3] 从地域来看，浙江省走在全国前列，以境外商品、境外贸易公司和境外营销网络为主，无论投资规模还是竞争力，均处于探索阶段。[4] 换言之，"走出去"的中国流通业和"走出去"的中国服务业总体特征一致，即生产率较低，面临跨国公司主导的全球价值链挑战。[5]

3. 中国流通业进入国际市场的方式与障碍

中国流通业虽然"走出去"的主体是批发企业，但是理论研究主要围绕中国零售企业展开。比如，蔡荣生、王勇指出，中国零售企业应把中国的周边、经济发展水平较高的新兴发展中国家作为目标市场。[6] 杨帆、徐思则将中国零售企业国际化的范围缩减为东盟。[7] 在具体的进入模式上，蔡荣生、王勇建议中国零售企业选择与当地零售企业合资或者合作。[8] 蔡雅文等则建议，福建零售企业采取合资的方式进入东道国市场。[9]

---

[1] 毕克贵：《我国零售企业国际化经营：特殊意义背景下的必要性与可行性分析》，《宏观经济研究》2013年第11期。

[2] 纪艳凤：《基于流通企业外向国际化促进对外贸易增长转变研究》，《商业经济研究》2015年第22期。

[3] 赵萍：《我国流通企业"走出去"的现状、问题与对策》，《时代经贸》2010年第9期。

[4] 张曙明、阮刚辉：《浙江流通业"走出去"仍处探索阶段——浙江流通业"走出去"发展分析》，《浙江经济》2012年第21期。

[5] 姚战琪：《全球价值链视角下中国工业和服务业"走出去"存在的主要问题及原因分析》，《国际贸易》2015年第3期。

[6] 蔡荣生、王勇：《大型零售企业的初始国际化决策研究——关于大型零售企业初始国际化的时间及其市场和方式选择的实证分析》，《中国软科学》2009年第1期。

[7] 杨帆、徐思：《我国零售企业的国际化浅析——以东盟为例》，《中国商贸》2011年第14期。

[8] 蔡荣生、王勇：《大型零售企业的初始国际化决策研究——关于大型零售企业初始国际化的时间及其市场和方式选择的实证分析》，《中国软科学》2009年第1期。

[9] 蔡雅文、虞红燕、吴明惠：《福州本土零售企业未来国际化发展方向可能性探讨》，《才智》2013年第26期。

关于中国流通业国际化障碍，王昕旭将其分为内在障碍和外在障碍两个方面。前者由观念落后、人才缺乏、资金约束、品牌观念单薄构成，后者则由品牌原产地形象、东道国环境、东道国本土零售企业的先天优势等构成。[1] 毕克贵、王鹏娟则从国家政策层面，研究中国零售企业国际化的政策供给，解决国际化的障碍。[2]

二 对外直接投资与中国流通业发展的实证研究

在对外投资与中国流通业发展的实证研究上，目前仅张立华等对此展开讨论。值得注意的是，他们对流通的界定与本书界定并不一致。

张立华利用2000—2008年的时间序列数据进行协整分析的结果表明，流通业与对外投资存在因果关系，而且对外投资对流通业发展存在单方面推动作用。[3] 祝合良、叶萌采用比本书宽泛得多的界定，用交通运输、仓储和邮政业、批发和零售业、住宿和餐饮业数据相加来测度流通产业，利用2004—2014年的时间序列数据，对流通业发展水平与对外直接投资的关系进行研究，发现两者之间存在长期稳定的均衡关系，而且流通业的OFDI对提高流通业发展水平有显著的促进作用。[4]

三 评论和启示

（一）国际生产折衷理论可以作为基础理论，但需完善

脱胎于发达国家制造业海外直接投资活动的国际生产折衷理论，可以作为包括流通业在内的服务业国际直接投资的基础理论，但是需要进行完善和补充。其一，国际生产折衷理论主要讨论的是制造型跨国公司的国际投资问题。基于流通的跨国公司（Distribution-based Transnational

---

[1] 王昕旭：《中国零售企业国际化经营面临的障碍及解决途径》，《内蒙古财经学院学报》2010年第2期。

[2] 毕克贵、王鹏娟：《我国零售企业国际化投资的政策保障研究》，《财经问题研究》2011年第11期。

[3] 张立华：《对外投资与我国流通业发展研究》，《中国商贸》2009年第13期。

[4] 具体来说，从短期来看，流通业发展水平的提高能带动流通业的对外直接投资，即每增加1美元的人均流通产业增加值，可促使流通产业对外直接投资额增加1.960 496美元。参见祝合良、叶萌《对外直接投资与我国流通产业发展关系的实证研究》，《中国流通经济》2016年第12期。

Corporations）在很多方面与基于生产的跨国公司不同。基于流通的跨国公司必定是分散的多机构形式。他们对地域嵌入投资的奇特程度（进入店铺网络和物流基础设施的落地资本具有的脆弱性）因企业而异，特定区位零售商的销售额与该零售商可变成本的重要组成部分之间存在复杂的关系。零售业态对监督的开放程度不一，零售业面临仿制和挪用的风险。不仅如此，零售业缺乏专利和版权去保护竞争优势。所有这些都对如何捕捉新型零售跨国企业的特点和运作方式提出了挑战。[①] 其二，基于跨国公司利润最大化的假设，国际生产折衷理论并未考虑利益相关者，这与当前现实不符。全球生产体系在推动地理、所有制和任务碎片化的同时，显著地放大了这些联系、互动和意识。从社会网络观点来看，这暗示着在全球生产体系扩张的同时带来了企业社会责任的增加。[②] 简言之，流通业对外直接投资需要纳入企业社会责任。

（二）针对以中国为代表的发展中国家的流通业 OFDI 理论研究不足

从世界范围来看，全球要素分工从制造业领域向服务业领域拓展延伸的趋势日益凸显。[③] 流通业作为服务业的重要组成部分，现有的理论研究主要围绕发达国家流通企业尤其是零售企业展开。中国作为世界上最大的发展中国家，流通业 OFDI 处于起步阶段，针对中国的研究主要停留在定性层面，研究比较分散。中国流通业对外直接投资迫切需要既反映全球发展规律，又突出中国流通业对外直接投资特征的理论，作为宏观指导。

第三节　中国对外直接投资与全球价值链关系研究

一　国际直接投资与全球价值链关系

对外直接投资隶属于国际商务领域，虽然主要假设、主要理论、当前理论的主要变量等多个角度都与 GVC 有所不同，但是两者之间依旧存

[①] Neil Wrigley, Neil M. Coe, Andrew Currah, "Globalizing Retail: Conceptualizing the Distribution-based Transnational Corporation (TNC)", *Progress in Human Geography*, Vol. 29, No. 4, 2005, pp. 437–457.

[②] Peter Enderwick, "The Scope of Corporate Social Responsibility in Networked Multinational Enterprises", *International Business Review*, Vol. 27, No. 2, April 2018, pp. 410–417.

[③] 戴翔、张二震：《要素分工与国际贸易理论新发展》，人民出版社 2017 年版，第 212 页。

在理论上的关联。[①] 全球价值链、对外直接投资都建立在资源依赖理论基础上，成员之间互相依赖，网络和交易都被视为资源。

对外直接投资是超出国家边界和企业边界的价值链组织形式，[②] 成为当前世界各国主动布局全球价值链的关键举措。[③]

二 对外直接投资与中国全球价值链地位的关系研究

（一）OFDI 对中国 GVC 地位有提升作用

中国作为世界上最大的发展中国家，其对外投资活动与其全球价值链地位的关系研究受到了国内外学者的关注。有研究表明，对外直接投资与企业全球价值链分工地位存在显著的因果关系。[④] 国际直接投资的开展，有助于推动处于 GVC 低端环节的发展中国家或新兴经济体在全球价值链的升级，[⑤] 降低企业退出全球价值链的风险。[⑥]

中国服务业是中国对外投资的重要参与者。中国服务业对外直接投资对行业生产率有促进效应。[⑦] 已有研究表明，中国的对外投资活动能有效促进中国 GVC 的升级，[⑧] 对中国企业的全球价值链分工地位有提升作用。[⑨]

[①] John Humphrey et al., "Global Value Chains, Business Networks, Strategy, and International Business: Convergences", *Review of Business Management*, Vol. 21, No. 4, 2019, pp. 607–627.

[②] Fukunari Kimura, Mitsuyo Ando, "Two-Dimensional Fragmentation in East Asia: Conceptual Framework and Empirics", *International Review of Economics & Finance*, Vol. 14, No. 3, 2005, pp. 317–348.

[③] 白光裕、庄芮：《全球价值链与国际投资关系研究——中国的视角》，《国际贸易》2015 年第 6 期。

[④] 郑丹青：《对外直接投资与全球价值链分工地位——来自中国微观企业的经验证据》，《国际贸易问题》2019 年第 8 期。

[⑤] 辛晴、刘伟全：《对外直接投资在全球价值链升级中的作用》，《国际经济合作》2011 年第 2 期。

[⑥] 王杰、段瑞珍、孙学敏：《对外直接投资与中国企业的全球价值链升级》，《西安交通大学学报》（社会科学版）2019 年第 2 期。

[⑦] 韩沈超、徐姗：《高质量发展下中国服务业对外直接投资对行业生产率的影响——来自服务业分行业面板数据的证据》，《国际商务》（对外经济贸易大学学报）2020 年第 3 期。

[⑧] 韩超：《OFDI 对中国全球价值链升级的影响研究》，硕士学位论文，首都经济贸易大学，2018 年，第 31 页。

[⑨] 李超、张诚：《中国对外直接投资与制造业全球价值链升级》，《经济问题探索》2017 年第 11 期。

需要注意的是，中国 OFDI 带来的 GVC 地位提升效应，受东道国市场规模和技术水平的影响，并且存在门槛效应。① 换言之，OFDI 对中国 GVC 地位的提升作用受投资目的国的影响。从现有研究来看，投资目的国主要是根据经济发展水平进行区分，即区分为发展中国家和发达国家。

一种观点认为，与发展中国家相比，中国针对发达国家的投资具有更大的价值链升级效应。② 这个观点获得了来自中国制造业的实证支持。有研究表明，中国对发达国家的直接投资对提升中国制造业 GVC 地位的作用更加显著，针对发展中国家的投资作用不明显。③ 这个观点获得了相应的实证支持。比如，针对中国进入欧洲发达国家的 OFDI 研究结果表明，中国的 OFDI 对提高国内企业的生产率和运营规模（资产、销售额和就业）等具有积极作用。④

另一种观点则认为，中国对新兴经济体的投资，更能提升中国的全球价值链地位。⑤ 余海燕、沈桂龙则指出，中国对发展中国家进行投资更能提升 GVC 增加值能力。⑥ 还有的学者则聚焦于中国在"一带一路"的投资产生的效应，指出中国 OFDI 对中国 GVC 升级的效应，在"一带一路"区域内更加显著。⑦

（二）OFDI 有可能导致中国 GVC 地位下降

其一，中国 OFDI 可能存在挤出效应。中国对外直接投资对国内投资

---

① 王晖：《对外直接投资对中国全球价值链分工地位的影响研究》，博士学位论文，中国地质大学（北京），2019 年，第 137 页。

② 郑丹青：《对外直接投资与全球价值链分工地位——来自中国微观企业的经验证据》，《国际贸易问题》2019 年第 8 期。

③ 袁慧慧：《OFDI 逆向技术溢出对中国制造业全球价值链地位的影响》，硕士学位论文，东北财经大学，2018 年，第 31 页。

④ Claudio Cozza, Roberta Rabellotti, Marco Sanfilippo, "The Impact of Outward FDI on the Performance of Chinese Multinationals", BOFIT Discussion Paper, No. 24, 2014, https://ssrn.com/abstract = 2780912.

⑤ 潘姗：《对外直接投资与全球价值链升级研究》，硕士学位论文，浙江工业大学，2019 年，第 74 页。

⑥ 余海燕、沈桂龙：《对外直接投资对母国全球价值链地位影响的实证研究》，《世界经济研究》2020 年第 3 期。

⑦ 戴翔、宋婕：《中国 OFDI 的全球价值链构建效应及其空间外溢》，《财经研究》2020 年第 5 期。

存在挤出效应，这种挤出效应在服务业中表现得更明显。① 在横向组织的生产中，对外直接投资与国内投资存在替代关系，对外直接投资的开展会导致国内投资减少。② 将税收统一前后的外国和国内企业的 OFDI 进行比较后发现，更高的国内企业税率提高了企业的 OFDI，但是降低了企业在中国国内的资本以及来自中国的出口，这反映了资本从中国向海外国家的转移。③ 从某种角度来说，OFDI 对经济增长具有负面影响，或者说不断增加的海外投资将降低中国国内增速。④

其二，中国对外直接投资对产业结构调整的变化速率有抑制作用。⑤ 也就是说，中国 OFDI 不但不能促进中国自身产业结构的转型升级，反而会影响中国相关产业结构的调整。这已经获得了来自服务业的实证支持。研究表明，通过服务业对外投资获得的国外研发资本存量对中国产业结构高级化的促进作用显著为负。⑥

资本输出、税源转移、削弱母国资本基础、存在产业挤出效应导致产业空心化，或者发展无序导致产业结构降级，对外直接投资有可能导致母国全球价值链地位下降。⑦

---

① 薛新红、王忠诚：《中国 OFDI 对国内投资的影响：挤出还是挤入》，《国际商务》（对外经济贸易大学学报）2017 年第 1 期。

② Pontus Braunerhjelm, Lars Oxelheim, Per Thulin, "The Relationship between Domestic and Outward Foreign Direct Investment: The Role of Industry-Specific Effects", *International Business Review*, Vol. 14, No. 6, 2005, pp. 677–694.

③ Haichao Fan et al., "Domestic Tax and Outward Foreign Direct Investment: Evidence from Corporate Tax Unification in China", March 30, 2019, https://ssrn.com/abstract=3259051 or http://dx.doi.org/10.2139/ssrn.3259051.

④ Fayyaz Ahmad, Muhammad Umar Draz, Su-chang Yang, "Does OFDI Affect Economic Growth? Evidence from Cross-Country Regression and Time Series Analysis", May 28, 2015, https://ssrn.com/abstract=2613840 or http://dx.doi.org/10.2139/ssrn.2613840.

⑤ 李梦溪、朱延福、余东升：《中国对外直接投资对产业结构调整的影响》，《亚太经济》2020 年第 3 期。

⑥ 姚战琪、姚维瀚：《全球价值链背景下中国制造业与服务业对外投资关系研究》，《河北经贸大学学报》2018 年第 4 期。

⑦ 梁中云：《对外直接投资对母国全球价值链地位的影响研究——以中国制造业为例》，硕士学位论文，山东大学，2017 年。

三 评论和启示

从中国对外直接投资与全球价值链关系的文献梳理可以看出，对外直接投资存量与全球价值链之间存在关联。

从研究对象来看，关于对外直接投资与全球价值链关系的研究，研究对象要么是制造业，要么是服务业，要么是所有产业。虽然流通业是服务业的重要组成部分，但是关于流通业对外直接投资与全球价值链地位的研究寥寥无几。目前国内只有少数研究讨论了流通业对中国全球价值链地位的影响，指出批发零售业对中国全球价值链地位的影响仅次于科学研究和技术服务业为代表的技术密集型产业。[①]

然而，从目前国内外研究来看，流通业 OFDI 与其 GVC 地位之间关系的研究相对稀少。流通业 OFDI 与购买者驱动的全球价值链两者之间有何关系，流通业 OFDI 对中国流通业 GVC 地位的作用机理是什么，以及中国流通业 OFDI 是否与 GVC 构建的路径吻合等，这些都需要进行讨论。

第四节 本章小结

从文献梳理的结果来看，全球价值链领域的研究颇为丰富。全球价值链治理模式主要围绕发达国家展开。随着全球价值链参与主体日益多元化，新兴经济体对全球价值链治理的利益诉求如何表达，成为值得关注的问题。

对外直接投资与中国流通业发展的文献梳理结果表明，学术界并没有专门针对服务业对外直接投资构建的理论体系，而是直接沿用制造业的对外直接投资理论体系。

流通业是全球价值链的高端环节。中国流通业对外直接投资发展迅猛。全球价值链框架依旧处于当前学术研究的理论前沿，具体包括关税对国家竞争力和创新体系的影响，数字经济、制造业的前途，本地产业集群与全球生产网络的共同进化，作为发展中国家追赶战略的外商直接

[①] 迟歌：《中国对外直接投资对全球价值链升级的影响研究——基于灰色关联理论的实证分析》，《工业技术经济》2018 年第 5 期。

投资在建立完整价值链中的作用等。① 但是，关于中国对外直接投资与全球价值链地位关系的研究，仍旧主要锁定中国制造业。关于中国流通业对外直接投资与全球价值链的研究不仅少，而且主要以定性分析为主。流通业对外直接投资丰富的实践，与理论研究领域的匮乏形成了鲜明对比。将全球价值链理论与中国流通业对外直接投资联系起来，探索可持续的中国流通业对外直接投资模式，成为理论研究的新方向。

---

① Garry Gereffi, "Global Value Chains and International Development Policy: Bringing Firms, Networks and Policy-Engaged Scholarship Back in", *Journal of International Business Policy*, No. 2, 2019, pp. 195–210.

第三章

中国流通业 OFDI 和 GVC 参与现状

作为资本输出的重要方式，中国流通业对外直接投资能否顺利开展，不仅需要中国流通业对当前国内环境有清醒的认知，更需要对全球政治、经济、外交等发展态势进行研判。比如，在国际上，以《美国—墨西哥—加拿大协定》《跨太平洋伙伴全面进展协定》等为代表的区域贸易协定，正对全球服务业国际市场准入提出新的要求。随着全球移动消费趋势日益明显，电子商务为全球价值链重构提供了机会。中国流通业要想通过对外直接投资实现全球价值链构建的目标，迫切需要对产业核心竞争力进行反思，对中国国家政策导向进行准确把握，对国际市场机会进行有效利用。所有这些，都离不开环境分析。

基于此，本章将从国际环境入手，结合国内背景以及企业竞争力现状，分析中国流通业对外直接投资环境。然后，从投资规模、区位分布、投资主体及投资主要形式等方面，对中国流通业对外直接投资现状进行分析。结合相关数据，对中国流通业全球价值链参与率、全球价值链分工地位指数进行测算。

第一节 中国流通业对外直接投资环境

一 中国流通业对外直接投资的国际环境

（一）服务经济兴起，跨国零售商主导全球价值链能力增强

从全球范围来看，流通业对外直接投资的广泛开展与服务经济兴起关系密切。通常情况下，服务业占 GDP 比重超过第二产业比重，就被视为服务经济主导时代来临。早在 1997 年，服务业占世界 GDP 的比重就已

经超过60%（见图3-1），这表明世界进入服务经济时代。随着全球服务经济的到来，制造服务化日益凸显。制造服务化，就是制造业在生产过程和销售过程中对包括批发零售在内的服务使用增加。由于跨国服务贸易与投资由发达国家主导，[①] 因此发达国家对全球附加值的获取能力日益强化。

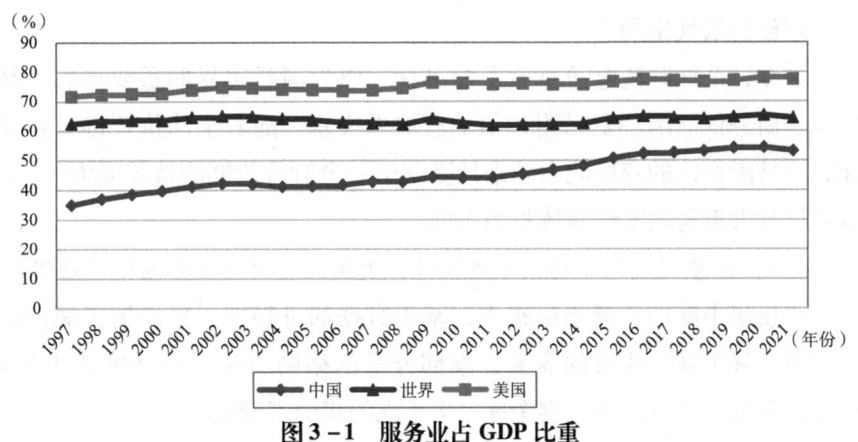

图3-1 服务业占GDP比重

资料来源：世界银行（https://databank.worldbank.org/source/world-development-indicators#）。

在美欧众多的贸易伙伴中，金砖国家处于全球价值链的中低端。[②] 全球价值链地位的差异带来了全球附加值获取能力的差异。全球附加值的67%归属于OECD成员国，新型工业化国家和金砖国家只获得了全球附加值的28%。[③] 服务经济的兴起，将进一步巩固发达国家对全球价值链附加值的获取能力，这在零售领域也不例外。

早在20世纪60年代末70年代初，包括西尔斯、凯马特等在内的美国零售商就已经在中国香港、韩国、中国台湾等东亚国家和地区建立采

[①] 王子先：《世界经济进入全球价值链时代中国对外开放面临新选择》，《全球化》2014年第5期。

[②] 蔡松锋、张亚雄：《跨大西洋贸易与投资伙伴协议（TTIP）对金砖国家经济影响分析——基于含全球价值链模块的动态GTAP模型》，《世界经济研究》2015年第8期。

[③] Rashmi Banga, "Linking into Global Value Chains Is Not Sufficient: Do You Export Domestic Value Added Contents?" *Journal of Economic Integration*, Vol. 29, No. 2, 2014, pp. 267–297.

购中心。为进一步塑造竞争优势,从20世纪90年代开始,美国大型零售商将亚洲制造商纳入自己的供应链。① 美国零售业海外投资与价值链构建,最终带来1983—2003年美国外国分支机构的全球价值链专业化水平的提升。这种全球价值链专业化体现在东道国企业内销售额比重的增加,这在发展中国家之间表现得尤为明显。② 来自欧美的这些大型跨国零售商不仅对其主导的产业的价值分布具有决定作用,在某种程度上甚至能决定全球经济景气格局。③

如今,全球跨境电子商务发展迅猛。作为国际贸易的重要形态,跨境电子商务依旧围绕贸易附加值的获取做文章。随着全球价值链日益深化,贸易附加值的获取能力越来越受制于一国对价值链的掌控能力,④ 而这恰恰是大型跨国零售商擅长的领域。

(二)全球流通业市场集中度提升,美国流通商的主导地位日益巩固

市场集中度的衡量指标很多,基于数据的可得性,采用销售额占比来表示。基于横向比较的需要,本部分采用德勤历年《全球零售力量》的相关数据,并且主要考察全球零售十强的集中度变化。

全球前十大零售商在零售250强中的零售额占比从2003财年的28.4%,逐年提高,2007财年达到29.6%。2008—2015财年,全球流通业市场集中度继续提高。2016财年,全球十强零售商零售额占全球零售250强零售额的比重为30.7%;2017财年,占比31.6%;2018财年,占比32.2%。⑤ 2018财年,全球零售前十名中7家来自美国,具体见表3-1。

---

① G. Hamilton, M. Petrovic, R. C. Feenstra, "Remaking the Global Economy: US Retailers and Asian Manufacturers", Prepared statement presented to the US-China Economic and Security Review Commission in a hearing on "China and the Future of Globalization", May 2005, pp. 19 – 20.

② Sjoerd Beugelsdijk, Torben Pedersen, Bent Petersen, "Is There a Trend Towards Global Value Chain Specialization?: An Examination of Cross Border Sales of US Foreign Affiliates", Journal of International Management, Vol. 15, No. 2, 2009, pp. 126 – 141.

③ 赖阳:《流通企业大型化国际化的实证思考》,《北京市财贸管理干部学院学报》2004年第4期。

④ 王俊、杨恬恬:《全球价值链、附加值贸易与中美贸易利益测度》,《上海经济研究》2015年第7期。

⑤ "Global Powers of Retailing 2018", June 14, 2020, Deloitte, https://www2.deloitte.com/content/dam/Deloitte/global/Documents/consumer-industrial-products/cip-2018-global-powers-retailing.pdf, p. 10.

表3-1　　　　　　　　　2020年全球零售力量十强

（单位：百万美元，个，%）

排名	企业名称	来源地	零售收入	母公司/集团收入	母公司/集团纯收入	主营业态	运营国家数量	2013—2018财年复合年均增长率
1	沃尔玛	美国	514405	514405	7179	大卖场/超级购物中心/超市	28	1.6
2	开市客	美国	141576	141576	3179	现款自运批发/批发俱乐部	11	6.1
3	亚马逊	美国	140211	232877	2371	非店铺	16	18.1
4	施瓦茨	德国	121581	121581	—	折扣店	30	7.1
5	克罗格	美国	117527	121162	3078	超市	1	3.6
6	沃博联	美国	110673	131537	5031	药店/药房	10	8.9
7	家得宝	美国	108203	108203	11121	家居	3	6.5
8	阿尔迪	德国	106175	106175	—	折扣店	19	6.7
9	CVS健康	美国	83989	193919	—	药店/药房	2	5.1
10	乐购	英国	82799	84245	1718	大卖场/超级购物中心/超市	8	0.1
全球零售250强中10强零售收入总额			1527140		其中美国上榜企业占比			79.67
全球零售250强零售收入总额			4744012		其中美国上榜企业占比			44.8
全球零售250强中10强零售收入总额的平均零售收入			152714		10强美国企业平均零售收入			173800
全球零售250强的平均零售收入			18796		美国上榜企业平均零售收入			27628
全球零售250强中10强平均业务开展国家数量			12.8		美国上榜企业平均业务开展国家数量			10.1
全球零售250强平均业务开展国家数量			10.8		美国上榜企业平均业务开展国家数量			8.8

资料来源："Global Powers of Retailing 2020", June 14, 2020, Deloitte, https://www2.deloitte.com/content/dam/Deloitte/at/Documents/consumer-business/at-global-powers-retailing-2020.pdf。

2018财年，在全球零售250强中，美国上榜企业77家，贡献了全球零售250强44.8%的零售额。曾经位列2001财年榜单中前10名的企业中，有4家仍旧保留在2018财年榜单前十名，它们分别为沃尔玛、亚马逊、克罗格和家得宝。其中，最引人注目的就是亚马逊的崛起。亚马逊从2001财年的第157名迅速攀升至2018财年的第3名。

从近20年的全球零售力量演变可以看出，全球零售行业集中度日益提高，美国在全球零售业的主导地位日益巩固。

（三）区域贸易协定增多，全球价值链重构、流通资本跨国流动加速

1990—2021年，全球区域贸易协定总量呈现持续增加趋势。截至2021年12月，全球累计生效的区域贸易协定有353个（见图3-2）。从区域贸易协定签署的类型来看，服务通知的数量自2000年以后增长非常明显，这和全球服务经济发展趋势紧密相关。

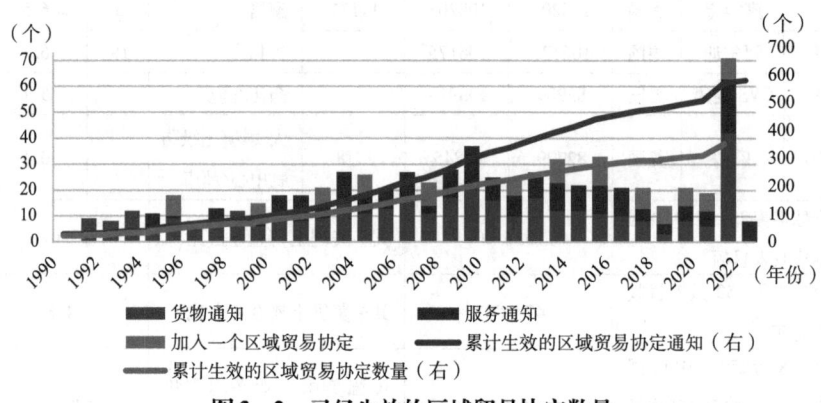

图3-2 已经生效的区域贸易协定数量

资料来源：Regional Trade Agreements Database，January 10，2023，World Trade Organization，http：//rtais.wto.org/UI/PublicMaintainRTAHome.aspx。

区域贸易协定的快速发展，一方面推动了协定内成员之间的经贸往来，另一方面也有可能因原产地等产生"意大利面条碗"现象。[①] 不同成

---

① 巴格沃蒂（Jagdish Bhagwati）在1995年出版的《美国贸易政策》（*U. S. Trade Policy*）一书中，提出"意大利面条碗"现象（Spaghetti bowl phenomenon），指在双边自由贸易协定（FTA）和区域贸易协定（RTA）统称特惠贸易协议下，各个协议的不同的优惠待遇和原产地规则。原产地规则就像碗里的意大利面条，一根根地绞在一起，剪不断，理还乱。这种现象贸易专家们称为"意大利面条碗"现象或"意大利面条碗"效应。

员国之间达成的不同区域贸易协定，正在对全球价值链发挥重构作用，全球生产和消费匹配方式将发生变革。可以预见，在区域贸易协定的推动下，流通业国际资本的跨国流动将加速，最终势必引发全球经济的结构性变革。

二 中国流通业对外直接投资的国内环境

随着全球价值链的附加值日益向微笑曲线的两端沉淀，作为高附加值的流通环节在开展对外直接投资时，既要考虑国际环境，也要结合国内环境展开分析。

（一）流通大国向流通强国迈进，扩大对外直接投资是必然选择

1. 流通业增加值持续扩张，对 GDP 增速的贡献率和拉动率突出

作为服务业的重要组成部分，中国流通业发展迅猛。中国流通业增加值从 1996 年的 5600.5 亿元，发展到 2021 年的 110147 亿元。中国流通业增加值占国内生产总值的比重从 1996 年的 7.8%，提高到 2021 年的 9.58%（见表 3-2）。

流通业是不断启动市场、促进需求和消费不断升位的助推器。[①] 2004—2021 年，中国流通业对中国经济的贡献率与拉动率，除了极个别年份外，总体都高于同期的金融业（见表 3-3）。

表 3-2　　　　　　　　中国流通业产值　　　　　　（单位：亿元,%）

	流通业增加值	第三产业增加值	全国 GDP	流通业增加值占第三产业增加值比重	流通业增加值占 GDP 比重
1996 年	5600.5	24108	71813.6	23.23	7.80
1997 年	6328.4	27904.8	79715	22.68	7.94
1998 年	6914.3	31559.3	85195.5	21.91	8.12
1999 年	7492.2	34935.5	90564.4	21.45	8.27
2000 年	8159.8	39899.1	100280.1	20.45	8.14

[①] 刘国光：《加快流通产业向先导产业的转化》，《价格理论与实践》2004 年第 6 期。

续表

	流通业增加值	第三产业增加值	全国GDP	流通业增加值占第三产增加值比重	流通业增加值占GDP比重
2001年	9120.8	45701.2	110863.1	19.96	8.23
2002年	9996.8	51423.1	121717.4	19.44	8.21
2003年	11171.2	57756	137422	19.34	8.13
2004年	12455.8	66650.9	161840.2	18.69	7.70
2005年	13968.5	77430	187318.9	18.04	7.46
2006年	16533.4	91762.2	219438.5	18.02	7.53
2007年	20941.1	115787.7	270092.3	18.09	7.75
2008年	26186.2	136827.5	319244.6	19.14	8.20
2009年	29004.6	154765.1	348517.7	18.74	8.32
2010年	35907.9	182061.9	412119.3	19.72	8.71
2011年	43734.5	216123.6	487940.2	20.24	8.96
2012年	49835.6	244856.2	538580	20.35	9.25
2013年	56288.9	277983.5	592963.2	20.25	9.49
2014年	63170.4	310654	643563.1	20.33	9.82
2015年	67719.6	349744.7	688858.2	19.36	9.83
2016年	73724.5	390828.1	746395.1	18.86	9.88
2017年	81156.6	438355.9	832035.9	18.51	9.75
2018年	88903.7	489700.8	919281.1	18.15	9.67
2019年	95650.87	535370.99	986515.2	17.87	9.70
2020年	96086.14	551973.75	1013567	17.41	9.48
2021年	110147	614476	1149237	17.93	9.58

资料来源：中经网统计数据库，笔者计算整理。

表3-3　　　　　中国流通业的贡献率与拉动率　　　　（单位:%）

	贡献率						拉动率					
	第一产业	第二产业	工业	第三产业	流通业	金融业	第一产业	第二产业	工业	第三产业	流通业	金融业
2004年	7.35	51.82	47.55	40.84	5.3	2.13	0.74	5.24	4.81	4.13	0.54	0.22
2005年	5.22	50.51	43.1	44.26	9.03	5.41	0.6	5.76	4.91	5.04	1.03	0.62

续表

	贡献率						拉动率					
	第一产业	第二产业	工业	第三产业	流通业	金融业	第一产业	第二产业	工业	第三产业	流通业	金融业
2006年	4.35	49.72	42.3	45.93	11.41	7.46	0.55	6.32	5.38	5.84	1.45	0.95
2007年	2.68	50.05	43.79	47.27	11.23	7.95	0.38	7.12	6.23	6.73	1.6	1.13
2008年	5.24	48.6	43.35	46.16	13.66	6.05	0.51	4.69	4.18	4.46	1.32	0.58
2009年	4	52.29	40.69	43.71	11.13	8.59	0.38	4.91	3.82	4.11	1.05	0.81
2010年	3.57	57.41	49.62	39.02	12.34	4.42	0.38	6.11	5.28	4.15	1.31	0.47
2011年	4.08	52.04	45.91	43.89	11.37	5.02	0.39	4.97	4.38	4.19	1.09	0.48
2012年	5.04	49.97	41.92	45	11.71	7.38	0.4	3.93	3.3	3.54	0.92	0.58
2013年	4.21	48.54	40.51	47.25	12.38	8.47	0.33	3.77	3.15	3.67	0.96	0.66
2014年	4.51	45.57	36.9	49.91	12.96	9.05	0.34	3.38	2.74	3.71	0.96	0.67
2015年	4.44	39.71	32.65	55.85	9.19	15.63	0.31	2.8	2.3	3.93	0.65	1.1
2016年	4.01	35.97	28.29	60.02	11.01	5.74	0.27	2.46	1.94	4.11	0.75	0.39
2017年	4.62	34.23	30.22	61.14	11.15	5.49	0.32	2.38	2.1	4.25	0.77	0.38
2018年	4.07	34.43	30.26	61.5	9.89	5.56	0.27	2.32	2.04	4.15	0.67	0.38
2019年	3.95	32.57	26.81	63.48	9.41	8.61	0.24	1.94	1.6	3.78	0.56	0.51
2020年	10.39	43.32	34.94	46.28	-3.95	20.43	0.23	0.97	0.78	1.04	-0.09	0.46
2021年	6.69	38.38	36.6	54.92	13.17	4.84	0.54	3.11	2.97	4.45	1.07	0.39

注：（1）此处的流通业只包括批发和零售业。（2）三次产业贡献率指各产业增加值增量与GDP增量之比。（3）三次产业拉动率指GDP增长速度与各产业贡献率之乘积。

资料来源：中经网统计数据库。

2. 流通业从末端走向先导，产业地位明显提升

随着流通业与制造业的关系发生转变（见图3-3），流通业从末端行业上升为先导行业，成为社会的基础产业。[1] 流通业在国民经济中的基础性地位，离不开其先导性的支持。在第三产业中，批发与零售业先导性虽然不如交通运输、仓储和邮政业的先导性显著，[2] 但是已有研究表明，

---

[1] 黄国雄：《论流通产业是基础产业》，《财贸经济》2005年第4期。

[2] 杨龙志：《流通产业在国民经济中起到先导性作用了吗——基于VAR格兰杰因果的实证研究》，《财贸经济》2013年第5期。

中国流通业对国民经济的影响力与国民经济这两者之间存在最优匹配机制。[①] 换句话说，中国的供给侧结构性改革离不开流通业先导性的发挥。[②]

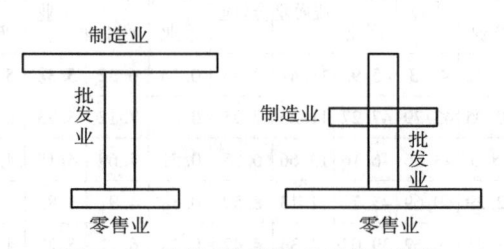

图3-3 流通业与制造业的关系演变

资料来源：孙明贵：《业态管理学原理》，北京大学出版社2004年版，第16页。

3. 利用外商直接投资与对外直接投资并重，资本结构逐步优化

自1992年中国流通业对外开放至今，利用外商直接投资激活中国流通业，推动中国流通业发展，这是中国一直坚持的方向。尤其是2004年中国流通业全面对外开放后，中国流通业合同利用外资项目、实际使用外商直接投资资金都呈上涨趋势。中国流通业合同利用外商直接投资项目个数从2004年的1700个，逐年增加到2018年的22853个（见表3-4），增长态势明显。

中国流通业合同利用外资项目在中国合同利用外资项目总数中所占比重从2004年的3.89%逐年提高，2015年已经达到34.45%。也就是说，中国每签订三个合同利用外资项目中，就有一个是针对流通业。[③]

表3-4　　　　　中国流通业外资利用情况

	中国合同利用外资项目数（个）	制造业合同利用外资项目数（个）	流通业合同利用外资项目数（个）	中国实际利用外资金额（万美元）	制造业实际利用外资金额（万美元）	流通业实际利用外资金额（百万美元）
2004年	43664	30386	1700	6063000	4301724	739.59

---

① 杨龙志、刘观兵：《流通产业与国民经济是否存在最优匹配效应——兼对我国流通领域"产能过剩"抑或"产能不足"的考察》，《财贸经济》2016年第9期。

② 丁俊发：《供给侧结构性改革下流通业的先导作用》，《中国流通经济》2017年第2期。

③ 相比较而言，中国签订的每六个合同利用外资项目中，只有一个是针对制造业。

续表

	中国合同利用外资项目数（个）	制造业合同利用外资项目数（个）	流通业合同利用外资项目数（个）	中国实际利用外资金额（万美元）	制造业实际利用外资金额（万美元）	流通业实际利用外资金额（百万美元）
2005 年	44001	28928	2602	6032500	4245291	1038.54
2006 年	41473	24790	4664	6582100	4007671	1789.41
2007 年	37871	19193	6338	7476800	4086482	2676.52
2008 年	27514	11568	5854	9239544	4989483	4432.97
2009 年	23435	9767	5100	9003300	4677146	5389.8
2010 年	27406	11047	6786	10573524	4959058	6595.66
2011 年	27712	11114	7259	11601100	5210054	8424.55
2012 年	24925	8970	7029	11171614	4886649	9461.87
2013 年	22773	6504	7349	11758600	4555498	11510.99
2014 年	23778	5178	7978	11956200	3993872	9463.4
2015 年	26575	4507	9156	12626700	3954290	12023.13
2016 年	27900	4013	9399	12600142	3549230	15870.16
2017 年	35652	4986	12283	13103513	3350619	11478.08
2018 年	60533	6152	22853	13496589	4117421	9766.89
2019 年	—	5396	13837	13813462	3537022	9049.82
2020 年	—	—	—	14436926	3099695	11844.45
2021 年	—	—	—	17348331	3373061	16715.81

资料来源：中经网统计数据库。

中国流通业在继续吸引外商直接投资的同时，探索对外直接投资，成为新时期中国流通业国际资本利用的重大举措。早在2008年，《国务院办公厅关于加快发展服务业若干政策措施的实施意见》（国办发〔2008〕11号）就明确指出，积极支持服务企业走出去。2012年8月，国务院发布《关于深化流通体制改革加快流通产业发展的意见》（国发〔2012〕39号），首次明确提出支持有条件的流通企业"走出去"。2016年，《国内贸易流通"十三五"发展规划》发布，将有效利用外资、加快流通企业走出去，作为"十三五"时期中国流通业加强对外开放合作的主要内容。《国内贸易流通"十三五"发展规划》对流通企业"走出去",提出了更加明确的要求,要求与制造企业集群式"走出去",将共建"一带一路"国家作为投资重点,将国内流通渠道境外延伸、全球布局的流通网络构建作为总体思想。①

(二)人民币国际化与中国流通业对外直接投资

流通业对外直接投资的开展,与中国积累多年的外汇储备有关,外汇储备的增加则与中国的出口贸易以及贸易顺差有直接关联。随着人民币汇率改革、中国出口贸易的发展,中国货物和服务出口额占世界出口贸易总额的比重逐步提高(见图3-4),中国的外汇储备从1994年的516.2亿美元增加到2019年的31079.24亿美元,黄金储备于2019年达到6264万盎司(见表3-5)。

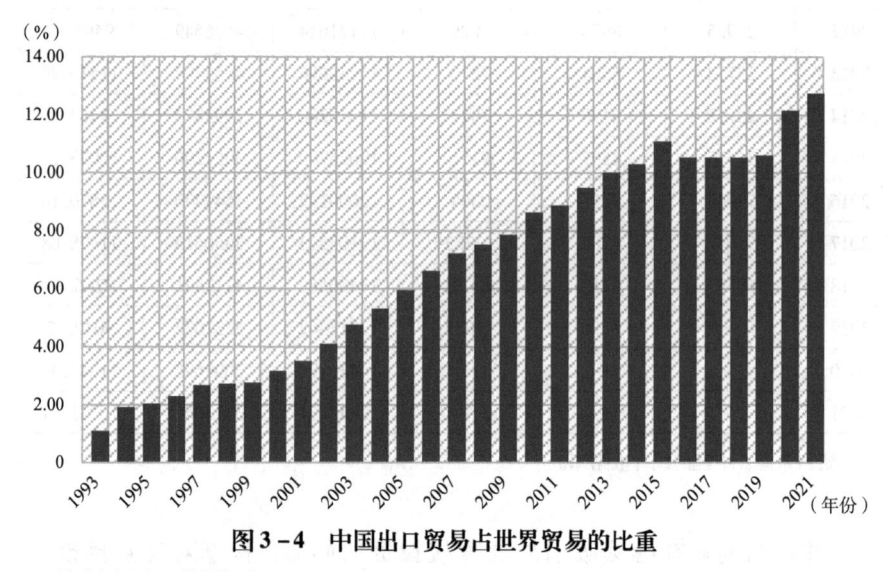

图3-4 中国出口贸易占世界贸易的比重

资料来源:世界银行。

人民币汇率总体处于升值态势。人民币升值对中国对外直接投资具有促进作用。② 中国境外投资方式也在发生改变,具体来说,就是利润再

---

① 《国内贸易流通"十三五"发展规划》,2016年11月16日,商务部网站,http://www.mofcom.gov.cn/article/ae/ai/201611/20161101779114.shtml。

② 夏良科:《汇率、汇率制度与对外直接投资——基于广义脉冲响应函数法的国际比较》,《上海经济研究》2012年第10期。

投资方式减少，跨国并购方式更常见。[①]

表3-5　　　　　　　　　中国外汇储备规模

	美元兑人民币平均汇率 （人民币/百美元）	外汇储备 （亿美元）	黄金储备 （万盎司）
1994年	861.87	516.2	1267
1995年	835.07	735.97	1267
1996年	831.42	1050.29	1267
1997年	828.98	1398.9	1267
1998年	827.91	1449.59	1267
1999年	827.83	1546.75	1267
2000年	827.84	1655.74	1267
2001年	827.7	2121.65	1608
2002年	827.7	2864.07	1929
2003年	827.7	4032.52	1929
2004年	827.68	6099.32	1929
2005年	819.17	8188.72	1929
2006年	797.18	10663.44	1929
2007年	760.4	15282.49	1929
2008年	694.51	19460.3	1929
2009年	683.1	23991.52	3389
2010年	676.95	28473.38	3389
2011年	645.88	31811.48	3389
2012年	631.25	33115.89	3389
2013年	619.32	38213.15	3389
2014年	614.28	38430.18	3389
2015年	622.84	33303.62	5666

[①] 聂名华、马翔：《人民币实际有效汇率与国际直接投资流入的关系研究——基于中美与中日之间季度数据的实证》，《金融研究》2007年第9期。

续表

	美元兑人民币平均汇率（人民币/百美元）	外汇储备（亿美元）	黄金储备（万盎司）
2016年	664.23	30105.17	5924
2017年	675.18	31399.49	5924
2018年	661.74	30727.12	5956
2019年	689.85	31079.24	6264
2020年	689.76	32165.22	6264
2021年	645.15	32501.66	6264
2022年	—	31300	—

资料来源：中经网统计数据库。

2005年，人民币汇率机制改革后，中国对外直接投资流量呈递增态势。[1] 人民币汇率上升，显著提高了中国企业进行贸易服务型投资的动机。平均而言，当企业的实际有效汇率上升10%时，企业的平均投资概率上升4.2%，而进行贸易服务型投资的概率上升4.3%。[2] 人民币升值有利促进了中国对东盟十国的对外直接投资，尤其是贸易服务型投资表现得尤为明显。[3]

为了更好地推动中国对外直接投资，中国政府在人民币国际化上不断探索。人民币跨境支付系统于2015年启动。2016年10月1日，人民币继美元、欧元、日元和英镑之后，作为第五种国际储备货币，正式加入特别提款权，权重为10.92%。2018年3月，人民币成功上市原油期货。2018年，中国在香港特别行政区再次发行了30亿美元无评级的以美元计价的主权债券。在沪港通、深港通以及与日本证券交易所ETF的互联互通后，2019年6月17日，沪伦通正式启动。

---

[1] 陶士贵、相瑞：《对外直接投资中的汇率影响因素：中国样本》，《经济管理》2012年第5期。

[2] 田巍、余淼杰：《汇率变化、贸易服务与中国企业对外直接投资》，《世界经济》2017年第11期。

[3] 李小萌、陈建先、师磊：《人民币汇率变动对中国OFDI的影响——以对东盟十国投资为例》，《国际商务》（对外经济贸易大学学报）2017年第3期。

中国正在不断深化资本市场改革，双向开放的广度、深度不断提升，所有这些都将为中国资本走入国际市场提供更加便利、顺畅的通道。这对于流通业来说也不例外。

（三）促进出口到价值链构建：中国流通业对外直接投资新使命

1. 促进出口

长期以来，中国企业"走出去"是围绕满足国内发展的需要、打造中国的跨国公司、带动国内出口这三个目标展开的。[1] 流通业对外直接投资也不例外。在中国出口贸易中，中间商发挥重要作用，中间商大约贡献了2005年中国出口的20%，越是难以渗透的市场，中间商的相对重要性越高。[2] 参与分销链，比如获得大型超市销售的通道，对食品行业的小企业以及定位于下游环节的企业国际化贡献尤为显著。[3]

流通业对外投资属于贸易服务型投资。贸易服务型投资与出口具有互补关系。[4] 实际上，1998—2009年，超过一半的中国企业的对外直接投资交易发生在服务部门，而且这些交易看起来与出口相关。[5] 规模越大、生产率越高而且出口密集度越高的企业，越有可能对外投资，也就是说，对外直接投资与更好的企业绩效相关，这些企业绩效体现在更高的全要素生产率、就业率、出口密度和产品创新上。[6]

2. 服务进口

改革开放40余年来，中国的总体经济规模攀升。尤其是1992年提出建立社会主义市场经济体制后，中国的人均国民收入从1996年的1319美元，增加到2017年的7310美元。根据世界银行2007年对全球经济体的

---

[1] 林桂军：《夯实外贸发展的产业基础向全球价值链高端攀升》，《国际贸易问题》2016年第11期。

[2] JaeBin Ahn, Amit K Khandelwal, Shang-Jin Wei, "The Role of Intermediaries in Facilitating Trade", *Journal of International Economics*, Vol. 84, No. 1, 2011, pp. 73 – 85.

[3] Giorgia Giovannetti, Enrico Marvasi, "Food Exporters in Global Value Chains: Evidence from Italy", *Food Policy*, Vol. 59, February 2016, pp. 110 – 125.

[4] 田巍、余淼杰：《汇率变化、贸易服务与中国企业对外直接投资》，《世界经济》2017年第11期。

[5] Wenjie Chen, Heiwai Tang, "The Dragon is Flying West: Micro-level Evidence of Chinese Outward Direct Investment", *Asian Development Review*, Vol. 31, No. 2, 2014, pp. 109 – 140.

[6] Wenjie Chen, Heiwai Tang, "The Dragon is Flying West: Micro-level Evidence of Chinese Outward Direct Investment", *Asian Development Review*, Vol. 31, No. 2, 2014, pp. 109 – 140.

划分标准,① 中国早在 2008 年就已经迈入上中等收入经济体行列。中国快速增长的人均国民收入,引发了重要的经济、社会变革,其中最明显的就是中国社会主要矛盾的变化。为了满足中国国内消费的需要,中国已经启动了供给侧结构性改革。然而,仅依靠国内市场难以确保有效供给,中国迫切需要从国际市场上组织相应的商品和服务,以此满足广大人民群众的消费需求。2018 年 11 月,中国在上海成功主办了第一届世界进口博览会。2019 年,中国的进口规模达到 31.54 万亿人民币,连续 11 年成为全球货物贸易第二大进口国。由此可见,随着中国国民收入的进一步提升,中国进口的潜力将催生巨大的进口需求,这为中国流通业对外直接投资提供了新的依据。

3. 构建中国流通企业主导的全球价值链

中国流通业已经显示出价值链构建的能力。在部分行业,大型零售商主导产业链成为中国产业升级的重要方向。② 流通商主导的供应链战略联盟,对价值链创新有促进作用。③ 流通业整合产业链的能力提升,对制造业转型升级有促进作用。④ 通过对外直接投资,培育大型流通企业,不仅有助于提升中国在全球价值链中的地位⑤,而且有助于打造以中国为核心的一体化供应链生态系统(见图 3-5)。

构建中国流通企业主导的全球价值链,从长远来看,有利于保障中国人均国民收入增长。中国人均国民收入的提高,离不开深度国际分工的参与。尽管中国国民收入在过去的 40 多年里取得了突破性进展,但是中国仍旧是发展中国家。中国人均国民收入仍旧不到世界人均国民收入

---

① 2007 年的划分标准中,人均 GNI 与经济体的分类对应关系:905 美元以下为低收入经济体,906—3595 美元为下中等收入经济体,3595—11115 美元为上中等收入经济体,11116 美元以上为高收入经济体。

② 徐从才、盛朝迅:《大型零售商主导产业链:中国产业转型升级新方向》,《财贸经济》2012 年第 1 期。

③ 丁宁:《流通商主导的供应链战略联盟与价值链创新》,《商业经济与管理》2014 年第 2 期。

④ 宋则、常东亮、丁宁:《流通业影响力与制造业结构调整》,《中国工业经济》2010 年第 8 期。

⑤ 夏春玉、丁涛:《全球价值链下中国经济面临的挑战及流通发展战略》,《商业时代》2013 年第 33 期。

的70%。随着供应链分工在全球日益普及,贸易利得融合到全球价值链单元中。[①] 包括批发商和零售商在内的中间商将为贸易利益的实现提供便利。[②] 中国流通业开展对外直接投资,有助于中国从国际贸易中获取应有的贸易利益,进而为中国福利改善、国民收入增长奠定基础。

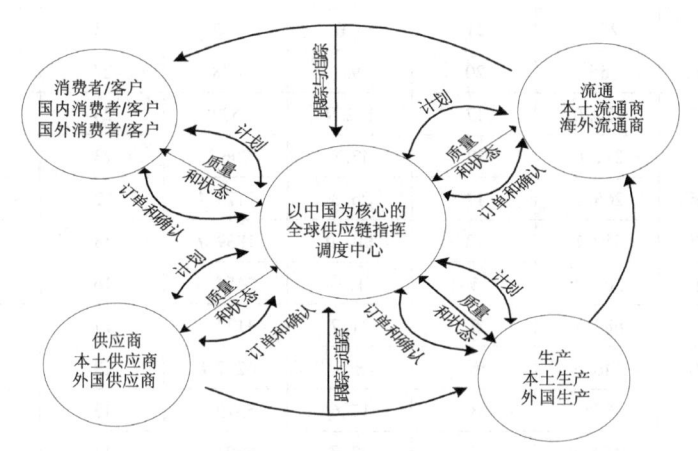

图 3-5 以中国为核心的一体化供应链生态系统

资料来源:"Global Value Chain Development Report 2019", August 16, 2020, World Trade Organization, https://www.wto.org/english/res_e/booksp_e/gvc_dev_report_2019_e.pdf, p.108。

第二节 中国流通业对外直接投资现状

要了解中国流通业对外直接投资现状,有必要先了解中国对外直接投资在全球的绝对规模和相对地位(见表3-6)。虽然国际风云变幻,2018年、2019年、2020年、2021年中国继续保持对外直接投资存量全球第三的地位。

[①] 谢莉娟:《供应链分工情境下内贸流通研究的理论主题》,《商业经济与管理》2016年第3期。

[②] Pol Antràs, Arnaud Costinot, "Intermediation and Economic Integration", *American Economic Review*, Vol.100, No.2, 2010, pp.424-428.

表3-6 中国建立《对外直接投资统计制度》以来各年份统计结果

(单位：亿美元,%)

年份	流量 金额	流量 全球位次	流量 同比	存量 金额	存量 全球位次	存量 全球比重
2002年	27.0	26	—	299.0	25	0.4
2003年	28.5	21	5.6	332	25	0.48
2004年	55	20	93	448	27	—
2005年	122.6	17	122.9	572	24	—
2006年	211.6	13	43.8	906.3	23	—
2007年	265.1	17	25.3	1179.1	22	—
2008年	559.1	12	110.9	1839.7	18	—
2009年	565.3	5	1.1	2457.5	16	—
2010年	688.1	5	21.7	3172.1	17	1.6
2011年	746.5	6	8.5	4247.8	13	2
2012年	878	3	17.6	5319.4	13	2.3
2013年	1078.4	3	22.8	6604.8	11	2.5
2014年	1231.2	3	14.2	8826.4	8	3.4
2015年	1456.7	2	18.3	10978.6	8	4.4
2016年	1961.5	2	34.7	13573.9	6	5.2
2017年	1582.9	3	-19.3	18090.4	2	5.9
2018年	1430.4	2	14.1%	19822.7	3	6.4
2019年	1369.1	2	-4.3	21988.8	3	—
2020年	1537.1	1	12.3	25806.6	3	—
2021年	1788.2	2	16.3	27851.5	3	6.7

注：(1) 2002—2005年数据为中国对外非金融类直接投资数据，2006—2018年为全行业对外直接投资数据。(2) 2006年同比为对非金融类直接投资比值。

资料来源：《2020年度中国对外直接投资统计公报》；中华人民共和国商务部等编：《2020年中国对外直接投资统计公报：汉/英》，中国商务出版社2021年版，第6页。

一 中国流通业对外直接投资规模

（一）中国流通业对外直接投资流量

中国流通业对外直接投资流量从2010年的67.3亿美元增加到2016年的208.9亿美元（见表3-7）。2017年，中国流通业对外直接投资流量为263.1亿美元。2018年，中国流通业对外直接投资流量缩减至122.4亿美元，投资规模位于租赁和商务服务业、金融业、制造业之后。2019年，中国流通业对外直接投资呈现大幅增长势头，流量规模为194.7亿美元，占当年中国对外直接投资流量的14.2%。2020年，中国流通业对外直接投资230亿美元，同比增长18.3%。2021年，中国流通业对外直接投资继续保持增长态势，达到了281.5亿美元，行业排序上升至第二位。

表3-7　　　　　中国流通业对外直接投资流量　　（单位：亿美元,%）

	批发零售业	同比增长	占比	行业排序
2010年	67.3	9.6	9.8	第三
2011年	103.2	53.3	13.8	第三
2012年	130.5	26.4	14.8	第三
2013年	146.5	12.3	13.6	第四
2014年	182.9	24.8	14.9	第二
2015年	192.2	5.1	13.2	第四
2016年	208.9	8.7	10.7	第三
2017年	263.1	25.9	16.6	第三
2018年	122.4	-53.5	8.6	第四
2019年	194.7	59.1	14.2	第四
2020年	230	18.3	15	第三
2021年	281.5	22.4	15.7	第二

资料来源：笔者根据历年的《中国对外直接投资统计公报》整理。

（二）中国流通业OFDI存量

从存量来看（见表3-8），2010—2015年，中国流通业对外直接投资保持行业排序第四，2016年攀升至第三位，2017年攀升至第二位。2018年中国流通业对外直接投资存量为2326.9亿美元。2019年、2020年、2021年，中国流通业对外直接投资存量规模稳步增长，突破3000亿美元，稳居行业第二。

表3-8　　　　　　　中国流通业对外直接投资存量　　（单位：亿美元,%）

	批发零售业	占比	行业排序
2010年	420.1	13.2	第四
2011年	490.9	11.6	第四
2012年	682.1	12.8	第四
2013年	876.5	13.3	第四
2014年	1029.6	11.7	第四
2015年	1219.4	11.1	第四
2016年	1691.7	12.5	第三
2017年	2264.3	12.5	第二
2018年	2326.9	11.7	第二
2019年	2955.4	13.5	第二
2020年	3453.2	13.4	第二
2021年	3695.8	13.3	第二

资料来源：笔者根据历年的《中国对外直接投资统计公报》整理。

二　中国流通业对外直接投资区位分布

（一）中国流通业对外直接投资的总体区位分布

中国流通业对外直接投资的总体去向，主要借助存量分析。2013—2021年，中国流通业对外直接投资存量主要沉淀在亚洲，其次是拉丁美洲（见表3-9）。

以2018年为例。2018年，中国在亚洲的流通业对外直接投资存量为1583.3亿美元，占当年中国流通业对外直接投资存量的68.04%。2018年，中国沉淀在拉丁美洲的流通业投资存量为593亿美元，占中国流通业对外直接投资存量的25.48%。2018年，中国沉淀在欧洲的流通业直接投资存量的占比为2.4%。2020年，中国流通业对外直接投资的总体区位分布并没有因新冠疫情暴发而发生大的变化。2021年，中国流通业对外直接投资仍旧主要沉淀在亚洲、拉丁美洲、北美洲等。

表 3-9　中国流通业对外直接投资存量主要分布区域

(单位：亿美元，%)

	亚洲 存量	亚洲 占中国在当地OFDI存量的比重	亚洲 在中国OFDI存量中的排序	欧洲 存量	欧洲 占中国在当地OFDI存量的比重	欧洲 在中国OFDI存量中的排序	拉丁美洲 存量	拉丁美洲 占中国在当地OFDI存量的比重	拉丁美洲 在中国OFDI存量中的排序	北美洲 存量	北美洲 占中国在当地OFDI存量的比重	北美洲 在中国OFDI存量中的排序	大洋洲	大洋洲 占中国在当地OFDI存量的比重	大洋洲 在中国OFDI存量中的排序
2013年	709.8	15.9	第三	45.1	8.5	第五	85.6	9.9	第四	19.7	6.9	第四	—	—	—
2014年	812.9	13.5	第二	54.7	7.9	第五	84.4	8	第三	—	—	—	—	—	—
2015年	1004.3	13.1	第三	58.6	7	第五	96.2	7.6	第三	—	—	—	—	—	—
2016年	1170	12.9	第三	78.7	9	第四	371.4	17.9	第三	—	—	—	16.3	4.3	第五
2017年	1534.1	13.5	第二	51.7	4.7	第五	594.5	15.4	第三	—	—	—	—	—	—
2018年	1583.3	12.4	第二	55.9	5.0	第五	593	14.6	第三	—	—	—	—	—	—
2019年	2197.5	15.0	第二	58.3	5.1	第五	606.3	13.9	第三	—	—	—	—	—	—
2020年	2500.1	15.2	第二	67.9	5.5	第五	786.3	12.5	第三	—	—	—	—	—	—
2021年	2734.6	15.4	第二	—	—	—	795.9	11.5	第三	74.5	7.4	第五	—	—	—

资料来源：笔者根据历年的《中国对外直接投资统计公报》整理。

(二)中国流通业在全球主要国家和地区的直接投资情况

1. 香港

2010—2016年,中国内地对香港的流通业直接投资流量一直在增加(见表3-10);从2017年开始有所回落;2018年,则继续降低;2019年,中国内地对香港流通业的直接投资流量回升;2020年、2021年,延续增长态势。

表3-10　　　　中国内地流通业对香港直接投资情况　(单位:亿美元,%)

	流量	占中国内地对香港直接投资总额的比重	存量	占中国内地对香港直接投资存量的比重
2010年	58.1692	15.1	357.3595	17.9
2011年	88.1362	24.7	408.5180	15.6
2012年	101.1321	19.7	490.9077	16
2013年	108.8114	17.3	625.3125	16.6
2014年	136.8117	19.3	731.3283	14.3
2015年	143.1795	15.9	901.5513	13.7
2016年	149.3055	13.1	1039.3401	13.3
2017年	94.67	10.4	1372.1	14
2018年	53.1983	6.1	1374.8976	12.5
2019年	135.0182	14.9	1964.0126	15.4
2020年	172.8434	19.4	2256.7472	15.7
2021年	218.1981	21.6	2471.7226	16.0

资料来源:笔者根据历年的《中国对外直接投资统计公报》整理。

从存量规模来看,中国内地对香港的直接投资存量一直在增加。2017年,达到1372.1亿美元,是2010年的3.8倍。与2017年相比,2018年中国内地对香港流通业直接投资的流量虽然有所减少,但是存量依旧保持增加态势,达到了1374.90亿美元。2020年,中国内地对香港流通业对外直接投资存量突破2000亿美元,达到2256.75亿美元。2021年,在此基础上继续增加,达到了2471.72亿美元。

2. 欧盟

欧盟也是中国流通业 OFDI 的主要区域之一。从表 3-11 可以看出，2010—2016 年，中国对欧盟流通业对外直接投资流量和存量都在不断增加。在欧盟成员国中，中国流通业对外直接投资主要集中在英国、荷兰、德国等国家。2016 年，中国在欧盟地区的对外直接投资存量达到了 72.59 亿美元，占中国对该地区对外直接投资存量的 10.4%，占当年中国流通业对外直接投资存量的 4.29%。2017—2019 年，中国在欧盟的流通业直接投资流量下滑明显。2020 年，开始回升。2020 年，中国针对欧盟流通业的直接投资存量为 50.27 亿美元。2021 年，中国在欧盟的流通业对外直接投资流量为 0.56 亿美元，对外直接投资存量为 49.42 亿美元。

表 3-11　　　　　　中国流通业对欧盟直接投资情况　　（单位：万美元,%）

	流量	占中国对欧盟对外直接投资总额的比重	存量	占中国对欧盟对外直接投资存量的比重	备注
2010 年	11176	1.9	68231	5.5	—
2011 年	10077	1.3	80935	4.0	—
2012 年	42710	7.0	141888	4.5	—
2013 年	31189	6.9	416495	10.4	主要分布在英国、荷兰、德国、比利时、意大利、卢森堡等
2014 年	76990	7.9	497150	9.2	主要分布在荷兰、英国、德国、瑞典、卢森堡、意大利等
2015 年	21026	3.8	525467	8.2	主要分布在荷兰、英国、德国、卢森堡、瑞典、意大利、西班牙、希腊等
2016 年	162179	16.2	725859	10.4	主要分布在荷兰、法国、英国、德国、卢森堡等
2017 年	96752	9.4	449193	5.2	主要分布在法国、德国、卢森堡、英国、荷兰等

续表

	流量	占中国对欧盟对外直接投资总额的比重	存量	占中国对欧盟对外直接投资存量的比重	备注
2018年	72978	8.2	501732	5.5	主要分布在法国、德国、英国、卢森堡、荷兰、意大利、比利时等
2019年	62773	5.9	529966	5.6	主要分布在法国、英国、卢森堡、德国、荷兰、意大利、比利时等
2020年	87099	8.6	502712	6.1	主要分布在法国、卢森堡、德国、荷兰、意大利、比利时等
2021年	5611	0.7	494155	5.1	主要分布在法国、德国、卢森堡、意大利、荷兰等

资料来源：笔者根据历年的《中国对外直接投资统计公报》整理。

3. 美国

美国是世界上流通业最发达的国家。从表3-12可以看出，从2010年开始，中国对美国流通业对外直接投资流量和存量都呈增加态势。2016年，中国对美国流通业对外直接投资流量为95770万美元，存量为401776万美元，分别为2010年的8.49倍、3.57倍。

表3-12 　　　　中国流通业对美国直接投资情况 　　（单位：万美元，%）

	流量	占中国对美国对外直接投资总额的比重	存量	占中国对美国对外直接投资存量的比重
2010年	11280	8.6	112609	23.1
2011年	22167	12.2	128457	14.3
2012年	34299	8.5	167431	9.8
2013年	35978	9.3	175012	8.0
2014年	53004	7.0	259898	6.8

续表

	流量	占中国对美国对外直接投资总额的比重	存量	占中国对美国对外直接投资存量的比重
2015 年	89439	11.1	341005	8.4
2016 年	95770	5.6	401776	6.6
2017 年	78903	12.3	517542	7.7
2018 年	83016	11.1	601288	8.0
2019 年	64577	17.0	590079	7.6
2020 年	115943	19.3	675544	8.4
2021 年	106001	19.0	722039	9.4

资料来源：笔者根据历年的《中国对外直接投资统计公报》整理。

2016 年，中国流通业对美国的对外直接投资流量占中国当年对美国所有行业对外直接投资流量的 5.6%，同期中国流通业在美国的对外直接投资存量占中国对美国所有行业对外直接投资存量的 6.6%。2018 年，中国流通业对美直接投资流量达到 83016 万美元，存量首次突破 60 亿美元。中国对美国流通业直接投资存量在 2020 年达到了 67.55 亿美元；2021 年，继续增加至 72.20 亿美元。

4. 澳大利亚

中国对澳大利亚流通业对外直接投资流量经历了从 2010 年起迅速增加、2014 年突然萎缩，然后从 2015 年开始复苏的局面（见表 3-13）。这与 2015 年 12 月中澳自贸协定生效带来的贸易便利化、投资便利化有关。2016 年，中国在澳大利亚流通业直接投资流量为 21517 万美元，存量为 115944 万美元，分别占当年中国对澳大利亚直接投资流量和存量规模的 5.1%、3.5%。2018 年，中国流通业继续寻求在澳大利亚的投资机会。2018 年 2 月，中国电商巨头京东曾在墨尔本成立京东在大洋洲的区域总部，作为京东海外的第三个办事处。2019 年 5 月，该办事处关闭。阿里巴巴虽然也在澳大利亚开展业务，但进展不是很顺利。[1] 2018 年，中

---

[1] 依绍华：《跨境电商企业"走出去"面临的挑战与建议——以阿里巴巴进入澳洲市场为例》，《中国发展观察》2019 年第 8 期。

国流通业在澳大利亚的直接投资存量为 100182 万美元,在中国对该国直接投资的所有行业中排名第七位。中国流通业对澳大利亚直接投资存量在 2020 年达到了 9.23 亿美元。

表 3-13　　中国流通业对澳大利亚直接投资情况　（单位：万美元,%）

	流量	占中国对澳大利亚对外直接投资总额的比重	存量	占中国对澳大利亚对外直接投资存量的比重
2010 年	2845	1.7	12178	1.5
2011 年	7028	2.2	26486	2.4
2012 年	10839	5.0	43838	3.2
2013 年	27644	8.0	65678	3.8
2014 年	9245	2.3	72262	3.0
2015 年	14418	4.2	79527	2.8
2016 年	21517	5.1	115944	3.5
2017 年	11081	2.6	95835	2.6
2018 年	-49325	-24.8	100182	2.6
2019 年	2912	1.4	91555	2.4
2020 年	3428	2.9	92334	2.7
2021 年	10171	5.3	90725	2.6

资料来源：笔者根据历年的《中国对外直接投资统计公报》整理。

5. 俄罗斯

在中国流通业对外直接投资版图中,俄罗斯是重要板块之一。表 3-14 显示了 2010—2020 年中国对俄罗斯流通业对外直接投资流量与存量的具体规模。中国流通业对俄罗斯直接投资流量和存量都在 2011 年达到峰值,但是随后 4 年间直接投资流量呈现出直线下滑趋势。从 2016 年开始,中国对俄罗斯流通业直接投资流量开始回升,投资规模达到了 0.5223 亿美元,是 2015 年的 3.26 倍。

受制于中国流通业对俄罗斯直接投资流量时升时降的影响,中国流通业在俄罗斯的直接投资存量规模在 2012 年降到该时期内的最低值,为

2.4092亿美元。从2013年开始,中国流通业在俄罗斯的直接投资存量缓慢上升,并在2015年达到4.2327亿美元,但是2016年该存量规模又出现下降。这和俄罗斯国内吸收外资政策的调整有关。

表3-14　　　　　中国流通业在俄罗斯直接投资情况　（单位:万美元,%）

	流量	占中国对俄罗斯对外直接投资总额的比重	存量	占中国对俄罗斯对外直接投资存量的比重
2010年	2955	5.2	10829	3.9
2011年	8126	11.4	43746	11.6
2012年	4602	5.9	24092	4.9
2013年	4257	4.2	27077	3.6
2014年	2469	3.9	37477	4.3
2015年	1602	0.5	42327	3.0
2016年	5223	4.0	40591	3.1
2017年	10113	6.5	48368	3.5
2018年	-3904	-5.4	42896	3.0
2019年	2941	—	36743	2.9
2020年	1165	2.0	33164	2.7

资料来源:笔者根据历年的《中国对外直接投资统计公报》整理。

根据俄罗斯对外国投资的相关政策,批发零售业既不是该国鼓励的行业,也不是限制的行业。尽管跨国并购是开展对外直接投资的主要方式之一,但是俄罗斯对跨国并购限制比较严格。[1] 俄罗斯针对外商在流通领域直接投资的政策不明朗,这并未影响中国流通业对该国投资的积极性。2017年,中国对俄罗斯流通业直接投资流量增加,达到1.0113亿美

---

[1] 有外国政府背景的外资对联邦级地下资源公司的控股权不得超过5%,对其他部门战略性公司的控股权不得超过25%—50%。外资企业在具有战略意义的相关公司或地下资源区块项目中取得10%以上的控股权,必须向相关全权机构(俄联邦反垄断局)提交申请,并经由联邦安全会议牵头组成的跨部门专门委员会审核。俄自然垄断行业限制外资进入。参见《俄投资贸易政策和远东地区相关优惠政策》,2018年2月6日,驻哈巴罗夫斯克总领馆经商室,http://www.mofcom.gov.cn/article/i/dxfw/ae/201802/20180202709096.shtml。

元,存量也随之增加并达到4.8368亿美元。然而,2018年,中国对俄罗斯流通业直接投资流量缩减,存量规模也缩减为4.2896亿美元。2019年、2020年,中国流通业在俄罗斯直接投资的存量继续缩减。

6. 东盟

自2010年中国—东盟自由贸易区启动后,中国流通业对东盟直接投资流量、存量迅速增加。以2016年为例,中国对东盟流通业直接投资流量为19.6304亿美元,是2010年同期的11.48倍。2016年年底,中国对东盟流通业直接投资存量达到了96.8975亿美元,占同期中国流通业对外直接投资存量总规模的5.73%,是2010年的5.17倍。2018年,中国对东盟的流通业直接投资流量达到34.7307亿美元,存量规模也达到有史以来的154.3027亿美元。总体来看,中国流通业在东盟的直接投资存量呈现增长态势。2020年存量规模为188.35亿美元,2021年则继续增加至205.61亿美元。

在东盟十国中,新加坡是中国流通业对外直接投资的首选国(见表3-15)。其中,2016年阿里巴巴收购Lazada控股权,被视为2016年度影响东南亚电商的十大中国投资案之一。浙江企业如万向集团、阿里巴巴、荣生集团、富春集团等,以及重庆云邮天下信息公司等,都通过新加坡扩张在中国以外的国际业务。

表3-15　　　　　中国流通业对东盟直接投资情况　　（单位:万美元,%）

	流量	占中国对东盟对外直接投资总额的比重	存量	占中国对东盟对外直接投资存量的比重	存量主要分布国家
2010年	17102	3.9	187545	13.1	新加坡、越南、马来西亚、泰国等
2011年	75253	12.7	269932	12.6	新加坡、越南、印度尼西亚、泰国等
2012年	68288	11.2	355830	12.6	新加坡、泰国、越南、印度尼西亚等
2013年	123445	17.0	476315	13.4	新加坡、越南、泰国、印度尼西亚、马来西亚等

续表

	流量	占中国对东盟对外直接投资总额的比重	存量	占中国对东盟对外直接投资存量的比重	存量主要分布国家
2014年	111776	14.3	589980	12.4	新加坡、印度尼西亚、泰国、越南、菲律宾、马来西亚等
2015年	174324	11.9	753721	12	新加坡、印度尼西亚、越南、泰国、菲律宾、马来西亚等
2016年	196304	19.1	968975	13.5	新加坡、印度尼西亚、泰国、越南、马来西亚、菲律宾等
2017年	244850	17.4	1187736	13.3	新加坡、印度尼西亚、泰国、越南、马来西亚等
2018年	347307	25.4	1543027	15.0	新加坡
2019年	226896	17.4	1781139	16.2	新加坡、马来西亚、泰国、印度尼西亚等
2020年	159839	10.0	1883482	14.8	新加坡、马来西亚、泰国等
2021年	317309	16.1	2056082	14.6	新加坡

资料来源：笔者根据历年的《中国对外直接投资统计公报》整理。

三 中国流通业对外直接投资主体

（一）中国流通业对外直接投资境内投资者总体情况

中国流通业境内投资者数量从2011年的3085家，增加到2016年的7012家，占2016年同期中国对外直接投资者总数的28.7%（见表3-16）。2017年，中国流通业境外投资者数量有所下滑，为6905家，占同期中国对外直接投资者数量的27%。2018年，中国流通业境内投资者数量回升，达到7216家。2019—2021年，中国流通业境内投资者数量虽然逐年有所下降，但是依旧保持在6000家以上的规模。

表3-16　中国流通业对外直接投资者（境内投资者）数量　（单位：家,%）

	中国对外直接投资者数量	批发零售业境内投资者数量	其中批发零售业占比
2010年	13000	—	33.1
2011年	13462	3085	22.9
2012年	15944	5241	32.8
2013年	15300	5744	37.5
2014年	18547	7579	40.9
2015年	20207	6956	34.4
2016年	24402	7012	28.7
2017年	25529	6905	27.0
2018年	27091	7216	26.6
2019年	27493	6815	24.8
2020年	27870	6665	23.9
2021年	28597	6590	23.0

资料来源：笔者根据历年的《中国对外直接投资统计公报》整理。

（二）中国流通业代表性境内投资者对外直接投资动态

在中国流通业对外直接投资者中，比较受关注的包括苏宁、京东、阿里巴巴等企业。苏宁在2009年完成了对日本零售企业LAOX的并购，并在中国和日本市场提供零售服务。京东在海外市场的投资主要集中在印尼市场。目前，京东已经推出面向印尼用户的在线购物平台。京东在2017年6月与泰国本土零售商Central合作成立了线上购物平台后，又在2018年对越南电商平台Tiki.vn进行战略投资。相比较而言，阿里巴巴在东南亚的投资规模更大，而且覆盖的区域更广（见表3-17）。2017年8月，印尼最大电商平台Tokopedia获得11亿美元的投资，就是由阿里巴巴领投。

表3-17　　　　　蚂蚁金服在东南亚投资并购简要情况

公司名称	投资方式	国家	时间
Asecend Money	投资轮未披露	泰国	2016年11月
Emtek	合作	印度尼西亚	2017年4月
Mynt	投资轮未披露	菲律宾	2017年2月
M-Daq	C轮融资	新加坡	2015年11月
Touch'nGo	股权投资	马来西亚	2017年7月
Fave	合作	新加坡	2017年7月
Hellopay	收购	菲律宾	2017年4月
eMonkey	收购	越南	2019年12月

资料来源:《腾讯、阿里、京东等企业在东南亚的投资并购之路》,2017年9月21日,白鲸出海,https://www.baijingapp.com/article/12750;《蚂蚁金服收购eMonkey,东南亚移动支付洗牌》,2019年12月31日,金融领头羊,https://baijiahao.baidu.com/s?id=1654401513454102842&wfr=spider&for=pc。

(三) 中国流通业境外企业数量变化

随着中国流通业对外直接投资规模的变化,中国流通业境外企业数量日益增加,从2010年的3767家增加到2018年的12056家,占同期中国境外企业数量的比重也从2010年的23.4%提高到2018年的28.1%(见表3-18)。2019年,中国流通业境外企业数量有所下降,但是2020年开始回升。2020年,中国批发零售业境外企业数量达到12244家,占同期中国境外企业数量的27.3%,在所有行业中,无论绝对数量还是相对份额,都稳居第一。2021年,中国流通业境外企业数量为12359家。

表3-18　　　　　　中国流通境外企业数量　　　　　(单位:家,%)

	批发和零售业境外企业数量	中国境外企业数量	占同期中国境外企业数量的比重
2010年	3767	16107	23.4
2011年	4550	17951	25.3
2012年	5983	21860	27.4
2013年	7421	25413	29.2
2014年	8759	29699	29.5

续表

	批发和零售业境外企业数量	中国境外企业数量	占同期中国境外企业数量的比重
2015 年	9073	30814	29.4
2016 年	10648	37164	28.7
2017 年	11136	39205	28.4
2018 年	12056	42872	28.1
2019 年	11993	43884	27.3
2020 年	12244	44747	27.3
2021 年	12359	45565	27.1

资料来源：根据历年《中国对外直接投资统计公报》整理。

从中国流通业境外企业设立方式来看，子公司和分支机构占主导地位。以 2010 年为例，子公司及分支机构占境外企业数量的 95.3%，联营公司仅占 4.7%。2012 年，子公司占 83.7%，分支机构占 12%，联营公司仅占 4.3%。[1]

四 中国流通业对外直接投资的主要形式

通过并购方式进行对外直接投资，是中国流通业比较常见的方式之一。自 2012 年零售产业进入并购整合期后，并购中以规模提升和全渠道融合的并购项目数量和金额大幅度提升。

2013 年是"一带一路"倡议发起之年。2013 年 11 月，由中国并购公会编著的中国及大中华地区首个并购行业行为规则《中国并购行业行为准则》在中国香港正式发布，为中国企业参与全球并购提供了行业指南。

从 2013 年开始，中国流通业参与全球并购的积极性逐步提高，具体体现在并购次数、实际交易金额等方面。

2013 年，中国流通业发起对外投资并购 88 起（全国并购总数 424

---

[1] 中华人民共和国商务部等：《2011 年度中国对外直接投资统计公报》，中国统计出版社 2012 年版，第 33 页。

起),实际交易金额 11.4 亿美元,占 2013 年中国对外投资并购金额的 2.2%。[1]

2014 年,中国流通业发起对外投资并购 117 起(全国并购总数 595 起),实际交易金额 15.1 亿美元,占 2014 年中国对外投资并购金额的 2.7%。[2] 江苏民企三胞集团收购英国连锁百货公司福来莎百货,成为当年中国零售企业海外最大收购案例。

2015 年,中国流通业发起对外投资并购 81 起(全国并购总数 579 起),实际交易金额 26.6 亿美元,占 2015 年中国对外投资并购金额的 4.9%。[3]

2016 年,中国流通业发起对外投资并购 82 起(全国并购总数 765 起),实际交易金额 28.2 亿美元,占 2016 年中国对外投资并购金额的 2.1%。[4] 代表性的案例包括阿里巴巴对东南亚在线零售商 Lazada Group 的投资。

2017 年,中国批发零售业对外投资并购数量达 45 起,交易金额为 31.2 亿美元,占 2017 年中国对外投资并购金额的 2.6%。[5]

2018 年,中国流通业对外投资并购数量为 35 起,金额为 13.9 亿美元,占 2018 年中国对外投资金额的 1.9%。[6]

2019 年,中国流通业对外投资并购数量为 48 起,金额为 8.7 亿美元,占当年中国对外投资金额的 2.5%。[7]

---

[1] 中华人民共和国商务部等:《2013 年度中国对外直接投资统计公报》,中国统计出版社 2014 年版,第 8 页。

[2] 中华人民共和国商务部等:《2014 年度中国对外直接投资统计公报》,中国统计出版社 2015 年版。

[3] 中华人民共和国商务部等:《2015 年度中国对外直接投资统计公报》,中国统计出版社 2016 年版。

[4] 中华人民共和国商务部等:《2016 年度中国对外直接投资统计公报》,中国统计出版社 2017 年版。

[5] 中华人民共和国商务部等:《2017 年度中国对外直接投资统计公报》,中国统计出版社 2018 年版。

[6] 中华人民共和国商务部等:《2018 年度中国对外直接投资统计公报》,中国统计出版社 2019 年版。

[7] 中华人民共和国商务部等:《2019 年度中国对外直接投资统计公报》,中国统计出版社 2020 年版。

2020年，中国流通业对外投资并购数量为62起，金额为3.8亿美元，占当年中国对外投资金额的1.4%。①

2021年，中国流通业对外投资并购数量为58起，金额为12.6亿美元，占当年中国对外投资金额的4%。②

第三节　中国流通业GVC参与率与地位测算

随着全球价值链的重要性日益凸显，流通业参与国际分工的程度和地位备受关注。如何评价中国流通业在全球价值链中的地位，将对新时期中国流通业发展有至关重要的影响。本节将重点介绍中国流通业在全球价值链中的参与情况，并对中国流通业的全球价值链地位进行纵向和横向评价。

一　中国流通业全球价值链相关指标选取与数据来源

（一）指标选取

1. 全球价值链地位指数

一个国家或者部门在全球价值链的地位指数 GVC_Position 是指，这个国家针对其他国家的出口中所使用的中间产品的供应与他们自己生产过程中使用的进口中间产品的对数比率，③具体公式为：

$$GVC\_Position_{ir} = \text{Ln}\left(1 + \frac{IV_{ir}}{E_{ir}}\right) - \text{Ln}\left(1 + \frac{FV_{ir}}{E_{ir}}\right)$$

其中，i 表示产业，r 表示国家。IV_{ir} 表示间接附加值出口。它是国内附加值的一部分，这部分附加值蕴含在 r 国 i 产业出口中的中间产品中，而这部分价值将由进口国再次出口给第三国。FV_{ir} 表示 r 国 i 产业总出口

---

① 中华人民共和国商务部等：《2020年度中国对外直接投资统计公报》，中国统计出版社2021年版。

② 中华人民共和国商务部等：《2021年度中国对外直接投资统计公报》，中国统计出版社2022年版。

③ Robert Koopman et al., "Give Credit Where Credit is Due: Tracing Value Added in Global Production Chains", Working paper series (National Bureau of Economic Research), 2010, https://www.nber.org/papers/w16426.

中的外国附加值。E_{ir} 也就是 r 国 i 产业的总出口。

2. 全球价值链参与度

考虑到某些国家的相同产业部门，虽然在全球价值链上的参与情况不一样，但是极有可能具有相同的全球价值链地位指数。因此，有必要将全球价值链地位指数与概括一个国家相关产业全球供应链重要性的另一个指数相结合使用。这个指数就是全球价值链参与度 GVC_ Participation，具体计算公式：$GVC\_Participaiton_{ir} = \frac{IV_{ir}}{E_{ir}} + \frac{FV_{ir}}{E_{ir}}$。其中，$\frac{IV_{ir}}{E_{ir}}$ 表示前向参与度，$\frac{FV_{ir}}{E_{ir}}$ 表示后向参与度。

（二）数据来源

为了更好地追踪全球生产网络以及供应链情况，经济合作与发展组织（OECD）和世界贸易组织（WTO）以世界投入产出数据库为基础，联合推出附加值贸易（Trade in Value Added，TiVA）数据库。本书选取 2000—2015 年中国批发零售业、修理附加值贸易数据加以测算。

二 中国流通业 GVC 参与度与国际分工地位纵向评估

为了更好地了解中国流通业在全球价值链中的地位演变，利用时间序列数据来展示中国流通业的前向参与度、后向参与度以及 GVC 地位指数的变化。

（一）中国流通业全球价值链参与度

中国流通业全球价值链前向参与度、后向参与度、总参与度测算的结果如图 3-6 所示。2000—2015 年，中国流通业前向参与度比较稳定，长期处于 1% 以下的水平。中国流通业行业参与度主要来自后向参与度。

从图 3-6 可以看出，2000—2004 年，中国流通业在全球价值链中的后向参与度在 5% 上下波动。随着中国流通业全面对外开放，后向参与度指数在 2005 年达到峰值，为 9.4%，此后一直下降，2015 年回落到 4.2% 的水平。

76 / 中国流通业对外直接投资

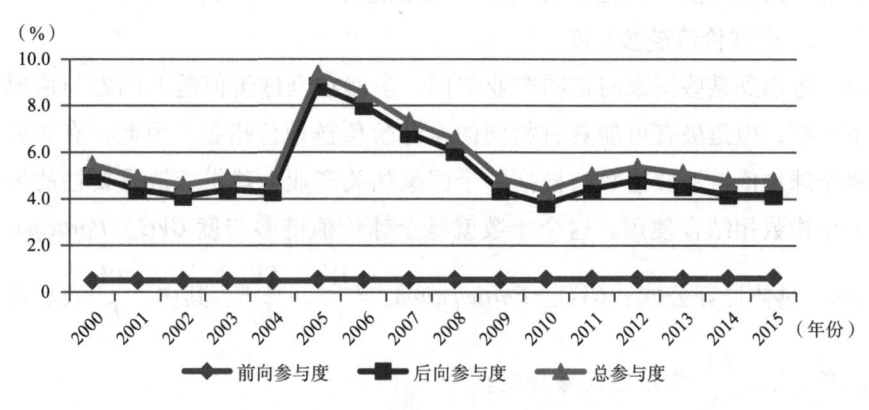

图 3-6 中国流通业全球价值链参与度

在中国流通业全球价值链总参与度中，前向参与度指数虽然长期处于低于 1% 的水平，但是它对总参与度的贡献率总体上保持增长态势，这在 2008 年以后表现得尤为明显（见表 3-19）。

表 3-19　　　　　　中国流通业 GVC 参与度及其构成　　　　（单位:%）

	2000 年	2001 年	2002 年	2003 年	2004 年	2005 年	2006 年	2007 年
GVC 参与度	5.5	4.9	4.6	4.9	4.8	9.4	8.5	7.3
GVC 前向参与度贡献率	9.1	10.2	10.9	10.2	10.4	5.9	6.3	7.2
GVC 后向参与度贡献率	90.9	89.8	89.1	89.8	89.6	94.1	93.7	92.8
	2008 年	2009 年	2010 年	2011 年	2012 年	2013 年	2014 年	2015 年
GVC 参与度	6.6	4.9	4.4	5.0	5.4	5.1	4.8	4.8
GVC 前向参与度贡献率	8.2	10.9	13.0	11.6	10.6	11.4	12.6	13.2
GVC 后向参与度贡献率	91.8	89.1	87.0	88.4	89.4	88.6	87.4	86.8

2015 年，中国流通业前向参与度对中国流通业 GVC 总参与度的贡献为 13.2%，这是自 2000 年以来的最好水平。在诸多服务业中，批发零售

贸易的直接增值出口大幅上升,[①] 这是服务业增加值出口比值不断增大的主要原因。[②]

（二）中国流通业全球价值链分工地位指数

利用 TiVA 数据库，对 2000—2015 年中国流通业全球价值链地位指数进行测算，具体结果如图 3-7 所示。结果显示，中国流通业整体在全球价值链分工中处于下游水平。

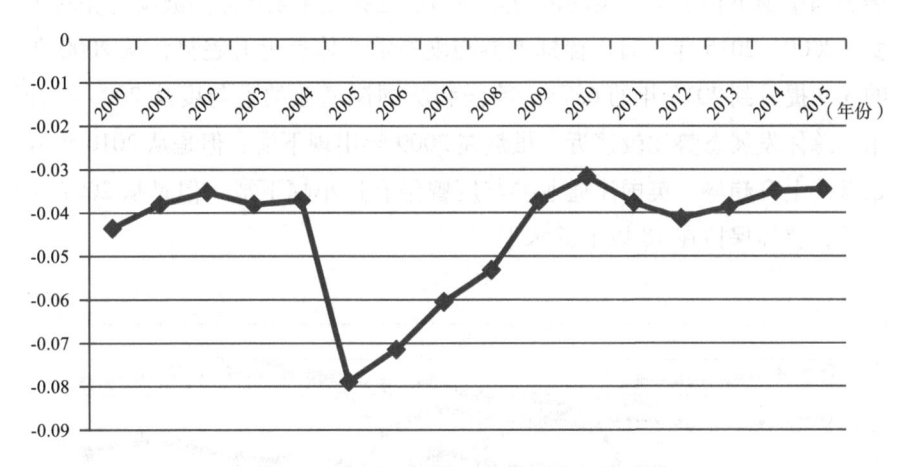

图 3-7 中国流通业全球价值链地位指数

从 2000 年开始，中国流通业在全球价值链中的分工地位有过小幅改善，但是从 2004 年中国流通业开放后，分工地位一度下降明显。这在 2005 年表现得尤为突出，当年地位指数为 -0.08。虽然从 2006 年开始分工地位逐步提升，但是从 2010 年开始又出现下滑态势。总体来看，与 2000 年相比，2015 年中国流通业的全球价值链分工地位并没有发生实质性变化，低端化态势依旧。

三 中国流通业 GVC 参与度与国际分工地位的横向比较

为了更好地了解中国流通业全球价值链参与度，本书测算了 2000—

[①] 何树全：《中国服务业在全球价值链中的地位分析》，《国际商务研究》2018 年第 5 期。
[②] 孟东梅、姜延书、何思浩：《中国服务业在全球价值链中的地位演变——基于增加值核算的研究》，《经济问题》2017 年第 1 期。

2015年中国、美国、法国、德国、英国以及日本流通业的GVC参与度和GVC地位指数。

(一) 中国与欧美主要发达国家流通业GVC参与度与分工地位比较

1. 流通业GVC参与度

从图3-8可以看出,在美国、英国、德国、日本、法国以及中国这六个国家中,英国流通业参与度最高,其次是法国和德国,日本次之,美国和中国不相上下。美国流通业参与度指数在4至6之间波动,相对平稳。2000—2015年,日本流通业参与度指数总体呈上升趋势,从2000年的3.9提升到2015年的6.71。德国和法国流通业的参与度从2005年开始,总体发展态势比较接近。虽然在2009年出现下滑,但是从2010年开始保持上升趋势。英国流通业参与度曾经有过小幅下滑,但是从2007年开始,整体保持在10以上的水平。

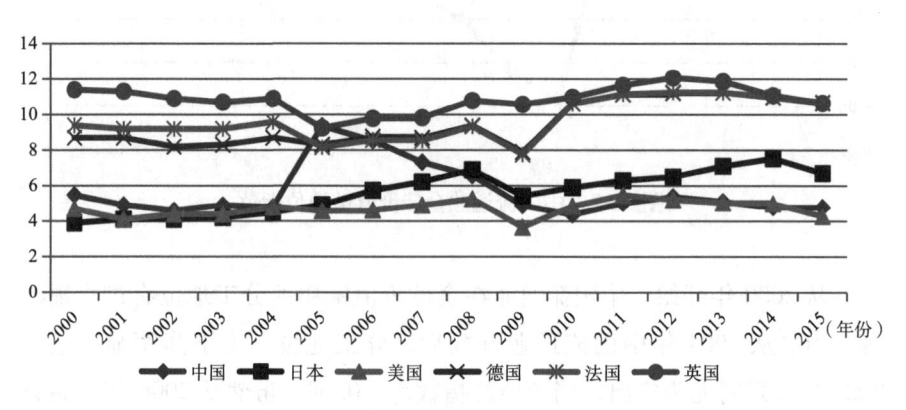

图3-8 中国和主要发达国家的流通业全球价值链参与度

如果将中国和美国、法国等发达国家的流通业全球价值链参与度进行分解(见表3-20),可以发现,中国、美国、英国、德国、法国、日本六个国家流通业参与全球价值链分工主要来自后向参与度,也就是来自出口国外附加值。这些国家国内间接附加值出口占比都比较低,但是国家之间也有差异。

表 3-20　　中国和主要发达国家流通业 GVC 参与度及构成　　（单位:%）

	时间	GVC 参与度	GVC 前向参与度贡献率	GVC 后向参与度贡献率		时间	GVC 参与度	GVC 前向参与度贡献率	GVC 后向参与度贡献率
美国	2000 年	4.7	23.40	76.60	中国	2000 年	5.5	9.1	90.9
	2005 年	4.6	19.43	80.57		2005 年	9.4	5.9	94.1
	2010 年	4.9	19.38	80.62		2010 年	4.4	13.0	87.0
	2015 年	4.3	21.96	78.04		2015 年	4.8	13.2	86.8
英国	2000 年	11.4	10.53	89.47	法国	2000 年	9.4	11.90	89.36
	2005 年	9.3	13.41	86.59		2005 年	8.16	12.86	88.60
	2010 年	11.0	13.31	86.69		2010 年	10.61	10.75	90.29
	2015 年	10.6	13.06	86.94		2015 年	10.69	12.29	89.06
德国	2000 年	8.7	12.64	87.36	日本	2000 年	3.9	25.64	74.36
	2005 年	8.3	12.89	87.11		2005 年	4.9	20.93	79.07
	2010 年	10.6	9.79	90.21		2010 年	5.9	19.32	80.68
	2015 年	10.7	10.61	89.39		2015 年	6.7	16.54	83.46

资料来源:笔者绘制。

美国流通业虽然 GVC 参与度不及英国等国家,但是美国 GVC 前向参与度贡献率逐步提高,并在 2015 年超过了 20%。法国、英国流通业全球价值链参与度逐步提升,稳定在 10% 以上的水平,流通业前向参与度贡献率保持在 12%—13%。日本流通业全球价值链参与度在逐步提升,流通全球价值链前向参与度贡献率却在逐步下降,呈现出和中国不一样的特征。中国流通业全球价值链参与度下降,全球价值链前向参与度的贡献率却在逐步提升。比如,2015 年就达到了 13.2%。

2. 流通业 GVC 分工地位的比较

流通业全球价值链的高参与度并不一定表示该行业处于全球价值链分工的高水平。因此,有必要对分工地位指数进行测算。

从图 3-9 可以看出,在中国、美国、德国、法国、日本和英国这几个国家中,美国流通业处于全球价值链最上游位置,其次是中国。也就是说，美国在批发零售、酒店餐饮行业的全球价值链地位高于中国。[①] 日本次之，法国和德国紧随其后，英国位于最下游。

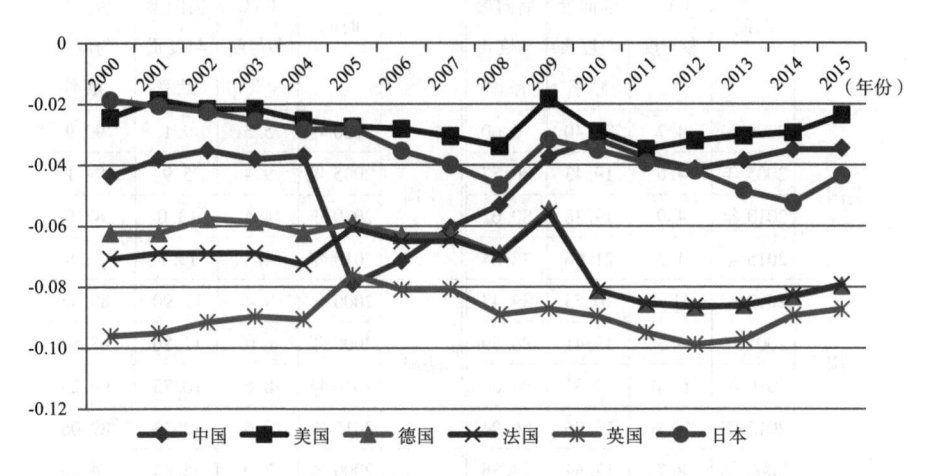

图3-9 中国和主要发达国家流通业全球价值链地位指数

2000—2015年，美国流通业一直保持全球价值链最上游位置的状态。2000—2008年，日本流通业全球价值链分工地位在不断下降，经历了2009年的短暂提升后，再次呈现地位不断下降态势，并在2014年降低到期间最低水平，2015年后有所反弹。法国和德国先后在2008年到达流通业全球价值链分工地位的最好状态，之后一路下降，从2013年开始地位提升，但是依旧没有恢复到2000年的状态。相较而言，英国流通业的全球价值链分工地位一直比较低，总体在 -0.1至 -0.08之间徘徊。

（二）中国与其他金砖国家流通业GVC参与度及分工地位的比较

金砖国家被视为新兴经济体，为了更好地了解中国流通业全球价值链参与度和分工地位，本部分同时选取其他金砖国家作为比较对象。

从图3-10可见，如果仅从参与度来看，2000—2015年，南非是金砖国家中流通业全球价值链参与度最高的国家。2015年，南非流通业全球价值链参与度高达13.24%，远远高于中国等其他金砖国家。俄

[①] 赵璐、杨志远：《中美服务业在全球价值链上的地位对比分析》，《山东工商学院学报》2017年第3期。

罗斯紧随其后，参与度为 9.41%。印度次之，巴西紧随其后。中国最低，为 4.79%。

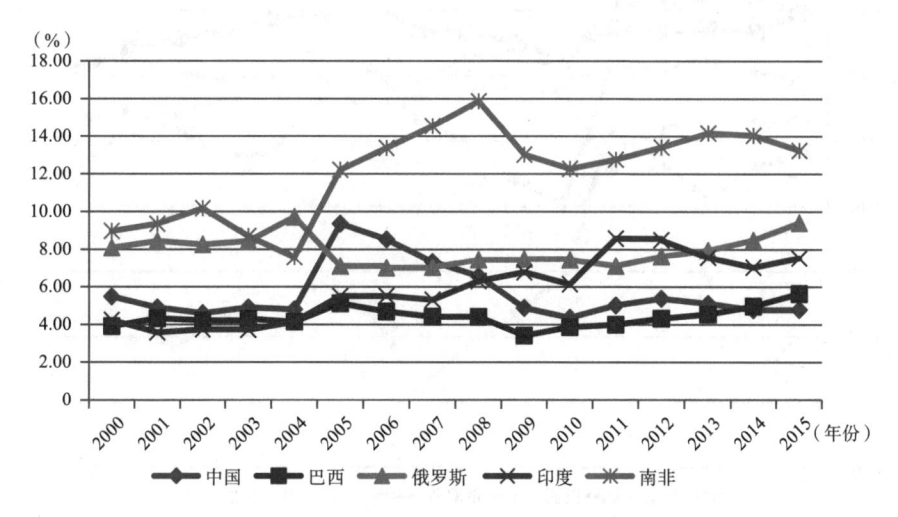

图 3-10　金砖国家流通业全球价值链参与度

如果从全球价值链参与度构成来看，南非流通业全球价值链参与度呈现出前向参与度逐步降低、后向参与度占据主导地位的特点。以 2015 年为例，南非流通业前向参与度只有 0.59%，后向参与度则高达 12.7%。中国流通业前向参与度呈现缓慢增长态势。印度和巴西则呈现出流通业全球价值链前向参与度逐步降低的态势。相较而言，2000—2015 年，俄罗斯流通业全球价值链前向参与度总体保持在 1.3% 左右的水平，是金砖国家中前向参与度最高同时也是最稳定的国家。

由此可见，金砖国家流通业全球价值链参与度呈现差异，其全球价值链地位也存在国别差异。从图 3-11 可见，金砖国家中，仅从 2015 年的数据来看，中国居于首位，巴西次之，印度排第三，俄罗斯排第四，南非位于最后。在这五个国家中，中国从 2005 年开始，流通业全球价值链地位在逐步上升，巴西与俄罗斯则先后从 2009 年、2011 年开始呈现下降态势。印度从 2000 年开始，流通业全球价值链地位指数一直下滑。虽然之后有所回升，但是 2015 年并没有恢复到 2000 年时期的水平。在金砖国家中，南非流通业全球价值链参与度虽然最高，但是地位指数最低。

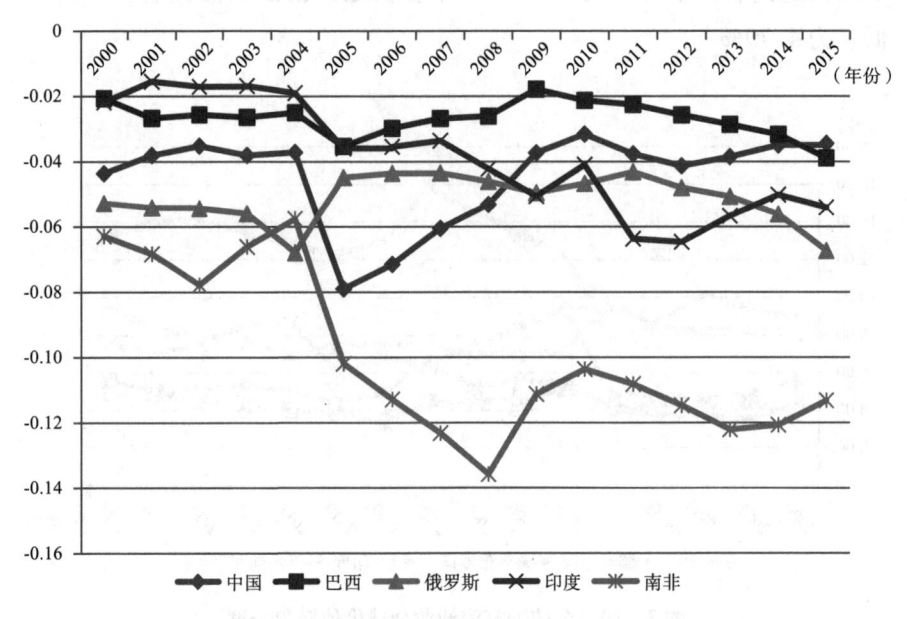

图 3-11 金砖国家流通业全球价值链分工地位指数

第四章

GVC 视角下欧美国家流通业 OFDI 经验及启示

在日益复杂的全球经济中，走出适合中国国情，同时具有可持续发展能力的对外直接投资道路，是中国流通业必须关注并且要思考的重大问题。系统梳理欧美发达国家流通业对外直接投资发展历程，以具体企业为标杆，分析其对外直接投资经验，是中国流通业开展对外直接投资应做的功课。

基于样本的全面性和代表性考虑，本章选取美国作为参考国，选取沃尔玛、亚马逊等企业作为具体案例，同时对日本、西班牙、瑞典等国家的代表性流通企业国际直接投资展开研究，以期为中国流通企业进入国际市场提供经验。

第一节 GVC 视角下美国流通业 OFDI 特征、经验与启示

一 美国流通业 OFDI 的总体特征

基于数据的可得性和统计口径的考虑，[1] 以 1998 年为分界线，对 1982—1998 年、1999—2017 年美国流通业对外直接投资情况进行介绍。[2] 从分析来看，美国流通业对外直接投资呈现以下特征。

---

[1] 能公开获取的美国流通业对外直接投资数据最早年份是 1982 年，最新数据大部分为 2015 年，极个别为 2017 年。美国在 1998 年及其之前采用标准产业体系（SIC）进行产业分类，1999 年后则采用北美产业分类体系（North American Industry Classification System, NAICS）进行分类，统计口径不一。

[2] 特别说明，在笔者展开本研究期间，关于细分指标，公开数据只能获取到 2015 年。

（一）批发业成为投资主力，无店铺零售 OFDI 增长迅猛

图 4-1 显示，1982 年，美国流通业对外直接投资存量为 24485 百万美元。2017 年年底，美国流通业对外资直接投资存量达到 3304.28 亿美元（见图 4-2）。流通业占美国对外直接投资存量的比重从 1982 年的 12.06% 逐步下降，2017 年该比重为 5.49%。

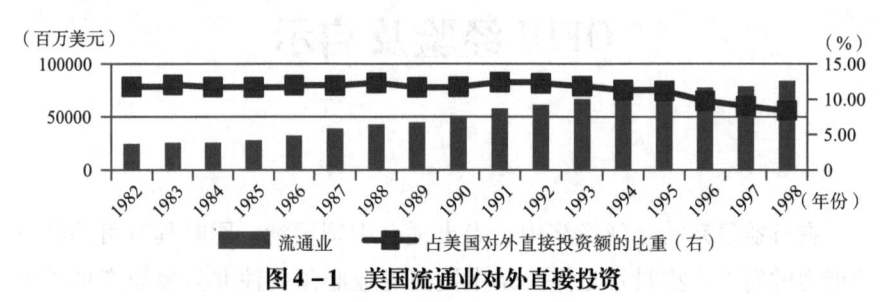

图 4-1　美国流通业对外直接投资

资料来源：笔者根据美国商务部数据绘制。

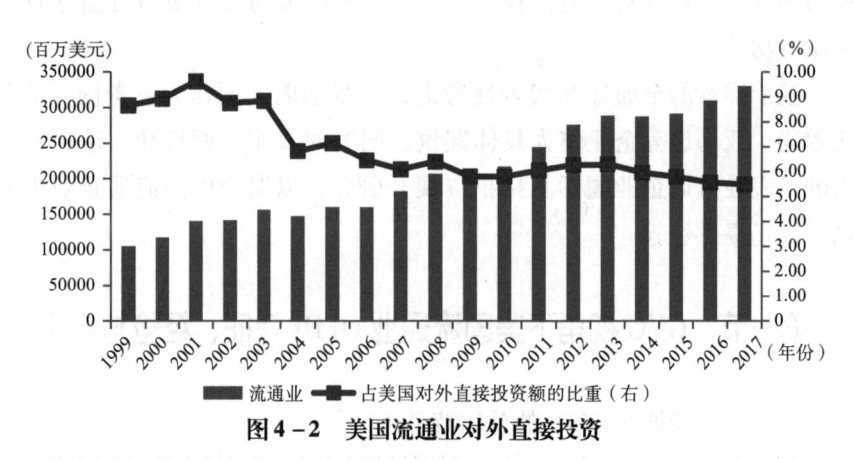

图 4-2　美国流通业对外直接投资

资料来源：笔者根据美国商务部数据绘制。

批发业对外直接投资的规模一直超过零售业，居主导地位。1982—1998 年，批发业占美国流通业对外直接投资的比重一直维持在 81% 以上的水平。其中，1995 年达到 87.2%，为该期间最高水平。

美国零售业占流通业对外直接投资的比重从 1995 年开始持续提高，并在 1998 年达到该期间的最高值，为 18.08%。零售业对外直接投资绝对与相对规模都不及批发业，但是无店铺零售（non-store retailer）对外直

接投资增长迅猛。2017 年，美国无店铺零售对外直接投资存量高达 304.10 亿美元（见图 4-3），是 2003 年的 9.43 倍，是 1999 年的 20.94 倍。2017 年，无店铺零售在美国零售业对外直接投资存量中所占比重约为 40%。无店铺零售成为美国零售业对外直接投资的生力军。

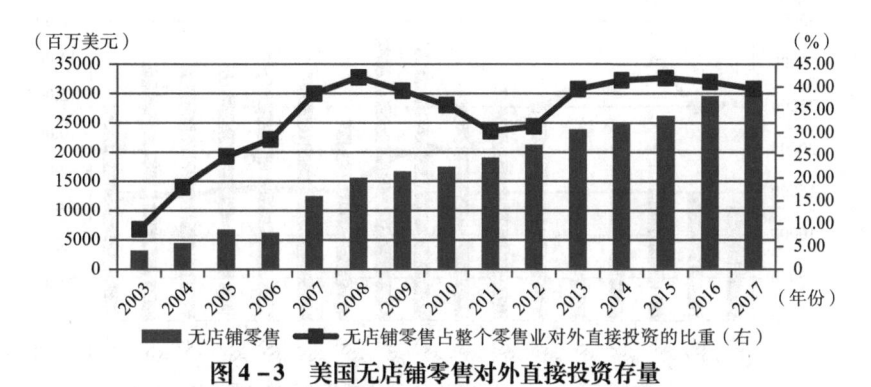

图 4-3　美国无店铺零售对外直接投资存量

资料来源：笔者根据美国商务部数据绘制。

（二）投资收益持续增加，占美国 OFDI 收益的比重渐趋平稳

美国流通业对外直接投资带来了巨大的收益（见图 4-4），从 1982 年的 21.19 亿美元，发展到 2008 年的 330.82 亿美元（见图 4-5）。

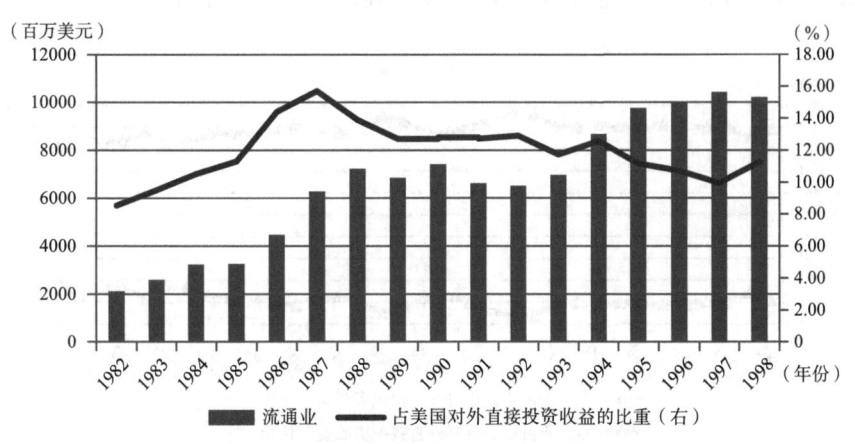

图 4-4　美国流通业对外直接投资早期收益

资料来源：笔者根据美国商务部数据绘制。

流通业对外直接投资收益占美国所有对外直接投资收益的比重，在1987年达到最高水平，为15.7%，之后逐步下滑。从2006年开始，该比重降至10%以下。2009—2015年，该比重维持在6%—7%的水平（见图4-5）。

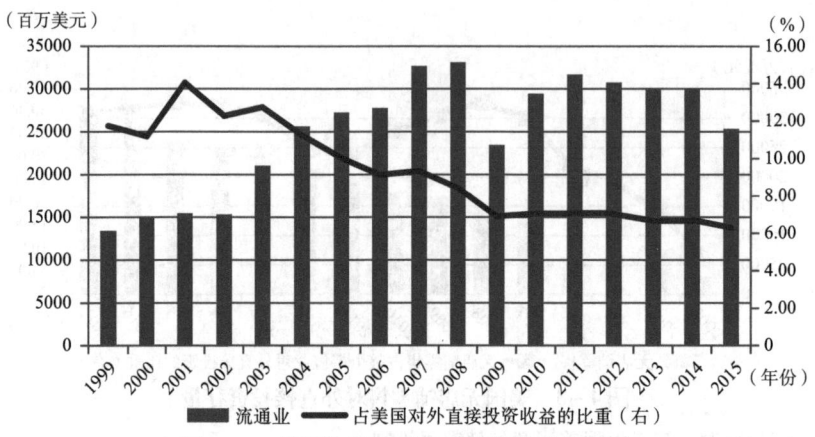

图4-5 美国流通业对外直接投资收益近况

资料来源：笔者根据美国商务部数据绘制。

批发业贡献了流通业对外直接投资收益的主要部分。从图4-6可见，1993年，流通业对外直接投资收益的96.07%来自批发业。2000年，该比重为95.08%。2015年，流通业对外直接投资收益的80.59%来自批发业。

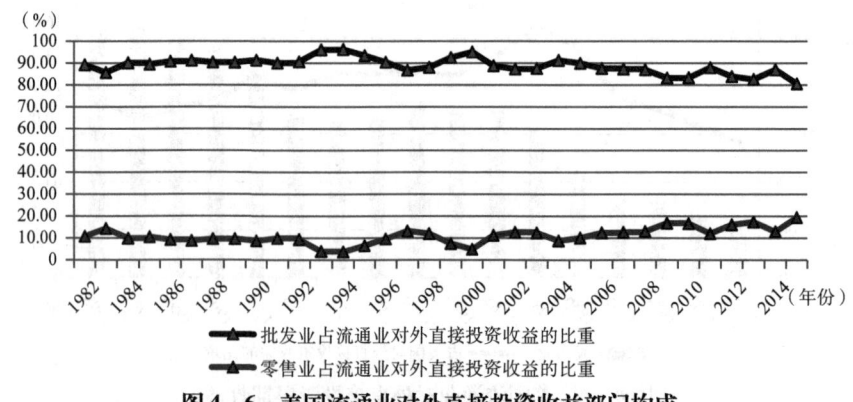

图4-6 美国流通业对外直接投资收益部门构成

资料来源：笔者根据美国商务部数据绘制。

零售业在美国流通业对外直接投资收益中的比重总体维持在10%以上的水平。无店铺零售占零售业对外直接投资收益的比重从1999年的19.60%，提高到2015年的42.94%（见图4-7）。无店铺零售对零售业对外直接投资收益的贡献日益明显。

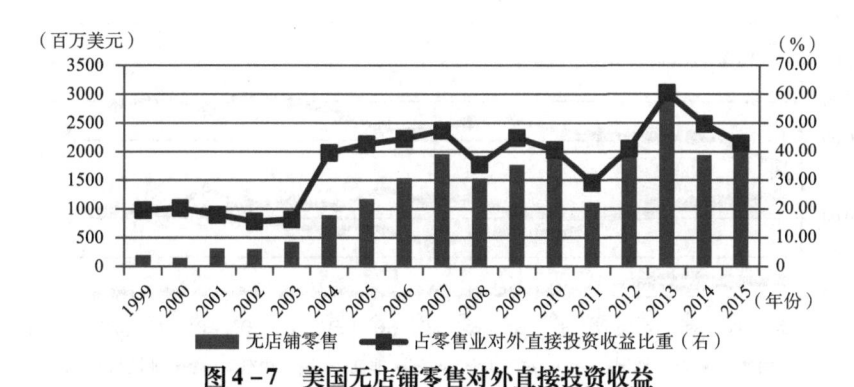

图4-7 美国无店铺零售对外直接投资收益

资料来源：笔者根据美国商务部数据绘制。

（三）投资区域结构调整，亚太地区成为投资热点

美国流通业对外直接投资面向全球。基于数据的可得性，这里仅报告美国批发业对外直接投资的区域分布。

从图4-8可以看出，美国1982—1998年流通业对外直接投资的重点区域是欧洲，投向该地区的批发业资本一直维持在50%以上的水平。美国批发业对外直接投资重点其次为亚洲和太平洋地区，1998年达到21.42%。投往加拿大的批发业资本则一直处于10%—15%的水平。投到拉丁美洲的批发业资本占比为10%左右。投向中东地区的批发业资本占比在1%以下。

1999—2015年，美国批发业对外直接投资呈现出新的变化。从图4-9可以看出，从美国流向欧洲的批发业资本占比大幅下滑，流向亚洲与太平洋地区的批发业资本却逐步增加。2014年，从美国流向亚洲与太平洋地区的批发业资本占比为38.68%，超过同期流向欧洲的批发业资本（后者为35.63%）。这标志着该地区超越欧洲，成为美国批发业对外直接投资的主导地区。

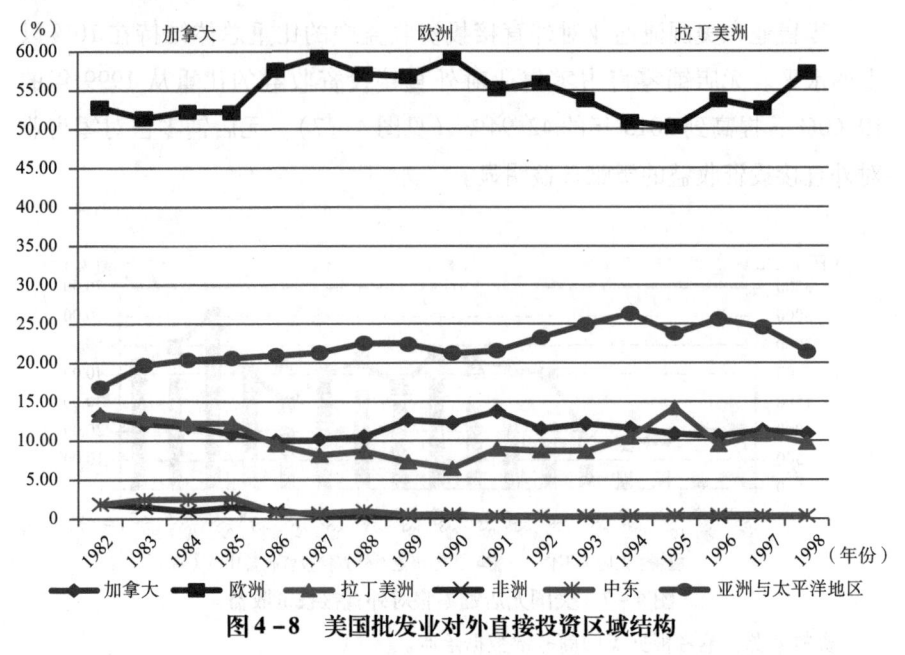

88 / 中国流通业对外直接投资

图 4-8 美国批发业对外直接投资区域结构

资料来源：笔者根据美国商务部数据绘制。

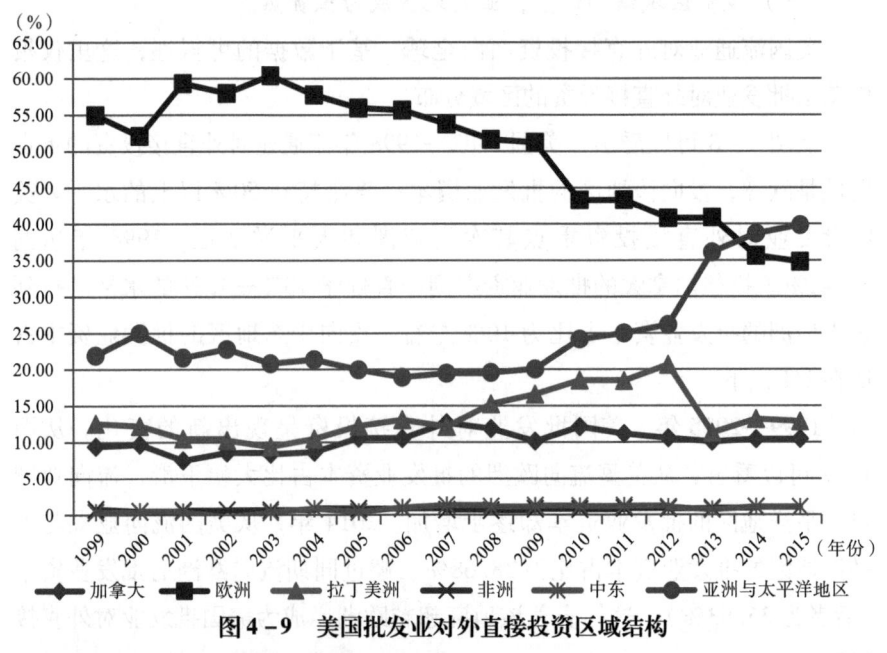

图 4-9 美国批发业对外直接投资区域结构

资料来源：笔者根据美国商务部数据绘制。

2015年,从美国流向拉丁美洲的批发业资本占比为12.85%。流向加拿大的批发业资本则维持在10%左右的水平。比较图4-8和图4-9可以看出,从美国流向中东地区与非洲的批发业资本占比变化不明显。

1999—2012年,美国批发业通过收益再投资的方式,累计实现对外直接投资1814.38亿美元。从图4-10可以看出,在维持加拿大的投资力度的同时,美国批发业对外直接投资收益再投资重点区域已经从欧洲、亚洲和太平洋地区悄然转向了拉丁美洲。

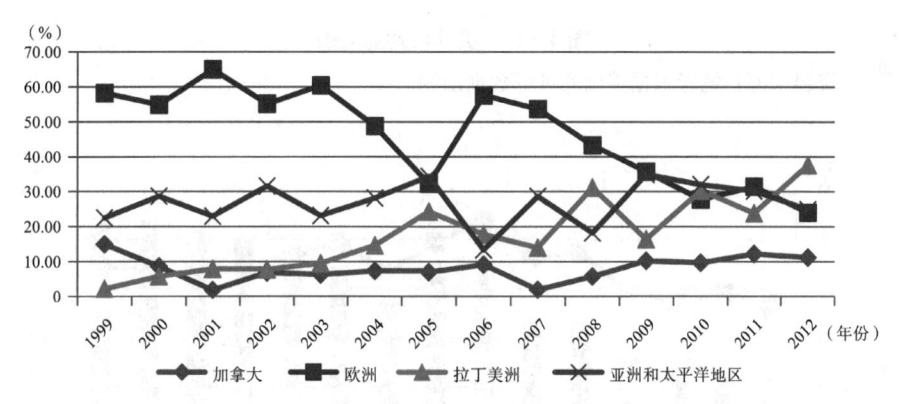

图4-10 美国批发业对外直接投资收益再投资区域结构

资料来源:笔者根据美国商务部数据绘制。

二 GVC视角下美国流通业OFDI的经验总结

(一)依托国内市场,立足北美,辐射全球

依托庞大的国内市场,发展对外直接投资是美国的重要战略。美国流通业对外直接投资建立在美国发达的流通业上。美国流通业实现的增加值从1997年的约11.19亿美元,逐步增加到2015年的21.50亿美元(见图4-11),占国内生产总值的比重约为12%。

美国将加拿大和墨西哥作为流通业对外直接投资的腹地。美国零售巨头沃尔玛1991年开始国际化进程,第一站就是墨西哥。从图4-12可以看出,美国针对墨、加两国批发业对外直接投资金额从2001年的108.04亿美元逐步增加,2015年达到了272.20亿美元,约占2015年美国全球批发业直接投资的12%。

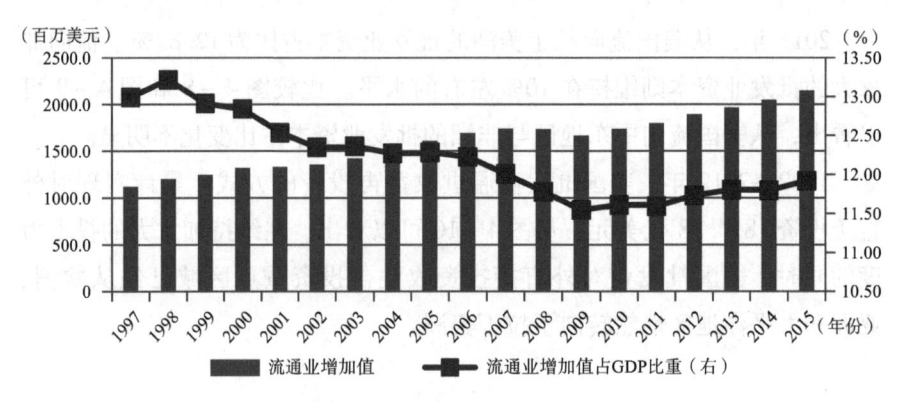

图 4-11 美国流通业规模

资料来源：笔者根据美国商务部数据绘制。

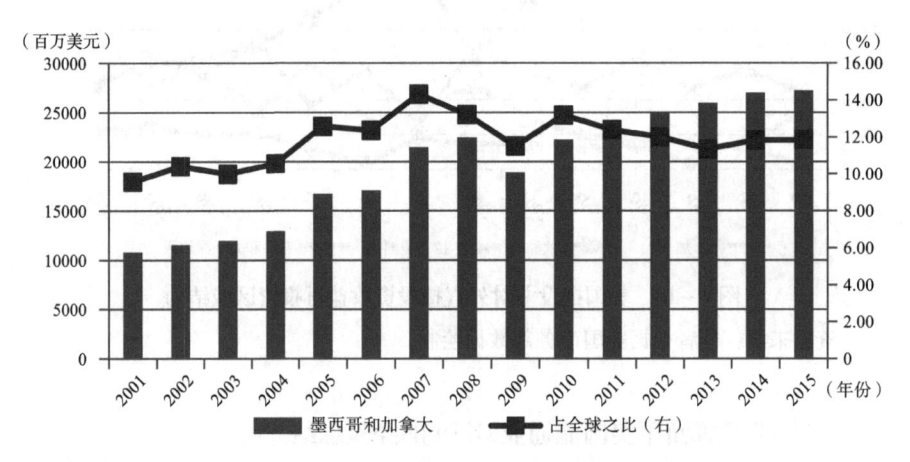

图 4-12 美国批发业在墨西哥与加拿大的直接投资

资料来源：笔者根据美国商务部数据绘制。

（二）流通资本输出与制造业海外转移趋同，共享全球化红利

美国流通业对外直接投资呈现出明显的伴随制造业海外转移的特点。对比图 4-8 和图 4-13 可以看出，美国的制造业和批发业资本绝大部分都投向了欧洲。1999—2015 年，美国制造业对外直接投资总额总体呈现逐年增加趋势，但投向不同目标市场的资本比例在发生变化（见图 4-14）。其中最明显的是投向欧洲板块的制造业资本，占比已经降至 2015 年的 46.87%。投向亚洲和太平洋地区的制造业资本，从 1999 年的 17.8% 提升到 2015 年的 24.54%。美国制造业向加拿大的直接投资在

2015 年达到 16.64%，这说明美国制造业海外投资已出现逐步增加在北美腹地投资的趋势。

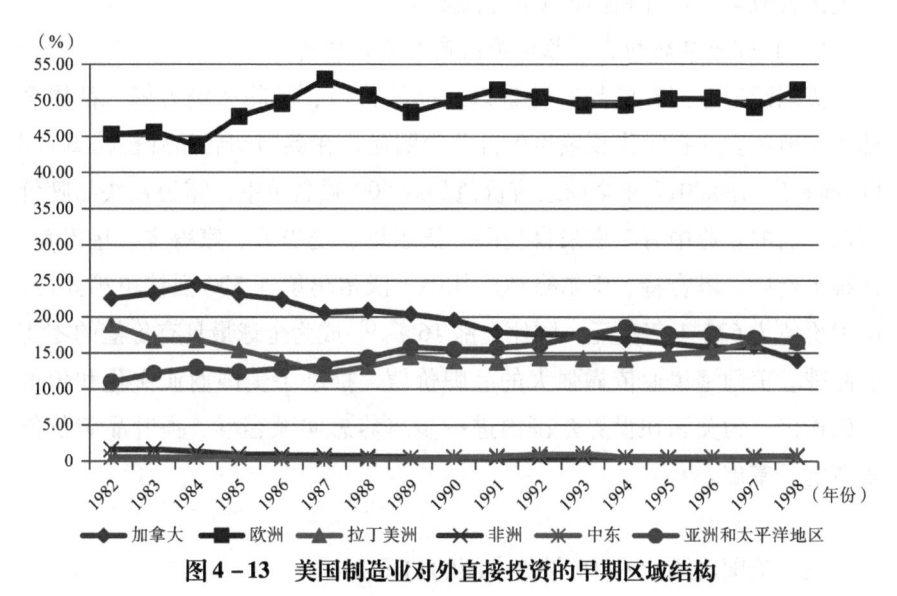

图 4-13　美国制造业对外直接投资的早期区域结构

资料来源：笔者根据美国商务部数据绘制。

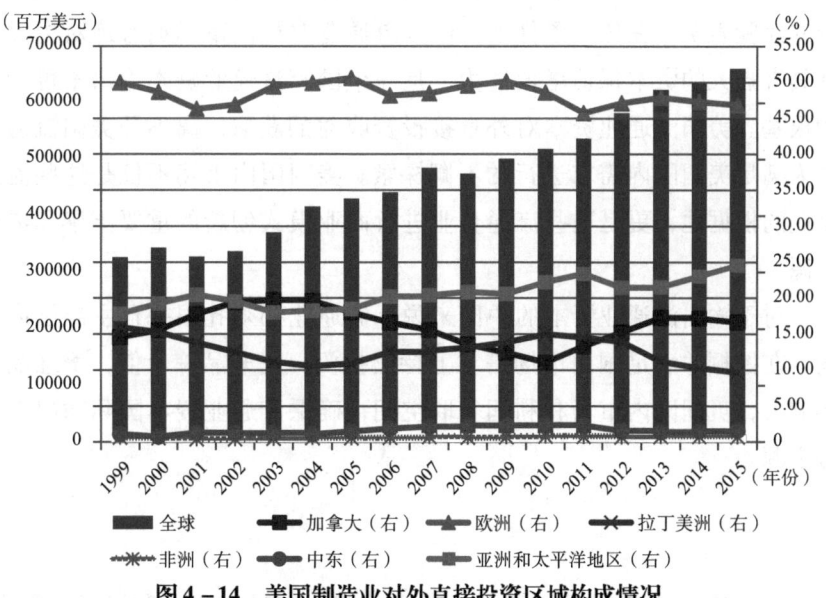

图 4-14　美国制造业对外直接投资区域构成情况

资料来源：笔者根据美国商务部数据绘制。

对比图 4-14 和图 4-9 可以发现,美国批发业和制造业在对外直接投资市场选择上具有同步性,这为美国制造业和服务输出提供了便利,为美国获取全球化红利奠定了产业基础。

(三)侧重品牌输出,推动美国商业文化传播

美国流通业拥有的品牌数量以及品牌价值、品牌影响力等,都居全球领先地位。这在零售领域表现得尤为明显。在英国知名品牌机构 Brand Finance 公布的 2017 年全球最有价值品牌 500 强名单中,零售板块品牌价值前十名的企业中有 7 家来自美国:沃尔玛、麦当劳、家得宝、星巴克、西维士药店、塔吉特、沃尔格林。其中,沃尔玛位列 500 强榜单第 8 位,品牌价值为 622.1 亿美元,同比上涨 16%,[1] 成为全球最具有价值的零售业品牌。美国零售业依靠强大的品牌价值,推动了美国商业文化和价值观的输出,为美国在世界范围内进一步培养忠实顾客群、提升品牌价值等奠定了基础。

三 美国流通业 OFDI 带给中国的启示

(一)对母国市场的绝对主导权是流通业 OFDI 的根基

对外直接投资是一个国家资本实力的体现。美国流通业对外直接投资的经验表明,在任何条件下,母国流通业对母国市场拥有绝对主导权并具有强大的资本保值增值能力,是一个国家流通业资本输出不可动摇的根基。美国流通业资本对外直接投资收益的获取,离不开美国流通企业为满足美国国内需求进行的不懈探索。美国国内市场不仅是这些流通企业的根据地,更是这些流通企业进行商业模式创新的重要土壤和灵感来源。

对于输出流通业资本的中国来说,流通业必须扎根并且主导国内市场。在挖掘并满足国内市场需求上持续投资,提升品牌价值,增强品牌影响力,巩固国内市场和利润获取空间,确保流通业资本国际输出有不竭之源。

---

[1] 《2017 全球最具价值品牌 500 强排行榜发布(完整榜单)》,2017 年 3 月 20 日,买购网,https://www.maigoo.com/news/476060.html。

(二) 注重投资规模，更注重投资结构的优化以确保投资回报

美国不仅关注流通业对外直接投资总量的扩张，而且关注流通业对外直接投资收益的实现。为确保投资回报，美国流通业逐步优化对外直接投资的行业结构、区域结构和业态结构。

从行业结构来看，美国突出批发业的主导地位，同时逐步强化零售业的总体投资规模。在区域结构上，美国批发业在不断强化加拿大、墨西哥这两个地缘市场的同时，逐步提高在中美洲和南美洲的投资力度。也就是说，美国正在对被视为新世界的战略和地理核心的"美洲的地中海"——加勒比海地区加强批发业投资。[①] 美国批发业在确保荷兰、德国、瑞士和英国的投资主导地位的同时，对欧洲国家的总量进行适度调整。美国批发业通过减持对日本的投资、稳定对中国香港的投资、逐步增加在印度的投资以及突然增加在新加坡的投资等方式，优化全球板块，使亚洲和太平洋地区的投资超过欧洲板块，将亚洲和太平洋地区打造为新的主导区域。从业态结构来看，美国流通业既关注传统零售业态的对外输出，也注重新的无店铺零售资本的输出。随着全球逐步进入电子商务时代，美国通过加快无店铺零售资本的国际输出，抢占新一轮国际竞争的制高点。这些为未来美国流通业资本对外直接投资的收益获取创建了空间。美国政府则通过对双边投资协定的修订、海外私人投资公司设立等多种方式，[②] 对美国的对外直接投资利益进行保护。

对于中国来说，流通业对外直接投资处于起步阶段，中国迫切需要扩大对外投资规模。中国流通业对外直接投资规模的扩张，要从行业结构、区域结构和业态结构的有机结合入手，通过总量扩张与结构优化并举，提高对外直接投资的效益。中国政府则要结合当前全球政治、经济、文化等多方面因素，根据国际形势变动，从前瞻性、全局性等角度出发，设计出确保中国对外直接投资收益得到直接有效保障的法律架构。将这些架构纳入中国与其他国家的贸易协定、投资协定等谈判中，为中国对

[①] [美] 罗伯特·D. 卡普兰：《即将到来的地缘战争》，涵林译，广东人民出版社2013年版，第109页。

[②] 吉小雨：《美国对外直接投资的利益保护——从双边协定到海外私人投资公司》，《世界经济与政治论坛》2011年第2期。

外直接投资建立安全通道。

（三）注重产业间协作，构建以资本输出国为主导的全球价值链

美国流通业对外直接投资并不是孤立的，它与美国制造业海外转移如影随形。流通业通过对外直接投资规模结构、地域结构等的针对性选择，为流通业海外扩张并与美国制造业的海外投资进行产业层面的协作提供便利。

当美国制造业将高附加值的环节保留在美国国内、将附加值低的环节转移至海外时，美国流通业则跟随这些制造业资本走出国门，在相应的目标区域进行投资。美国流通业的海外投资一方面拓展了美国流通业对国际市场的开发，推动了美国商业文化和价值观的输出；另一方面，也为进驻这些目标市场的制造业提供相应的服务，尤其是为美国制造业海外投资衍生的商品在目标国市场的就地销售提供了便捷、丰富和相对便宜的货架资源。美国流通业与制造业在海外市场的产业间默契协作，对于中国流通业海外直接投资来说，具有重要的借鉴意义。

第二节　GVC 视角下美国沃尔玛 OFDI 及启示

一　沃尔玛总体情况介绍

（一）连续多年位于全球 500 强榜首

沃尔玛在全球 28 个国家开店，在 11 个国家拥有电子商务网站，成为全球营业收入最高并且雇员人数最多的企业。2019 年，沃尔玛第 14 次登上全球 500 强之首（见表 4-1）。2020—2021 年，沃尔玛继续保持全球排名第一的态势。

表 4-1　　　　　　　　沃尔玛在全球 500 强的排名情况

（单位：百万美元，人）

	排名	营业收入	利润	雇员人数
1996 年	第十二	9362	2740	675000
1997 年	第十一	106147	3056	675000
1998 年	第八	119299	3526	825000

续表

	排名	营业收入	利润	雇员人数
1999 年	第四	139208	4430	910000
2000 年	第二	166809	5377	1140000
2001 年	第二	193295	6295	1244000
2002 年	第一	219812	6671	1383000
2003 年	第一	246525	8039	1300000
2004 年	第一	263009	9054	1500000
2005 年	第一	287989	10267	1700000
2006 年	第二	315654	11231	1800000
2007 年	第一	351139	11284	1900000
2008 年	第一	378399	12731	1963000
2009 年	第三	405607	13400	2100000
2010 年	第一	408214	14335	2100000
2011 年	第一	421849	16389	2200000
2012 年	第三	446950	15699	2200000
2013 年	第二	469162	16999	2200000
2014 年	第一	476294	16022	2200000
2015 年	第一	485651	16363	2200000
2016 年	第一	482130	14694	2200000
2017 年	第一	485873	13643	—
2018 年	第一	500343	9682	—
2019 年	第一	514405	6670	—
2020 年	第一	523924	14881	—
2021 年	第一	559151	13510	—

注：2008 年的数据根据沃尔玛公司年报数据推算而得，"—"表示没有获得相应数据。
资料来源：笔者根据财富中文网站数据整理所得。

（二）零售业务遍布全球，全球价值链主导能力日益增强

作为跨国服务的重要提供者，以沃尔玛等为代表的跨国零售商主导

全球价值链的能力逐步增强。① 沃尔玛在全球通过总计 11700 个店铺，为全球 28 个国家超过 27 亿顾客服务。沃尔玛在全球范围内拥有超过 10000 个供货商，拥有 345 个分销机构（见表 4-2）。2018 财年，沃尔美国店铺采购的商品 78% 经由其美国国内 157 个分销机构来完成，其余的商品则直接由供货商运送。2018 财年，沃尔玛国际采购的 83% 则经由位于阿根廷、巴西、加拿大、中美洲、智利、中国、日本、墨西哥、南非和英国的 188 个分销机构来完成。

表 4-2   2018 财年沃尔玛的全球分销设施

	自有自营	自有但由第三方运营	租赁和运营	第三方持有并运营	合计
沃尔玛美国	103	2	23	29	157
沃尔玛国际	43	12	87	46	188

资料来源："Annual Report", March 30, 2018, Walmart.com, https://d18rn0p25nwr6d.cloudfront.net/CIK-0000104169/a25e7acb-aa07-49f3-8c0c-0c69e5a8d372.pdf。

（三）实体与网络经营相结合，创新持续不断

沃尔玛依托庞大的全球网络，以实体经营和网络经营相结合的方式开展零售业务。2018 财年，沃尔玛总收入实现 5003 亿美元，其中现金收入 2830 亿美元，1150 亿美元收入由沃尔玛美国电子商务销售额贡献。沃尔玛在美国发起订单金额超过 35 美元的两天免运费活动，启动美国移动支付和药店服务，在中国京东网站推出山姆会员全球旗舰店，在沃尔玛网站推出自提折扣（Pickup Discount）功能等。② 依靠持续不断的创新，批发零售并举，沃尔玛成为扎根美国本土、辐射全球的跨国流通企业，销售额接连攀升（见表 4-3）。

---

① G. Hamilton, M. Petrovic, R. C. Feenstra, "Remaking the Global Economy: US Retailers and Asian Manufacturers", Prepared statement presented to the US-China Economic and Security Review Commission in a hearing on "China and the Future of Globalization", May 2005.

② "Walmart 2018 Annual Report", March 15, 2019, Walmart.com, https://s201.q4cdn.com/262069030/files/doc_financials/2018/ar/WMT-2018_Annual-Report.pdf。

表4-3　　　　　　　　沃尔玛不同财年的运营情况

	沃尔玛美国本部			沃尔玛国际		
	2018年	2017年	2016年	2018年	2017年	2016年
销售净额（百万美元）	318477	307833	298378	118068	116119	123408
同期末百分比变化（%）	3.5	3.2	3.6	1.7	5.9	9.4
营业收入（百万美元）	17869	17745	19087	5352	5758	5346
营业收入占纯收入的比重（%）	5.6	5.8	6.4	4.5	5.0	4.3
期末机构数量（个）	4761	4672	4574	6360	6363	6299
期末每平方英尺零售额	705	699	699	373	377	372

资料来源："Annual Report", March 30, 2018, Walmart. com, https: //d18rn0p25nwr6d.cloudfront.net/CIK-0000104169/a25e7acb-aa07-49f3-8c0c-0c69e5a8d372. pdf。

二　沃尔玛国际市场开拓总体情况

作为全球流通界的标杆企业，沃尔玛的发展壮大尤其是全球价值链主导地位的获得，与沃尔玛对外直接投资的持续开展有着密切关联（见表4-4）。

表4-4　　　　　　沃尔玛进入国际市场的方式及战略

	目标市场	进入方式	第二阶段	第三阶段
1992年	波多黎各	自营	2002年收购拥有35个门店的超市连锁大亨Supermercados	2008年在Super Ahorros下开设连锁店、折扣商店
1993年	中国香港	合资	1993年与正大集团建立伙伴关系，以Value Club形式营业	撤股
1994年	加拿大	收购	自营	格局发展
1995年	巴西	合资	与日用品零售商Lojas Americanos按照60/40的方式合资自营/格局发展：超级购物中心和山姆会员店两种业态进行经营	2004年收购阿霍德集团在北部地区的Bompreco的118家分店。 2005年末，收购Sonae在南部区域的140家分店

续表

	目标市场	进入方式	第二阶段	第三阶段
1995年	阿根廷	合资	自营/收购：1995年，自营山姆会员店、超级购物中心；2007年，收购3家前欧尚会员店将其改造为超级购物中心	格局发展：通过Changomas和Changomas Express折扣店快速发展
1996年	印度尼西亚	合资	1996年，沃尔玛与力宝集团签订特许经营合同	撤股
1996年	中国	合资	自营/收购	格局发展
1998年	韩国	收购	1998年，从万客隆中收购大量商店	2006年，将韩国16家连锁店卖给新世界百货，撤股，撤出韩国市场
1999年	英国	收购	自营/格局发展	收购
2001年	墨西哥	合资	与Cifra合资，开设山姆会员店	2007年，收购Cifra大量股权，业务领域涵盖餐馆、服装和百货食品，实现自营/格局发展
2002年	日本	收购	2002年，收购了西友百货的一部分	2005年，完全收购西友百货
2005年	哥斯达黎加	收购	收购阿霍德在中美洲的合资公司CARHCO 33.33%的股份	—
2005年	洪都拉斯	收购	收购阿霍德在中美洲的合资公司CARHCO 33.33%的股份	—
2005年	尼加拉瓜	收购	收购阿霍德在中美洲的合资公司CARHCO 33.33%的股份	—
2005年	萨尔瓦多	收购	收购阿霍德在中美洲的合资公司CARHCO 33.33%的股份	—
2005年	危地马拉	收购	收购阿霍德在中美洲的合资公司CARHCO 33.33%的股份	—
2007年	印度	合资	自营	2018年5月，收购印度电商巨头Flipkart超过77%的股份

续表

	目标市场	进入方式	第二阶段	第三阶段
2007年	德国	收购	2007年年末，收购21家Werkauf大型卖场；2008年，收购71家Interspar大型卖场	撤股
2009年	智利	收购	自营	—
2010年	南非	收购	2010年9月，收购麦什马（Massmart），后者拥有游戏折扣店、仓储批发商店、家居装饰零售公司等机构	借此进入博茨瓦纳、加纳、肯尼亚、莱索托、马拉维、莫桑比克、纳米比亚、尼日利亚、南非、斯威士兰、坦桑尼亚、乌干达、赞比亚等国家

资料来源：[英]布莱恩·罗伯茨、[英]娜塔莉·伯格：《向世界零售巨头沃尔玛学应变之道》，崔璇译，中国电力出版社2014年版，第265—266页；笔者整理而成。

三 沃尔玛国内价值链构建与对外直接投资酝酿（1968—1990年）

自1962年第一家沃尔玛折扣店在阿肯色州的罗格斯开业以来，沃尔玛扎根于美国本土市场，致力于国内价值链的构建。历经10年的发展，1972财年，沃尔玛的店铺在阿肯色州、路易斯安那州、堪萨斯州、俄克拉荷马州、密苏里州5个州开设。

创始人沃尔顿（Sam Walton）一直想让沃尔玛成为全世界最好的零售商。[1] 1972年，沃尔玛在美国纽约上市。尽管沃尔玛已经成功上市，但是沃尔顿认为，从长期来看，真正对股票价值发挥作用的是沃尔玛的经营业绩，并指出真正让他们担心的不是股票价格，而是某天他们可能满足不了顾客的需求，或者他们的经理不能激励、关照他们的员工。[2] 早在1984年的公司年报中，沃尔玛就指出，公司最重要的资产就是62000个全职和兼职的雇员。在这个理念的指引下，沃尔玛逐渐壮大。沃尔玛折

---

[1] [美]山姆·沃尔顿、[美]约翰·休伊：《富甲美国：沃尔玛创始人山姆·沃尔顿自传》，杨蓓译，江苏凤凰文艺出版社2015年版，第262页。

[2] [美]山姆·沃尔顿、[美]约翰·休伊：《富甲美国：沃尔玛创始人山姆·沃尔顿自传》，杨蓓译，江苏凤凰文艺出版社2015年版，第134页。

扣店从 1968 财年的 24 个扩展到 1983 财年的 551 个（见图 4-15），零售业务拓展至美国的 15 个州（见图 4-16）。沃尔玛国内销售网络日益扩大。

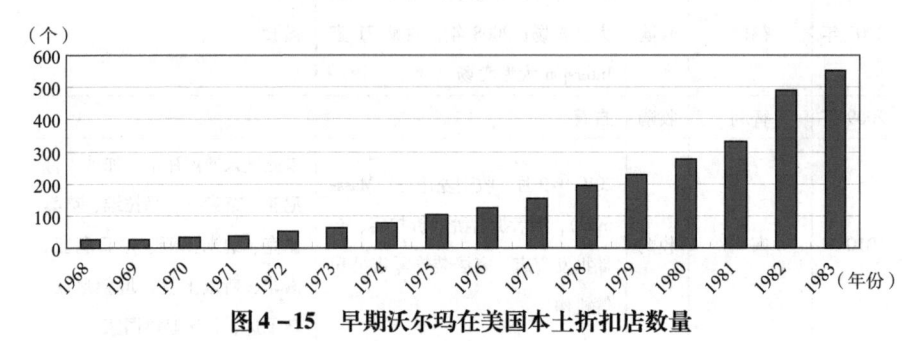

图 4-15　早期沃尔玛在美国本土折扣店数量

资料来源：沃尔玛公司年报，笔者绘制。

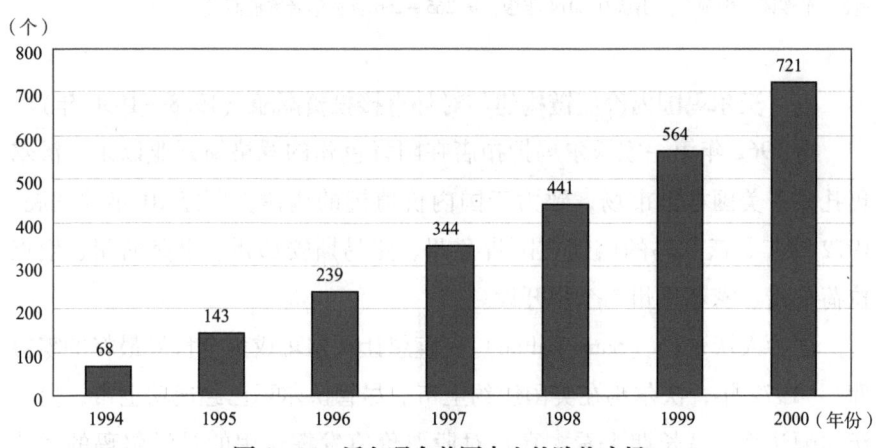

图 4-16　沃尔玛在美国本土的购物广场

资料来源：沃尔玛公司年报，笔者绘制。

1983 年，沃尔玛的首家山姆俱乐部在美国米德韦斯特城开业。1984 年，沃尔玛凭借 5 年平均盈利能力和增长速度，在美国百货店、折扣店等一般零售商中，被福布斯评为第一名。1987 年，沃尔玛卫星网络安装完毕，成为美国最大的私有卫星系统。1988 年，拥有 1402 个沃尔玛商店、123 家山姆俱乐部的沃尔玛所有店铺都实现了扫描技术的覆盖，业务覆盖至美国 28 个州。1990 年，沃尔玛向其供货商提出了"零售链"（Retail Link）的理念，沃尔玛渴望给供货商提供关于销售趋势和存货或水平的有质量的信息，便于供货商与沃尔玛在服务好顾客这个共同目标上展开真正的合作。

为加速国内价值链构建，沃尔玛通过并购等资本运作方式加速业务拓展。1990年12月，沃尔玛并购了提供零售和杂货分销服务的麦克莱恩公司。后者在美国11个州拥有14个分销中心，提供超过12500种杂货和非杂货商品，为大约2600个顾客提供服务。[①] 1984—1990 财年，沃尔玛店铺数量迅速增加（见表4-5）。1990财年，沃尔玛成为美国第一大零售商。

表4-5　　　沃尔玛在美国本土早期的店铺类型与数量　　　（单位：个）

	沃尔玛店铺	山姆俱乐部
1984 财年	642	3
1985 财年	745	11
1986 财年	859	23
1987 财年	980	49
1988 财年	1114	84
1990 财年	1402	123

资料来源："Walmart 1991 Annual Report", September 15, 2019, Walmart.com, https://s201.q4cdn.com/262069030/files/doc_financials/1991/ar/1991-annual-report-for-walmart-stores-inc_130199433717905777.pdf。

四　沃尔玛国内价值链拓展、对外直接投资与全球价值链构建（1991—2000 年）

（一）国内价值链拓展的主要表现

1. 通过国内并购，拓展零售业务覆盖范围

1991年2月，山姆俱乐部并购了批发俱乐部，后者在美国中西部地区的6个州拥有28个批发机构。通过并购，1991年，沃尔玛的业务拓展

[①] "Walmart 1991 Annual Report", September 15, 2019, Walmart.com, https://s201.q4cdn.com/262069030/files/doc_financials/1991/ar/1991-annual-report-for-walmart-stores-inc_130199433717905777.pdf。

到美国的34个州,其中包括首次进入的加利福尼亚、内华达、北达科他、宾夕法尼亚、南达科他州与犹他州。①

2. 引入购物广场、社区店等,实现多业态发展

1993年,沃尔玛引入一站式购物理念,集新鲜烘焙、便利店、照片冲洗、干洗、眼镜店、理发店等为一体的购物广场诞生。1993年,沃尔玛在美国共开设了30个购物广场;1994年增加到68个。1995财年,沃尔玛在美国本土共开设了1990个店铺,覆盖美国49个州。

尽管购物广场对沃尔玛的未来将发挥关键作用,并且发展迅速(见图4-17),但沃尔玛在1996财年的报告中指出,沃尔玛的根仍然在小店铺,并且这些小店铺将对公司的增长做出重要贡献。这为沃尔玛引入社区店埋下了伏笔。

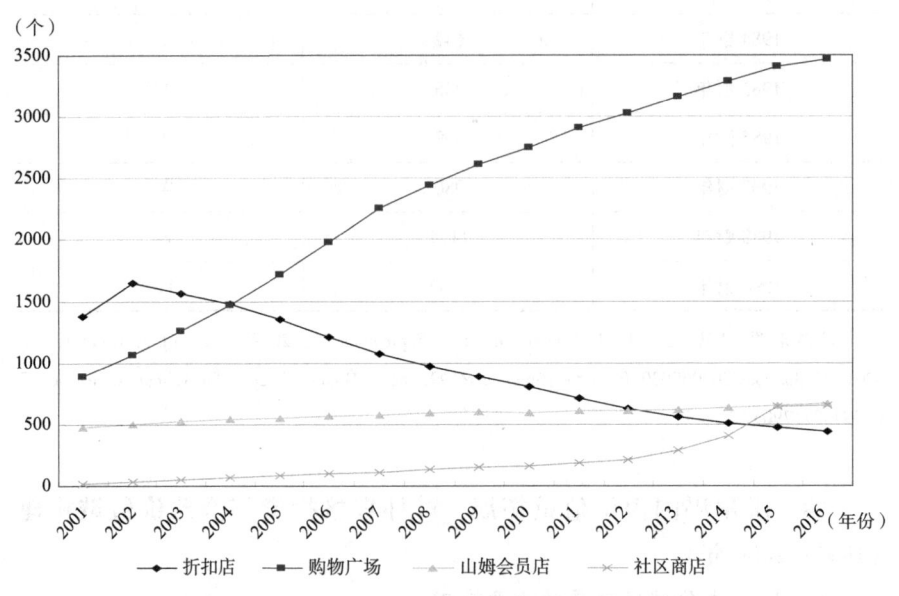

图4-17 沃尔玛在美国本土的不同店铺发展趋势

资料来源:笔者根据沃尔玛年报数据整理并绘制。

2000财年,沃尔玛引入关注消费者便利性的社区店(Neighborhood

---

① "Walmart 1991 Annual Report", September 15, 2019, Walmart. com, https://s201.q4cdn.com/262069030/files/doc_financials/1991/ar/1991-annual-report-for-walmart-stores-inc_130199433717905777.pdf.

Markets)。沃尔玛社区店面积通常在3700平方米左右，是沃尔玛购物中心1/4的规模。一个社区店有80—100名员工，提供约28000件商品，一般位于小城镇或者离沃尔玛购物中心较远的地方。[①] 2000财年，沃尔玛共开设7家社区店。社区店对沃尔玛现有的商业生态产生明显的互补作用。2001财年，沃尔玛分别在阿肯色州（5家）、俄克拉何马州（8家）和得克萨斯州（6家）开了19家社区店。

（二）对外直接投资与全球价值链构建

1. 先后进入墨西哥、加拿大，主导北美区域价值链

1991年，沃尔玛开始进入国际市场，通过与墨西哥最大的零售商Cifra合作，进入墨西哥市场。沃尔玛1993年的公司年报指出："全球经济——我们的世界正在萎缩，我们必须为在世界范围基础上进行竞争有所准备。我们相信我们所有的原则和我们大多数的概念是可以出口的。墨西哥一直处于盈利状态，更重要的是带来巨大的学习经验。"[②] 墨西哥市场的进入为沃尔玛构建全球价值链带来了信心。

1994年1月，美国主导的北美自由贸易区建立，为沃尔玛国际化提供了便利。1994年，沃尔玛收购加拿大伍尔沃斯公司的122家门店，进入加拿大。[③] 同年，沃尔玛正式成立国际业务部，专门负责境外事务。

2. 以阿根廷、巴西为基点，将南美洲纳入沃尔玛的全球价值链

1995年，沃尔玛开始向南美洲开拓，并进入阿根廷和巴西，在阿根廷开设了1个购物中心、2个山姆会员店，在巴西拥有2家购物中心和3个山姆会员店。2005年12月，沃尔玛成为巴西第三大零售商。

3. 以中国香港、中国内地、韩国为基点，将亚洲纳入沃尔玛零售体系

1994年，沃尔玛在中国香港开设了3个山姆会员店。1996年，沃尔玛以合资形式进入中国，在中国开设了1家购物中心和1家山姆俱乐部。

---

① 《沃尔玛加速推进Neighborhood Markets欲称霸商超业》，2015年6月26日，亿欧网，http://yn.winshang.com/news-495021.html。

② "Annual Report 1993"，Marth 30, 1994, Walmart.com, https：//s201.q4cdn.com/262069030/files/doc_financials/1993/ar/1993-annual-report-for-walmart-stores-inc_130199450994648281.pdf.

③ 《为什么Target大败而沃尔玛却在加拿大成功》，2015年2月23日，联商网，http：//www.linkshop.com.cn/web/archives/2015/317980.shtml。

1998年7月，沃尔玛通过兼并韩国一家小型零售商进军韩国零售市场。

4. 以德国、英国为基点，将欧洲纳入沃尔玛全球价值链体系

1997年12月，沃尔玛完成了对德国21个超级市场的并购，标志着沃尔玛进入欧洲——世界上最大的消费者市场之一。1999年，沃尔玛通过收购拥有229家店铺的ASDA集团，进军英国市场。

五 沃尔玛国内价值链加固、对外直接投资优化与全球价值链形成（2001年至今）

（一）国内价值链加固的主要表现

1. 响应国内需求，优化零售业态，本土店铺数量增长

随着美国市场的变化，沃尔玛将折扣店转化为拥有食品百货的购物广场，并额外开设社区店。2001—2016财年，沃尔玛在美国本土的社区商店逐步增加。2006财年，在15个州开设了100家；2012年，在19个州开设了210家；2016财年，在32个州共开设了655家。社区店能帮助顾客接触到新鲜食品、燃料、药品，享受电子商务订单提货点服务。由于满足了消费需求，社区店带来了沃尔玛食品销售额的持续增长，对沃尔玛的净销售额做出了重要贡献。

沃尔玛在美国本土的店铺实现动态优化。沃尔玛对本土市场的持续投入和不断创新，折扣店、购物广场、山姆会员店和社区店相互结合，在美国本土的店铺总数从1990财年的1525家，增加到2016财年的5229家（见图4-18）。

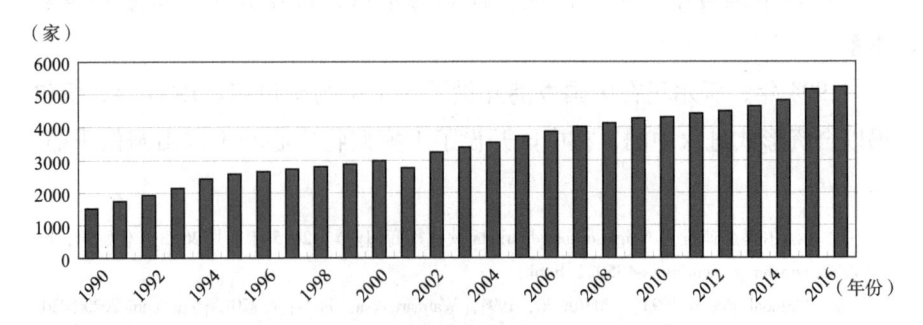

图4-18 沃尔玛在美国本土的店铺数量

资料来源：笔者根据沃尔玛年报数据整理并绘制。

2. 美国市场在沃尔玛总收入中的主导地位凸显

网络零售与实体零售相结合，深耕美国市场，这是沃尔玛国内价值链构建的核心。2016 年 9 月，沃尔玛以 33 亿美元收购美国发展最快和最具创新力的电商网站 Jet.com，在电商领域加大投资力度。2016 财年，沃尔玛零售网站成为美国第三大经常访问的网站。在美国本土，超过 78% 的美国人在沃尔玛购物。① 2012—2016 财年，沃尔玛美国本土机构收入占沃尔玛总收入的比重一直保持在 71% 以上（见表 4-6）。2016—2021 财年，该比重继续提高；2021 财年，该比重达到 78.09%。

表 4-6　　　　　沃尔玛全球机构收入情况　　　（单位：百万美元,%）

	沃尔玛美国本土机构收入	占沃尔玛总收入的比重	沃尔玛非美国本土机构的收入	占沃尔玛总收入的比重
2012 财年	319800	71.62	126709	28.38
2013 财年	332788	71.01	135863	28.99
2014 财年	338681	71.11	137613	28.89
2015 财年	348227	71.70	137424	28.30
2016 财年	357559	74.16	124571	25.84
2017 财年	367784	75.70	118089	24.30
2018 财年	380580	76.06	119763	23.94
2019 财年	392265	76.26	122140	23.74
2020 财年	402532	76.82	121432	23.18
2021 财年	436649	78.09	122502	21.91

资料来源：笔者根据历年沃尔玛年报整理。

3. 关注社交媒体对零售业的影响，主动出击

在沃尔玛创始人看来，"与其回避竞争对手，或是坐等它们欺上门来，不如与它们来个正面交锋"。② 面对来势迅猛的直播电商平台引发的

---

① "2016 Annual Report", March 30, 2017, Walmart.com, https://s201.q4cdn.com/262069030/files/doc_financials/2016/ar/2016-Annual-Report-PDF.pdf.
② ［美］山姆·沃尔顿、［美］约翰·休伊：《富甲美国：沃尔玛创始人山姆·沃尔顿自传》，杨蓓译，江苏凤凰文艺出版社 2015 年版，第 228 页。

新一轮零售业竞争，沃尔玛选择了主动出击。

社交媒体的广泛使用，对供货商、零售商和消费者产生了传染效应。① 这在美国也不例外。抖音目前每个月有近1亿的美国活跃用户。为了获取上亿年轻人的用户数据，与国内竞争对手亚马逊抗衡，沃尔玛联手微软，收购美国抖音业务。

（二）对外直接投资优化与全球价值链形成

1. 开辟中美洲新市场，实现美洲全覆盖

2006年3月，沃尔玛从荷兰零售商皇家阿霍尔德手中，取得中美洲最大零售商中美洲零售控股公司33.3%的控股权。② 中美洲零售控股公司在哥斯达黎加、危地马拉分别拥有124家、120家店面，同时在萨尔瓦多、洪都拉斯和尼加拉瓜都有销售网点。收购后，沃尔玛将中美洲零售控股公司更名为"沃尔玛中美洲公司"。2015年年底，沃尔玛业务覆盖上述5个中美洲国家、阿根廷、巴西、智利这3个南美洲国家，以及墨西哥和加拿大这两个北美洲国家。沃尔玛在这些国家拥有4471个机构，包括批发、零售和其他机构，占2015年沃尔玛国际机构数量的70.98%。2022财年，沃尔玛在中美洲（具体包括哥斯达黎加、萨尔瓦多、危地马拉、洪都拉斯和尼加拉瓜）的零售机构为864个，占该财年美国海外零售机构的17.56%。③

值得说明的是，在整个美洲市场，除了墨西哥和巴西，沃尔玛的店铺主要在零售环节。墨西哥一直是沃尔玛重要的海外市场（见图4-19），沃尔玛已经渗透到墨西哥的批发、零售及其他环节。2016财年，沃尔玛在墨西哥拥有2360个机构，远超其他海外市场。2022财年，沃尔玛在墨西哥的零售机构为2589个，批发机构为166个，总计2755个，占该财年美国海外机构总数的52.47%。④

---

① Adam Rapp et al., "Understanding Social Media Effects across Seller, Retailer, and Consumer Interactions", *Journal of the Academic Market Science*, No. 41, 2013, pp. 547–566.

② 《收购当地最大零售商股权 沃尔玛触角伸至中美洲》, 2005年9月22日, 新浪财经网, http://finance.sina.com.cn/j/20050922/1059324177.shtml。

③ "Walmart 2022 Annual Report", March 30, 2023, Walmart.com, https：//s201.q4cdn.com/262069030/files/doc_financials/2022/ar/WMT-FY2022-Annual-Report.pdf.

④ "Walmart 2022 Annual Report", March 30, 2023, Walmart.com, https：//s201.q4cdn.com/262069030/files/doc_financials/2022/ar/WMT-FY2022-Annual-Report.pdf.

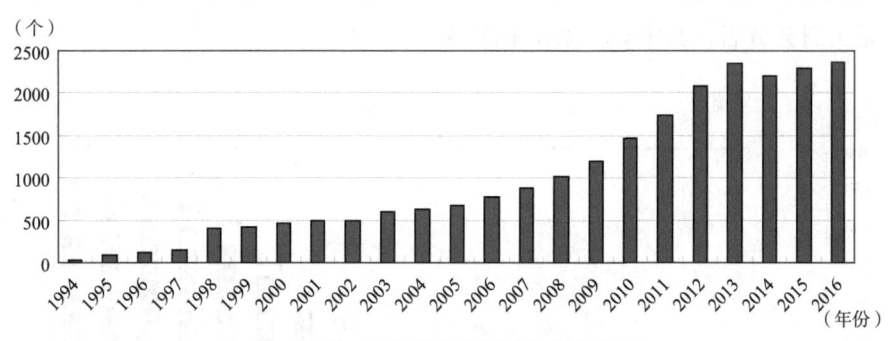

图 4-19　沃尔玛在墨西哥的机构数量

资料来源：笔者根据沃尔玛公司历年年报数据绘制。

2. 开辟非洲市场

2011 年 1 月，沃尔玛以 24 亿万美元的价格收购在非洲 14 个国家拥有 290 家大型零售亭、药店、电器专卖店及其他店面的南非零售连锁店运营商 Massmart 51% 的股权。[①] 2016 财年，沃尔玛已经在博茨瓦纳、加纳、肯尼亚、莱索托、马拉维、莫桑比克、纳米比亚、尼日利亚、南非、斯威士兰、坦桑尼亚、乌干达、赞比亚等国家，拥有包括批发和零售在内的 408 个店铺。

3. 撤出经营不善的韩国、德国市场

1999 年 7 月—2004 年 9 月，沃尔玛在韩国共开设了 16 家卖场，一跃成为韩国第五大零售商。[②] 然而，好景不长，2006 年 5 月，沃尔玛宣布退出韩国市场。2006 年 7 月，因经营不善，沃尔玛宣布退出德国市场。

4. 深耕中国市场，开辟日本、印度市场

从 2001 财年以后，沃尔玛在中国的开店数量迅速增长；尤其是 2008 财年以后，增长趋势尤为明显（见图 4-20）。以山姆会员店为例，沃尔玛在中国的山姆会员店拥有超过 160 万名会员，尽管山姆会员店年费从 150 元上升到 260 元，但是整体续费率仍维持在 70%，其中 A 类和 B 类

[①]《沃尔玛进军非洲市场曙光初现》，2011 年 1 月 17 日，新浪财经网，http：//finance.sina.com.cn/stock/usstock/c/20110117/23459267429.shtml。

[②]《沃尔玛家乐福败走韩城 经营细节决定营销成败》，2006 年 5 月 24 日，新浪网，https：//news.sina.com.cn/w/2006-05-24/18249015398s.shtml。

会员的续卡率超过85%。沃尔玛全球年销售额前10名的门店中，有4家是山姆会员店，其中有3家在中国。①

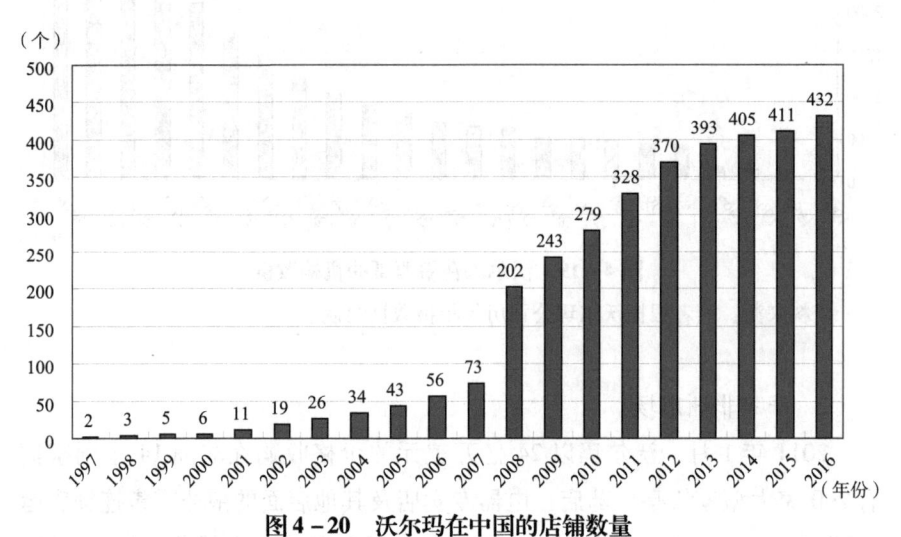

图4-20　沃尔玛在中国的店铺数量

资料来源：笔者根据沃尔玛公司历年年报数据绘制。

随着中国网络零售的迅速发展，沃尔玛加紧了在中国市场的布局。2016年6月，沃尔玛和京东达成深度战略合作，沃尔玛获得京东发行总股本数的5%，京东拥有1号商城主要资产，双方将在线上、线下、全球采购、物流配送、O2O方面展开全面合作。2017年，沃尔玛旗下的英国超市品牌ASDA全球采购官方旗舰店、山姆会员商店全球官方旗舰店、沃尔玛官方旗舰店等相继入驻京东商城，并且联手京东启动首个线上线下联动的大型促销活动"88购物节"。2019年1月，沃尔玛中国正式启动与中国初创企业共同快速成长的创新平台——Omega 8项目，旨在探索前沿科技以解决零售业的痛点。

在中国市场，沃尔玛致力于通过自有品牌，实现差异化竞争。2018年4月，沃尔玛在中国推出的自有品牌包括食品类的惠宜（Great Value）、家居类的明庭（Mainstays）、服装类的简适（Simply Basic）、以鲜食为主

---

① 《实体零售业哀鸿遍野"山姆大叔"沃尔玛为何逆势扩张?》，《经济观察报》2016年6月6日。

的沃集鲜（Marketside），以及以服饰、家居家纺和餐厨用具为主、起源于英国的沃尔玛自有品牌 George。截至 2020 年 9 月底，沃尔玛自有品牌有大约 3500 款商品，基本全面覆盖各个品类。2022 财年（截至 2022 年 1 月 31 日），沃尔玛在中国有 361 个零售机构、36 个批发机构，总计 397 个，成为仅次于墨西哥、加拿大的海外第三大市场。

2002 年，沃尔玛通过收购日本最大零售商西友百货公司 37% 的股份的方式进入日本。2005 年 11 月，沃尔玛将持股比例提高到 56.56%。在随后的 10 年中，沃尔玛在日本的店铺根据实际情况进行关闭或者转型。2016 财年，沃尔玛在日本共有零售店铺 346 个。

印度是沃尔玛致力开拓的市场。2007 年，沃尔玛与印度巴蒂集团（Bharti）组建合资企业巴蒂沃尔玛公司，进军印度批发市场。沃尔玛从合资时只占一半股权入手，后通过购买合作方的其余股份，最终在 2013 年实现独资。2018 年 5 月，沃尔玛斥资 160 亿美元收购了印度电商巨头 Flipkart 超过 77% 的股份，成为沃尔玛有史以来最大的海外投资。

基于印度网络零售市场的巨大发展空间，沃尔玛在 2018 年 12 月将其在 Flipkart 的股份增加到 81.3%。如今，Flipkart 的电子商务平台成为沃尔玛在印度的商业生态中的重要成员。

5. 网络与实体结合，获得英国零售市场主导权

沃尔玛重视英国市场开发。2016 财年，沃尔玛在英国拥有 603 个零售店铺、18 个其他类型店铺，总计 621 个店铺。沃尔玛在英国的网上商业进展顺利。2018 年，英国超市连锁企业 J Sainsbury PLC 与沃尔玛旗下英国运营子公司 Asda Group Ltd. 合并，成为英国最大的零售商，沃尔玛持有合并后公司 42% 的股权。

六　GVC 视角下沃尔玛 OFDI 带给中国流通业的启示

（一）对外直接投资不能盲目开展

从沃尔玛的对外直接投资历程回顾中可以看到，对外直接投资是企业能量积蓄的必然结果。这些能量来自流通企业对其国内价值链的持续构建，来自流通企业物质资本的积累、实体门店管理能力的提升、人力资源的开发等。

对外直接投资不可盲目进行，战略环节必须掌控在自己手中。沃尔

玛自有品牌的发展、供应商的高效以及在系统方面的不断投资，这些都是沃尔玛全球发展战略的中心环节。① 沃尔玛在对外直接投资过程中，从没有放弃对这些环节的投资。

（二）对外直接投资不能一蹴而就

沃尔玛近 30 年的对外直接投资历程表明，对外直接投资没有完成时。虽然沃尔玛是全球最大的零售企业，但是沃尔玛的对外直接投资并非一帆风顺。沃尔玛先后从韩国、德国撤资，就是其中一例。对于成功进入的市场，沃尔玛采取了持续深度开发的方式。比如，沃尔玛在印度和中国市场就采取了该方式。对于意欲进入的市场，沃尔玛选择等待，试图用交易成本最小的方式快速进入。比如，沃尔玛对非洲市场和中美洲市场的开辟就是如此。由此可见，沃尔玛在不同的时间点，通过不同的方式，进入不同的海外市场。沃尔玛的对外直接投资活动并不是一次性完成的，而是根据不同海外市场的具体运营、市场潜力、消费需求等，进行动态调整。

（三）对外直接投资离不开政府的支持

沃尔玛在全球 28 个国家的经营，离不开美国国家影响力海外扩张带来的便利。从北美自贸区的建立到谈判中的跨大西洋战略伙伴关系，这些自贸协定的背后，恰恰是美国主导的新一轮全球贸易和投资的规则制定。正是借助美国政府的海外扩张，沃尔玛才能够在国际流通业中挥舞资本的长袖，将其在美国本土的店铺进行复制，从而进入不同国家经营。

第三节　GVC 视角下美国亚马逊 OFDI 经验与启示

亚马逊是全球最大的电商企业。亚马逊依托美国本土市场，开展海外投资，构建亚马逊主导的商业帝国，其成长路径将为中国电商对外直接投资提供参考。

---

① ［英］布莱恩·罗伯茨、［英］娜塔莉·伯格：《向世界零售巨头沃尔玛学应变之道》，崔璇译，中国电力出版社 2014 年版，引言第 5 页。

一 亚马逊基本情况介绍

(一) 全球最大的网络零售商,全球零售十强

亚马逊创建于1995年7月,从网上书籍零售起步。1997年年底,亚马逊销售额超过1640万美元,为全球超过150个国家大约150万顾客提供在线书籍销售服务,其中回头客占订单总量的约58%。1997年,亚马逊的国际销售额占净销售额的25%。[①] 经过25年的发展,亚马逊已经成为全球最大的网络零售商,在全球14个国家开展业务。德勤发布的《全球零售力量(2023)》显示,亚马逊跻身全球零售250强的第二名,同时是全球网络零售商第一名,在全球21个国家和地区提供服务。[②]

(二) 网上书籍销售拓展至云计算服务,多元化业务格局形成

贝佐斯(Jeff Bezos)一直坚信,"能够提前确保市场支配权,就可以在将来持续不断地创造收益时占据有利地势"。[③] 贝佐斯认为时间视野非常重要,正是因为这样,其从一键下单的订购方法开始,对IT相关技术进行持续不断的投资,以至于独特的算法已经成为亚马逊的一级商业秘密。如今,亚马逊的业务运营从创建之初的图书销售拓展至云计算等领域,其中最具代表性的就是亚马逊云服务(Amazon Web Service,AWS)。这可以从亚马逊的净销售构成中体现出来,具体见表4-7。

表4-7　　　　　　亚马逊净销售额构成　　　　(单位:百万美元,%)

	2015年	2016年	2017年
净销售额			
北美	63708	79785	106110
国际	35418	43983	54297
亚马逊云服务	7880	12219	17459
总计	107006	135987	177866

[①] "Annual Report 1997", March 30, 1999, Amazon. com, http://media.corporate-ir.net/media_files/irol/97/97664/reports/123197_10k.pdf.

[②] "Global Powers of Retailing 2023: Revenue growth and continued focus on sustainability", February 2023, deloitte.com, deloitte-cn-cb-global-powers-of-retailing-2023-report-en-230310.pdf.

[③] [韩] 柳永镐:《亚马逊经济学》,李大雷译,电子工业出版社2014年版,第39页。

续表

	2015 年	2016 年	2017 年
年均增长率			
北美	25	25	33
国际	6	24	23
亚马逊云服务	70	55	43
总计	20	27	31
净销售额构成			
北美	60	59	60
国际	33	32	30
亚马逊云服务	7	9	10
合计	100	100	100

资料来源："2017 Amazon Annual Report"，March 31，Amazon.com，https://s2.q4cdn.com/299287126/files/doc_financials/annual/Amazon_AR.PDF。

亚马逊的净销售额主要包括产品和服务销售额。其中，产品销售额代表产品销售带来的收入以及相关的运费等。服务销售额具体包括第三方卖家费用（包含佣金）以及相关的运输费用、亚马逊云计算销售额，相关的电子内容注册、相关的广告服务以及与亚马逊合作的信用卡协议等收入。2015—2017 年，亚马逊的净产品销售额从 2015 年的 792.68 亿美元逐年增加，2017 实现 1185.73 亿美元。与此同时，亚马逊的服务净销售额也在同步增加，从 2015 的 1070.06 亿美元增加到 2017 年的 1778.66 亿美元。

（三）从网络拓展至实体，拓展自有品牌，打造全渠道、多品类销售场景

2007 年，亚马逊推出了第一家生鲜快递——Amazon Fresh。到 2013 年，该业务覆盖了美国的 20 多个城市。为了更好地为顾客提供服务，亚马逊要求自己投资和并购的对象企业是在相应行业中拥有最高水平的顾客满意度和服务水平的企业，只有这样的公司才有机会与亚马逊洽谈合作。[1] 2017 年，亚马逊完成了对全美最大的天然食品和有机食品零售超

---

[1] ［韩］柳永镐：《亚马逊经济学》，李大雷译，电子工业出版社 2014 年版，第 60 页。

市——全食超市公司的收购。

亚马逊在北美、国际与亚马逊云服务三大板块，都有租赁或者自己持有的设施。以办公空间为例，只有在北美地区，亚马逊才拥有自己持有的物产，在国际市场上则主要通过租赁获得。实体店铺自有面积的增加得益于全食超市。亚马逊在北美的实体面积735千平方英尺，就是来自其北美465个店铺（见表4-8）。亚马逊依托全食超市相对完善的供应链以及与社区融合较好的方式，将其线上优势和线下实体店铺进行有机结合，打造全渠道销售格局。与此同时，亚马逊通过亚马逊云服务和全球开店不断开辟新的市场。

2009年，亚马逊打造其自有品牌——Amazon Basics。该品牌从最初的消费电子产品，逐步拓展。目前，该品牌涵盖厨房用品、床上用品、电脑配件、手机配件、办公用品、运动户外用品等多个品类。制造商品牌和自有品牌相结合，亚马逊在多品类销售上迈出了实质性的一步。

表4-8　　　　　　　　亚马逊持有的设施　　　　（单位：千平方英尺）

用途描述	租赁面积*	拥有的面积	区位
办公空间	12712	3674	北美
	7466	—	国际
实体店铺**	20349	735	北美
	202	—	国际
履行中心，数据中心，其他	131419	4406	北美
	67832	5190	国际
合计	239980	14005	—

注：*对于租赁物产，代表的是排除了转租的总的租赁面积；**包括截至2017年12月，全食超市公司在北美的465个和全球的7个店铺。

资料来源："2017 Amazon Annual Report"，March 31，2019，Amazon.com，https://s2.q4cdn.com/299287126/files/doc_financials/annual/Amazon_AR.PDF。

二　GVC视角下亚马逊对外直接投资主要案例

（一）亚马逊在中国市场的投资情况

2004年，亚马逊以7500万美元收购了中国图书音像制品网上零售的领先者——卓越网，正式进军中国市场。卓越网因此成为继美国、加拿大、法国、德国、日本和英国之后的亚马逊第七大本地化网站。2007 年，卓越被改名为卓越亚马逊。2011 年 10 月，卓越亚马逊变更为亚马逊中国。

亚马逊中国有亚马逊国内电商、亚马逊海外购、亚马逊全球开店、亚马逊阅读和亚马逊云计算服务五大业务版块。基于中国电商市场的激烈竞争，亚马逊中国 2014 年后将海外购和全球开店作为双引擎，聚焦跨境电商。2014 年，亚马逊推出海外购商店，消费者在该网站可以实现统一账户、统一购物车，实现人民币支付。

2016 年，亚马逊中国推出亚马逊全球历史上首个提供跨境订单全年无限次免费配送的 Prime 会员服务。从亚马逊 Prime 会员增长潜力来看，中国成为全球 Prime 会员增速最快的地区之一。从 2017 年开始，亚马逊在原有的亚马逊美国、英国基础上，相继为中国 Prime 会员增加了日本、德国、西班牙、法国、英国和意大利等亚马逊海外站点，以丰富商品来源。2017 年 7 月，亚马逊首次在中国推出中国 Prime 会员日，旨在产生更多的订单。针对日益增长的中国电商市场，亚马逊不仅将全球可获取的优质商品通过其平台带入中国市场，同时通过亚马逊全球开店"制造+"项目，将优质的中国制造企业产品直接销售给亚马逊全球站点的近 3 亿活跃付费用户。

虽然亚马逊拥有全球最好的电商技术，但是在中国 B2C 电商市场中，亚马逊中国的市场份额只有 0.8%，远远低于天猫（56.6%）、京东（24.7%）、苏宁（4.3%）、唯品会（3.5%），也低于国美（1.2%）。[1] 2018 年，亚马逊在美国市场拥有 47% 的市场份额，占据主导地位，但是亚马逊 2018 年第四季度中国网络零售 B2C 中的市场份额只有 0.6%（曾经在中国市场上份额达到 15.4%）。同期，亚马逊在跨境进口电商市场 B2C 的市场份额为 6%，位列天猫国际、网易考拉、海囤全球、唯品国际之后，排名第五。[2] 亚马逊根据运营实际情况，将其服务中国消费者和中国生产者的方式进行调整。从 2019 年 7 月 18 日起，亚马逊中国网站停止

---

[1] 《外媒：亚马逊进入中国 10 多年市场份额不到 1%》，2017 年 3 月 13 日，雨果跨境网，https://www.cifnews.com/article/24826。

[2] 《入华 15 年、市场份额不到 1%，亚马逊电商如何一步步失速中国》，2019 年 4 月 18 日，新浪财经网，http://finance.sina.com.cn/roll/2019-04-18/doc-ihvhiewr6930227.shtml?cre=tianyi&mod=pcpager_china&loc=38&r=9&rfunc=22&tj=none&tr=9。

提供针对第三方卖家的服务,即亚马逊关闭中国国内电商业务。

(二)亚马逊在印度市场的投资情况

2013年,亚马逊进入印度市场,在班加罗尔建立了面向客户提供搜索技术和网站服务的亚马逊发展中心,在金奈设立了美国以外的第四个软件开发中心,在海得拉巴建立了客户支持中心。[1] 亚马逊一方面与印度本土电商Flipkart、Snapdeal展开竞争,另一方面则根据印度市场的特征,在仓库建设、存货管理、货运、配送等方面进行相应调整(见表4-9)。2014年,亚马逊在印度首创的"便捷配送"(Easy Ship)服务就是其中一例。除了在线零售,亚马逊在印度针对数字钱包、本地内容、食品递送业务、本地零售商等领域也都进行了巨额投资。[2]

表4-9 亚马逊美国与印度市场服务比较

	美国	印度
仓库	投资超大型仓库	在孟买、海德拉巴等建造21个大仓库,41个配送中心,横跨10个邦
货运	依赖UPS、美国邮政、FedEx,以及地区性的快递公司	雇用摩托车快递员
配送	卡车进行包裹投送	以225个城市中的1.75万家商店为迷你仓库,作为代收点
存货管理	FBA模式(Fulfilment by Amazon):存货放在亚马逊仓库,亚马逊包揽配送和退货	FBA+Easy ship针对印度市场,亚马逊于2014年4月推出卖家控制存货模式——Easy ship,卖家掌控存货,亚马逊负责配送,提供货到付款选择、退货服务

资料来源:《电商之王亚马逊,到印度做生意也得换脑袋》,2018年8月10日,搜狐网,https://www.sohu.com/a/246450473_455751。

亚马逊针对印度市场推出多样化的促销活动(见表4-10)。亚马逊

---

[1] 《亚马逊看好印度市场 计划兴建第二发展中心》,2007年7月31日,西部数码网,http://www.west999.com/www/info/41422-1.htm。

[2] 《巨头亚马逊,在印度市场的"志忑"之路》,2019年1月28日,新浪财经网,http://finance.sina.com.cn/stock/usstock/c/2019-01-28/doc-ihqfskcp1249339.shtml。

通过与印度主要银行合作的方式,为印度消费者提供付款的便利,并且推出了货到付款、专属无成本付款等方式,以此吸引更多的顾客消费。2018年1月,亚马逊在印度推出为买家提供货到付款的服务,买家可以直接使用 Amazon Pay 中的余额付款。为了鼓励印度买家使用 Amazon Pay,亚马逊推出了大额促销方式。比如,当印度顾客消费满 5000 卢比(71 美元)或更多时,亚马逊会给这些地区的顾客返现或高达 1000 卢比(14 美元)。[①] 无论买家持有的是信用卡,还是由 ICICI 等主要印度银行授予的借记卡,都可以享受在期望的期限内对印度站特卖的产品采取分期付款。

2019年,亚马逊收购印度零售商 Future Retail 旗下 Future Coupons 49%的股份。亚马逊通过印度第二大零售连锁店 Future Retail,进入印度传统零售市场。亚马逊在印度借助实体流通渠道的支持实现全渠道销售,借此推广亚马逊自主品牌商品。

表4-10　　　　　　　　亚马逊印度展销售大促概览

	预期	优惠详情
亚马逊新年促销	2019年1月	2018年,畅销产品折扣高达80%
亚马逊超值日	2019年1月1—7日	每日必需品折扣高达50%
亚马逊打印度特卖日	2019年1月21—24日	所有产品均提供优惠+额外现金返还10%
亚马逊共和国日特卖	2019年1月25—26日	超过10万种产品将会提供令人兴奋的折扣
亚马逊情人节特卖	2019年2月7—14日	亚马逊印度站会提供很多情人节礼物特惠,专注于家居、珠宝、服饰和礼品
亚马逊胡里节促销	2019年3月17—20日	享受几乎所有产品的优惠
亚马逊印度夏季大减价	2019年5月13—16日	电子产品、厨房、手机和时尚配饰的折扣优惠

---

① 《OMG!印度用户使用 Amazon Pay 可获亚马逊高额返现金!》,2019年1月15日,AMZ123网站,https://www.amz123.com/thread-59871.htm。

续表

	预期	优惠详情
亚马逊会员促销日	2019年7月16—17日	Prime会员可以获得各种产品的优惠和折扣
亚马逊独立日促销	2019年8月9—12日	高达40%的折扣和现金返还优惠等待着您
亚马逊排灯节销售	2019年10月27日	享受所有类别产品的折扣
亚马逊圣诞节促销	2019年12月23—25日	电子产品可在全球范围内以80%的折扣购买

资料来源：《2019亚马逊印度站销售大促一览表》，2019年1月22日，搜狐网，https://www.sohu.com/a/290688925_100083437。

三 亚马逊OFDI给中国流通业带来的启示

（一）全球化与本土化能否结合是流通OFDI成败的关键之一

将亚马逊全球业务与中国市场业务、印度市场进行对比，不难发现，在其他条件不变的情况下，全球化能否与本土化有效结合，将成为流通业对外直接投资成败的关键之一。

亚马逊中国业务的开展，更多强调将亚马逊美国模式照搬到中国市场。比如在支付方式上，亚马逊没有充分考虑中国消费者的支付习惯。尽管微信支付和支付宝支付对于消费者来说习以为常，但是亚马逊中国依然要求采用信用卡支付。亚马逊进入印度市场后，结合印度人民的日常消费习惯对购物支付方式进行了调整，在配送上采用摩托车，同时结合卖家特征推出Easy ship模式。

（二）自主品牌开发、全渠道销售成为流通业OFDI的发展趋势

亚马逊从电商起步，随着全渠道销售时代的到来，亚马逊国内和国际业务都在朝着全渠道方向发展。亚马逊在国际市场为其自主品牌拓展市场，这表明自主品牌对流通业核心竞争力的形成日益重要。

第四节 GVC视角下其他国家流通企业OFDI的经验与启示

基于数据的可得性，本节将重点对来自日本的无印良品、瑞典的宜家和西班牙的 Inditex 等进行介绍,旨在研究这些企业对外直接投资的基本特征,进而为中国流通业开辟国际市场提供相关的经验借鉴。

一 日本自有品牌专业零售商无印良品 OFDI 经验及启示

在日本对外直接投资的行业中,流通业历史比较悠久。从 20 世纪 50 年代开始,日本流通业通过在东道国成立进出口贸易公司、综合性商业企业、专门性商品批发企业、零售商店等方式,开展直接投资。20 世纪 80 年代,日本流通业对外直接投资额呈现逐年增长态势(见表 4-11)。

表 4-11　　20 世纪 80 年代日本流通业对外直接投资情况

(单位:亿美元,件,%)

	1981 年	1982 年	1983 年	1984 年	1985 年	1986 年	1987 年	1988 年	1989 年
投资额	11.74	18.99	11.64	14.82	15.50	18.61	22.69	32.04	51.48
件数	742	806	892	644	644	649	839	1464	895
占非制造业投资比重	18.02	34.67	21.73	19.95	16.25	10.37	9.05	9.82	10.19

资料来源:张宗彪等:《日本大规模对外直接投资的经验教训及借鉴研究》,经济日报出版社 2015 年版,第 142 页。

日本流通业对外直接投资最显著的特点就是大部分由日方资本独立资助。[1] 如果细分,日本流通业对外直接投资规模最大的为综合性商业企业,设立数量最多的为专门性的批发企业。基于数据的可得性,这里将选取日本零售业界的代表性企业之一——平价家居零售品牌无印良品进行分析。

(一)无印良品对外直接投资历程

无印良品属于典型的自有品牌专业零售商经营模式(Speciality retailer of Private label Apparel,SPA),1980 年由西友株式会社创立。无印良品的商品主要涵盖服装、生活杂货、食品等产品,以精选材质、精改工序、

---

[1] 张宗彪等:《日本大规模对外直接投资的经验教训及借鉴研究》,经济日报出版社 2015 年版,第 142 页。

简化包装作为基本原则，致力于打造"没有名字的优良商品"。

无印良品的海外投资经历了低迷期（1991—2001年）、成长期（2002—2012年）、飞跃期（2013年至今）。无印良品从1991年开始对外投资，先后在英国伦敦和中国香港开店。1991—2001年，无印良品的海外店铺连续11年亏损；2001年，面临高达38亿日元的赤字。比如，无印良品与香港永安集团合作开店，经营惨淡，无印良品不得不从中国香港市场退出。虽然无印良品在香港投资不利，但是无印良品并没有轻易从国际市场全面退出，而是重新思考并寻找对外投资的方向。无印良品通过规范其门店经营指南、注重培养能够充分理解组织理念和机制的人才等新的机制，[1] 逐步扭转国际化发展不利局面。2001年，无印良品重新在中国香港开店。此次无印良品完全通过自己来进行操作，尤其在店铺选址和租金控制上做足了功课。随着新机制的导入，2002年该公司就扭亏为盈。无印良品于2003年进入新加坡。2005年，无印良品进入中国，在上海成立了独资公司，当年该公司的营业额达到1401亿日元，打破了往年的纪录。[2]

无印良品逐步调整海外布局，对海外赤字店铺进行关闭，对业绩良好的市场加开店铺。比如，无印良品对中国市场就采取了增开店铺的方式。从2008年开始，无印良品加速中国开店计划。无印良品一方面与北京大学合作，共同开发中国开店评价体系；另一方面则严格选址，以租金控制在营业额15%以下作为出发点，在中国最理想的城市优质地段中寻找第二、第三地点开新店。[3] 目前，无印良品已在中国的50个城市开设门店。截至2018年2月，无印良品在中国的店铺数量已经超过200家，达到229家（见表4-12），规模仅次于其母国日本。2018年年底，中国内地门店达到256家，中国已经成为无印良品海外最大的市场。为了应对来自中国本土市场家居零售品牌比如名创优品、诺米家居等的激烈竞争，无印良品试图将中国门店打造成中高端品牌，以抢夺中国数量渐增的中

---

[1] ［日］松井忠三：《解密无印良品》，吕灵芝译，新星出版社2015年版，第46页。
[2] ［日］松井忠三：《解密无印良品》，吕灵芝译，新星出版社2015年版，第18页。
[3] 《无印良品出海启示录》，2019年3月1日，亿欧网，https://www.iyiou.com/p/93732.html。

产阶级用户，比如开大店就是其中一例。中国目前有无印良品世界旗舰店4家，其营业面积相当于日本国内标准门店（约600平方米）的5倍。

表4-12　　　　　　　　　　　无印良品海外店铺

	店铺数量		店铺数量		店铺数量
中国内地（大陆）	229	葡萄牙	1	印度	4
中国香港	19	爱尔兰	1	澳大利亚	3
中国台湾	45	瑞典	8	印度尼西亚	8
韩国	26	波兰	1	菲律宾	4
英国	12	美国	15	科威特	2
法国	7	加拿大	6	阿拉伯联合酋长国	5
意大利	8	新加坡	11	沙特阿拉伯	2
德国	7	马来西亚	7	巴林	2
西班牙	6	泰国	16	卡塔尔	2

注：店铺数截至2018年2月28日。
资料来源：《无印良品出海启示录》，2019年3月1日，亿欧网，https://www.iyiou.com/p/93732.html。

随着无印良品海外店铺的扩张，截至2018年2月底，无印良品海外门店数达460家，首次超越424家的日本本土门店数。通过海外市场布局的调整，无印良品实现海外店铺数量有质量的增长，海外店铺的业绩迅速回升。2017年，无印良品海外店铺营业收入达到了1440亿日元，是2013年海外店铺营业收入的5.07倍，占2017财年无印良品集团营业收入的38%（见表4-13）。

表4-13　　　　　　　无印良品营收概况　　　　（单位：亿日元,%）

	营业收入	日本本土营收占比	海外门店营收占比
2016财年（实际）	3330	65	35
2017财年（实际）	3800	62	38
2020财年	5000	58	42

资料来源：《无印良品出海启示录》，2019年3月1日，亿欧网，https://www.iyiou.com/p/93732.html。

扎根日本，确保国内市场稳步开发、国内市场业绩增长，这是无印良品进行对外投资的根基。无印良品的本土营收依旧是公司的主要来源，这可以从无印良品本土店铺数与本土营收中体现出来。从图4-21中可见，无印良品的总店铺数从2015财年的803家计划增加到2020财年的1200家。其中，日本本土店铺数量也在增加。2020财年，日本本土计划实现店铺总数502家。这些都表明了无印良品扎根日本本土，进而输出其商业文化的决心。

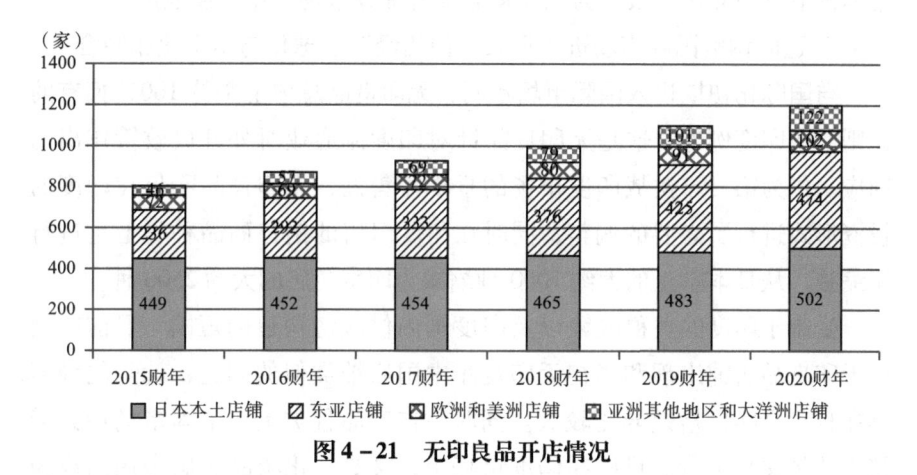

图4-21 无印良品开店情况

资料来源：《无印良品出海启示录》，2019年3月1日，亿欧网，https://www.iyiou.com/p/93732.html。

巩固日本市场的同时，无印良品对海外店铺进行了动态调整。无印良品在美国有18家门店，年销售额约为1.02亿美元，占良品计划营收的2.5%。然而，在过去的三个财年中，该市场一直处于亏损状态。2020年7月，无印良品美国公司宣布破产。针对疫情防控取得成效，经济逐步回暖的中国市场，无印良品则加快了开店步伐。2020年1—10月，无印良品在中国新开门店20家。

(二) 无印良品OFDI给中国流通业带来的启示

1. 自有品牌掌控全球价值链，布局海外市场

无印良品采用自有品牌专业零售商经营模式。更确切地说，从设计、生产到销售，凡是核心环节，无印良品都参与甚至呈主导态势。为了提

高商品的竞争力，无印良品除了参与设计和制造，对产品使用的素材质量也非常重视。比如，无印良品特地从印度和埃及等国进口高质量的有机棉，开发出符合消费者追求安全性需要的商品。[①] 在日本文化氛围中发展起来、渗透着禅宗文化的无印良品，既从日本的企业文化中汲取营养，又从机制构建等方面着手考虑如何将其服务、商品等进行相应的标准化，以便于将无印良品复制到世界上其他市场。这种思想就是全球价值链思想的逆向思维——通过解构每个价值环节，将其标准化的同时，实现其总体价值链差异化，最终为无印良品赢得细分市场的竞争性地位。

2. 适时调整国际市场进入模式，门店经营全球化与本土化相结合

与国际化初期进入国际市场不同，无印良品总体上坚持100%拥有的原则，但印度例外。这是无印良品针对印度流通业对外开放政策作出的回应。作为第一家挑战印度市场的日本零售商，无印良品不仅在印度的投资形式进行了必要的调整，同时在印度门店的销售商品种类上也进行了缩减，从日本本土的大约7000种缩减为印度门店的大约2500种。

受制于印度的关税政策以及印度国内供应链构建的短缺，目前印度的无印良品店铺出现和当初无印良品中国店铺类似的问题，就是同种商品在日印之间价格差异比较大。同时，在产品种类上，中国市场最先能接受的是文具杂货。目前在印度市场上，文具、化妆品和厨房用品成为最受欢迎的产品。对于着装本来就比较讲究颜色鲜亮的印度人民来说，无印良品颜色相对比较单调、素净的服装目前在印度不太受欢迎。无印良品正在着手解决这些问题。

二 荷兰家居零售商宜家集团对外投资战略及经验

（一）宜家集团简介

1943年，宜家公司在瑞典阿尔姆小镇注册，实际上宜家集团由荷兰的英格卡控股。从1958年第一家宜家商场开张至今，秉持为大众创造更加美好的日常生活发展理念，宜家公司已经成为世界上最大的家具、家居零售商。2018财年，宜家集团实现营业收入414.7亿美元，在全球零售商250强中排第25名。

---

① ［日］松井忠三：《解密无印良品》，吕灵芝译，新星出版社2015年版，第53页。

发源于瑞典的宜家在 1963 年迈出了国际化的第一步,在挪威的奥斯陆郊外开办了海外第一家商场。1969 年,宜家进入丹麦。1973 年,宜家进入瑞士。1974 年,宜家集团进入德国。随着宜家集团欧洲业务的拓展,宜家集团着眼欧洲以外的市场,并于 1975 年进入澳大利亚。1976 年,宜家集团开始进入北美,加拿大成为其首个北美市场开拓目标国。1985 年,宜家集团进入美国。1998 年,宜家才正式进入中国,并相继在上海、北京开业。

从创立至今,宜家集团通过立足欧洲、面向全球的战略,逐步将其店铺铺设到全球。宜家集团中国官方网站的数据显示,2017 财年,宜家集团在全球 29 个国家/地区开设了 355 家商场,拥有包括零售、配送、购物中心等在内的共 14.9 万名员工,实现了 341 亿欧元的零售总额,比 2016 财年增加了 329 亿欧元。[①] 值得关注的是,在宜家集团中,食品成为其营业总额的重要组成部分,仅 2017 财年宜家集团就实现食品营业额 18 亿欧元。

欧洲市场一直是宜家集团的主要市场。2017 财年,宜家在欧洲拥有 242 家商场、15 个提货与订货中心、16 个商场配送点、18 个顾客配送点以及 26 家购物中心。俄罗斯也在宜家集团的市场版图中。宜家集团在俄罗斯开设了 14 家商场,有 1 个商场配送点和 14 家购物中心。亚洲市场是宜家集团关注的重点。2017 财年,宜家集团在该地区拥有 33 家商场、3 个提货与订货地点、5 个商场配送点与 3 家购物中心。大洋洲也是宜家关注的市场之一。比如,宜家集团在澳大利亚拥有 10 家商场与 1 个商场配送点。在北美地区,宜家开设了 56 家商场,设立了 6 个提货与订货中心,建设了 8 个商场配送点与 8 个顾客配送点。2021 财年,宜家实现零售额 446.99 亿美元,在全球 32 个国家和地区开展业务。[②]

(二)宜家集团对外投资基本理念

宜家的发展表明,要想获得长期优势,需要彻底改变传统的商业模式,并且掌控整个价值链。[③] 换句话说,宜家拥有包括产品设计在内的整

---

① 《宜家集团 2017 财年继续保持增长》,2017 年 12 月 18 日,中国经济网,http://intl.ce.cn/specials/zxgjzh/201712/18/t20171218_27310558.shtml? from=groupmessage&isappinstalled=0。

② "Global Powers of Retailing 2023: Revenue Growth and Continued Focus on Sustainability",February 2023,deloitte.com,deloitte-cn-cb-global-powers-of-retailing-2023-report-en-230310.pdf。

③ [瑞典] 安德斯·代尔维格:《这就是宜家》,彭晶译,中华工商联和出版社 2015 年版,第 77 页。

条价值链的控制权。①

为了提高原材料的利用率，同时降低运输成本，宜家尽其所能将家具生产厂、锯木厂取址靠近宜家供应商可以获得的森林。这种产地靠近销售终端的方式，为宜家降低终端销售价格提供了基础。通过全球价值链，宜家对其供应商、产品原材料等进行管理。2000年，宜家推出供应商行为准则（IWAY）。2009年，宜家向全世界1200个供应商派出约80名审计人员，对供应商行为准则进行审计，供应商行为准则的平均完成度为93%。②

宜家通过成功的商业模式、独特的产品范围、低价位的供应链和有效的零售商场，在价值链的控制中，实现了差异化发展。③已有研究发现，在宜家构建的全球价值链中，中国和东南亚的宜家供货商可以获得来自宜家的技术支持，帮助他们在全球价值链中升级，宜家在家具全球价值链中的主导地位日益巩固。④

与许多零售商只在价值链的某个环节上具有主导权不同，宜家通过对原材料、产品研发、生产、运输到终端销售所有这些环节进行控制和协调，在价格竞争力、盈利能力和有吸引力三者之间找到了平衡点，并在其最擅长的厨房和卧室领域形成最大的优势。

值得说明的是，为了保证其完全的独立和长期的所有权结构，几乎所有的宜家商场都通过宜家特许经营协议运营。⑤

（三）宜家集团在中国的投资情况

中国一直是宜家重要的原产地市场，宜家在中国的投资经历了三个

---

① ［瑞典］安德斯·代尔维格：《这就是宜家》，彭晶译，中华工商联和出版社2015年版，第78页。

② ［瑞典］安德斯·代尔维格：《这就是宜家》，彭晶译，中华工商联和出版社2015年版，第45页。

③ ［瑞典］安德斯·代尔维格：《这就是宜家》，彭晶译，中华工商联和出版社2015年版，第65页。

④ Inge Ivarssony, Claes Goran Alvstam, "Upgrading in Global Value-Chains: A Case Study of Technology-Learning among IKEA-Suppliers in China and Southeast Asia", *Journal of Economic Geography*, Vol. 11, 2011, pp. 731-752.

⑤ 《十分钟读懂全球零售业巨头宜家简史》，2016年12月18日，搜狐网，http://www.sohu.com/a/121907724_115035。

阶段。1998—2005 年为市场培育期，宜家在这 8 年里只开了两家店。2000 年，宜家所有采购份额中的 10% 来自中国。2006—2011 年，宜家在中国开店的数量逐步增加，年均开设 1 家店。2009 年，宜家所有采购份额中来自中国的比例提升为 20%。[1] 同时，中国也是宜家重要的产品销售市场，中国超过销量 25% 的产品在中国本地制造。[2] 2012 年开始，宜家在中国的开店速度明显加快。截至 2018 年，宜家集团在中国共有 25 家商场、2 个订货中心。

基于中国市场的快速变化，宜家在本土化上进行了相应的尝试，具体包括以下几个方面。(1) 经营方式从单一的实体店铺转向"实体店铺+电商"。2016 年，宜家电商以上海为试点；2018 年，宜家电商针对全国 149 个城市提供服务。(2) 店铺类型从"家居大卖场"向"家居大卖场+小型门店"转变。宜家在全球开店，通常选择远离市区的立交桥、高架桥附近，开设 30000 平方米的宜家商场。随着中国市场竞争日益激烈，宜家商场的客源受到冲击。为了吸引客流，宜家于 2016 年、2017 年先后在温州和北京开设了面积为 1800—3000 平方米的小店。宜家开店目前呈现出一线城市为辅、二线城市为主的特征，正计划逐步向三线、四线城市开拓。(3) 经营内容从家居向"家居+餐饮"转变。在传统的家居零售上，2020 年 8 月开业的广州宜家新天河商场尝试咖啡经营。

三　西班牙时尚零售企业 Inditex 集团的 OFDI 经验

Inditex 是来自西班牙的服装鞋帽专卖店。它是西班牙最大的零售企业，也是全球零售 250 强中进军海外市场最多的零售企业。《全球零售力量（2020）》数据显示，2018 财年，Inditex 实现零售额 30673 百万美元，位列全球零售 250 强的第 33 名。2018 财年，Inditex 在全球 202 个国家开展业务，2013—2018 财年的复合年均增长率为 9.3%。虽然经历了新冠疫情，但是 Inditex 的增长态势依然非常明显。2021 财年，该企业实现零售

---

[1]　[瑞典] 安德斯·代尔维格：《这就是宜家》，彭晶译，中华工商联合出版社 2015 年版，第 93 页。

[2]　[瑞典] 安德斯·代尔维格：《这就是宜家》，彭晶译，中华工商联合出版社 2015 年版，第 58 页。

额325.67亿美元，在215个国家和地区提供服务，在全球零售商中排名第35位，是西班牙最大的零售商。[1]

从1975年在西班牙开出第一家门店开始，ZARA的创始人奥尔特加（Amancio Ortega）就将国际扩张视为维持销售、利润、知名度和强化品牌这一核心目标的重要手段。[2] ZARA进军国际市场时，采取在目标国家最主要的城市开店打开知名度。比如，1989年ZARA进军美国市场就选择了纽约，将纽约列克星敦大道开设的第一家门店作为ZARA了解并分析非欧洲市场潮流的实验室。

作为服装行业的大企业中唯——家完全纵向管理的企业，Inditex在国际化中也会面临市场准入问题。ZARA主要采用自己的子公司、合资企业和特许经营三种方式，进军国际市场。它借助其他合作伙伴的引介，通过建立合资企业或是签订特许经营合同的方式，进驻了大部分国家，业务做起来后又逐步收购了大部分的合资公司。[3] 2017年，Inditex在全球总计有7475家门店（见图4-22）。

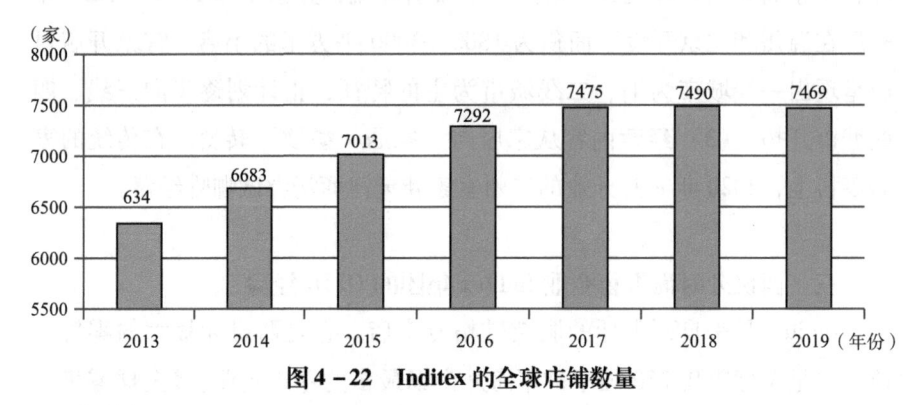

（家）
年份	门店数
2013	634
2014	6683
2015	7013
2016	7292
2017	7475
2018	7490
2019	7469

图4-22 Inditex的全球店铺数量

资料来源："Inditex Annual Report 2019", July 2019, Inditex.com, https://www.inditex.cn/itxcomweb/api/media/95b99798-cfd9-4e7b-a56c-15206f2c856b/inditex_annual_report_2019.pdf?t=1655306343786。

---

[1] "Global Powers of Retailing 2023: Revenue Growth and Continued Focus on Sustainability", February 2023, deloitte.com, deloitte-cn-cb-global-powers-of-retailing-2023-report-en-230310.pdf.

[2] [西]大卫·马汀内斯:《ZARA的创新革命》，苏蓝琪译，广东经济出版社2016年版，第87页。

[3] [西]科瓦冬佳·奥谢亚:《ZARA：阿曼修·奥尔特加与他的时尚王国》，宋海莲译，华夏出版社2011年版，第186页。

从地理区域来看，Inditex 在欧洲共有 5008 个门店，在美洲有 805 个店。在亚洲和其他地区，Inditex 的店铺有 1662 家。随着网络零售的日益兴起，Inditex 逐步推进网络零售，在 47 个市场开展网上零售。2017 年，Inditex 实现的净销售额 253 亿欧元中，有 10% 来自网络销售。

随着网络零售的兴起，以实体店销售为主的快时尚全球 ZARA 受到了冲击。Inditex 将业绩不好的门店关闭，仅 2018 年，ZARA 在全球范围内共计关闭了 355 家门店。经过调整，2019 年，Inditex 在全球共有 7469 家店铺。

从 Inditex 的销售额地理分布来看，它主要集中在西班牙本土和欧洲国家。表 4－14 显示，2019 年，西班牙本土贡献了 Inditex 将近 16% 的销售额，欧洲其他市场则贡献了 46% 的销售额。

表 4－14　　　　　　　Inditex 的销售额地理分布　　（单位：百万欧元,%）

	2019 年	2018 年	2017 年	2016 年	2015 年	2014 年	2013 年
净销售额	28286	26145	25336	23311	20900	—	—
西班牙	15.7	16.2	16.3	16.9	17.7	19.0	19.7
欧洲（不包括西班牙）	46	45.1	44.9	43.9	44.0	46.0	45.9
美洲	15.8	15.5	15.6	15.3	14.7	13.9	14.0
亚洲和世界其他地区	22.5	23.2	23.2	23.9	23.5	21.1	20.4

资料来源："Inditex Annual Report 2019", July 1, 2019, Inditex.com, https://www.inditex.cn/itxcomweb/api/media/95b99798-cfd9-4e7b-a56c-15206f2c856b/inditex_annual_report_2019.pdf?t=1655306343786。

作为衡量企业经营绩效的主要指标，Inditex 的净利润从 2013 年的 24 亿欧元增加到 2017 年的 34 亿欧元。Inditex 的股东权益回报率在 2015—2017 年相对比较稳定，达到了 26%。[①] Inditex 的业绩背后，是 Inditex 对价

[①] "Inditex Annual Report 2017", July 1, 2017, Inditex.com, https://static.inditex.com/annual_report_2017/formatos-comerciales.

值链的掌控和协调能力,其中最主要的就是对供应链的管理(见表4-15)。进入Inditex全球供应链的供货商数量,从2016年的1805家提高到2017年的1824家。

与此同时,Inditex也在对之前的供应商进行局部淘汰。Inditex在亚洲地区淘汰的供应商比较多,仅2016年就有191家供货商不再使用。经过调整,2017年,全球总共有7210家工厂为Inditex生产。具体来说,欧洲有2238家工厂,非欧盟国家的欧洲地区有1487家工厂,在亚洲有3003家工厂,在美洲有92家工厂,在非洲则有390家工厂。

表4-15　　　　　　　　2017年Inditex的供应链　　　　　　(单位:家)

	2016年发生采购的供货商	2017年不再使用的供货商	2017年启用的新供货商	2017年进行采购的供货商
非洲	141	15	25	151
美洲	65	24	7	48
亚洲	938	191	233	980
欧洲(非欧盟)	179	43	46	182
欧盟	482	85	66	463
总计	1805	358	377	1824

注:这里的供货商主要为时尚品类,涉及服装、鞋类和饰品类,并且每年生产的Inditex产品超过20000件。小的供货商的产品占总产出的比重只有0.27%。

资料来源:"Inditex Annual Report 2017", July 1, 2019, Inditex.com, https://static.inditex.com/annual_report_2017/formatos-comerciales。

随着Inditex的国际化进程加快,该集团业务覆盖的国家数量从2013年的89个发展到2017年的97个。从2018年开始,Inditex服务的市场数量迅速增加到202个。进入2019年,Inditex的供货商数量与地域结构也在发生变化(见表4-16)。总体来看,Inditex的供货商数量比2018年有所减少,但亚洲、欧洲供货商的主导地位并没有发生变更。

表4-16　　　　　2019年Inditex的供应链　　　　（单位：家）

	2018年发生采购的供货商	2019年不再使用的供货商	2019年启用的新供货商	2019年进行采购的供货商
非洲	146	11	26	161
美洲	23	8	2	17
亚洲	1138	255	224	1107
欧洲（非欧盟）	200	29	44	215
欧盟	519	96	62	485
总计	2026	399	358	1985

注：这里的供货商主要为时尚品类，涉及服装、鞋类和饰品类，并且每年生产的Inditex产品超过20000件。小的供货商的产品占总产出的比重只有0.2%。

资料来源："Inditex Annual Report 2019", July 1, 2019, Inditex.Com, https://www.inditex.cn/itxcomweb/api/media/95b99798-cfd9-4e7b-a56c-15206f2c856b/inditex_annual_report_2019.pdf?t=1655306343786。

管理众多供货商和工厂的Inditex所具备的恰恰是其不断提升的全球价值链治理水平，比如每年一度的供货商审计（见表4-17）。

表4-17　　　　　Inditex的可持续性和多样化指标

	2017年	2016年	2015年	2014年	2013年
雇员数量	171839	162450	152854	137054	128313
员工中女性和男性比率（%）	75/25	76/24	76/24	78/22	78/22
国籍数量	97	99	90	83	89
总的能源消费（GJ）	6824105	6675375	6543195	6357960	6095030
相对能源消费（MJ/服装）	4.40	4.83	5.56	6.24	6.42
公司社区投资（百万欧元）	48	40	35	25	23
本年度内发生采购的产品供货商数量	1824	1805	1725	1625	1592
供应商审计员数量	11247	10833	10997	10274	6612

资料来源："Inditex Annual Report 2017", July 1, 2017, Inditex.com, https://static.inditex.com/annual_report_2017/formatos-comerciales。

以2017年为例，Inditex分别对西班牙、葡萄牙、摩洛哥、土耳其、印度、巴基斯坦、孟加拉国、越南、柬埔寨、中国、巴西、阿根廷进行了关于可持续性的审计。

在国际化过程中，为了确保利益相关主体之间和谐关系的构建，Inditex 强调和当地的社团组织建立关系。比如在中国，Inditex 就和中山大学岭南学院环境、健康和安全管理研究与发展中心展开合作。这些都为 Inditex 全球价值链上不同相关利益主体之间的关系协调，营造了良好的氛围。

Inditex 源自西班牙，西班牙属于领导者，主要职能在于供应链协调与战略制定，其他国家则具体从事其对应的价值环节。为了提高供应链的可持续性，Inditex 针对其所在目标市场的不同市场环境（比如对妇女赋能、生活工资、世界劳工法等等）差异，采取针对劳工的不同方案。

第五节　本章小结

本章对美国流通业对外直接投资进行了详细介绍，同时对沃尔玛、亚马逊、无印良品、宜家以及 Inditex 的海外投资进行了梳理，得出如下结论。

（1）在母国细分市场具有绝对控制权，是这些企业对外直接投资的底气。无论从门店数量还是销售额贡献来看，无印良品、inditex 等都呈现出这一特点，沃尔玛、亚马逊也不例外。沃尔玛早期在零售业态创新方面取得的成绩（比如，山姆俱乐部、综合购物广场、社区店相继推出）以及零售链概念，都是在服务母国市场、打造国内价值链的基础上提出的。

（2）开展对外直接投资的流通企业，要么对整条价值链具有控制权，比如宜家和 Inditex；要么对所在全球价值链的核心环节如设计和销售具有绝对控制权，比如无印良品。流通企业要获得全球价值链的主导地位，必须拥有自主品牌开发的能力。无印良品、沃尔玛、亚马逊都有自己的自主品牌。亚马逊在算法等方面进行的大量投资形成的知识产权，正成为该企业的核心竞争力。全渠道销售成为流通业 OFDI 的发展趋势。

（3）关于海外投资区位的选择，大多以周边国家为主。比如，沃尔玛和宜家首先从母国所在区域的周边国家入手。另外，从与所在区域文化相近的国家或者地区入手。比如，Inditex 选择了美国。

（4）对外直接投资模式呈现多元化组合特点，比如 Inditex、沃尔玛。无印良品海外投资则经历了"合资—独资—合资与独资并存"几个阶段。由此可见，市场进入模式要适当根据东道国的具体情况予以调整，并非一成不变。针对准备进入的市场，沃尔玛选择并购在该国甚至该地区具有绝对优势的流通商，采取曲线救国的方式进入东道国市场，比如在中美洲和非洲市场的进入就是如此。并购后是否能够比较顺利地将这些资源转化为企业的国际竞争力，对于跨国流通商来说则是一个考验。比如，亚马逊对卓越的整合就花了近三年的时间。

（5）跨国流通商全球价值链治理能力的核心主要在于对供应链的管理，简单说就是能否将全球优质供应商抓在自己手里。比如，宜家依靠《供应商行为准则》，Inditex 采用供应商审计，将全球优质供应商抓住。同时，对目标国市场的消费需求保持警觉。通过对生产和消费的匹配，从中获利并发展壮大。

（6）处理好全球化和本土化的关系很重要。尽管沃尔玛、亚马逊、无印良品等都是跨国零售商，但是在国际化过程中都有过失败的经历。其中，沃尔玛不得不从德国、韩国市场退出，无印良品在中国香港首次开店就遇挫，亚马逊中国关闭自营纸质书售卖以及停止为第三方卖家服务。这些说明，对外直接投资是一个长期的过程，即使是类似沃尔玛、亚马逊这样的跨国大型零售商，如果不仔细分析东道国的市场情况，比如，不好好把握当地消费者对购买商品、服务的期望，不充分了解本地竞争者的竞争实力，也会在海外投资中遭遇失败。

（7）要善于利用东道国资源，为流通企业的本土化经营寻求智力支持。比如，沃尔玛和中国国内众多商科院校签署实习合同，无印良品和北京大学开发开店选址软件，Inditex 与中山大学岭南学院合作等。这种合作有助于跨国流通企业与不同利益相关者建立良好的关系，有利于企业嵌入当地社会网络，帮助企业扎根。

第 五 章

中国流通业 OFDI 对 GVC 地位的作用机理与效应

如果说吸收利用外商直接投资是中国流通业被动参与全球价值链的重要举措，那么对外直接投资则是中国流通业主动构建全球价值链的重要途径。本章将从全球价值链视角出发，分析中国流通业对外直接投资对中国流通业全球价值链地位产生影响的作用机理。利用相关统计数据和调查问卷，分析中国流通业 OFDI 对 GVC 构建的效应。

第一节 中国流通业 OFDI 影响 GVC 地位的作用机理

一 中国流通业 OFDI 对中国流通业 GVC 地位的正面影响

中国流通业开展对外直接投资活动对中国流通业全球价值链地位产生的正面影响，其理论主要来自对外直接投资与母国产业结构优化之间的研究。通过对外直接投资，进而调整中国流通业产业结构，提高流通产业的国际竞争力，[1] 已在中国政界、业界、学界达成共识。

中国流通业产业结构优化包括中国流通业产业结构合理化、高度化两个方面。

与其他产业一样，中国流通业产业结构变动受多种因素的影响，包括供给因素、需求因素、国际贸易因素和国际投资因素等。中国流通业对外直接投资会导致中国的流通业对外转移。从积极的角度看，这种转

---

[1] 龚晓菊：《贸易强国视角下的流通产业结构调整》，《中国流通经济》2011 年第 4 期。

移有利于中国流通业改善供给、扩大需求、推动进出口、优化投资，进而实现中国流通业结构的合理化与高度化。

（一）中国流通业 OFDI 与中国流通业产业结构合理化

产业结构合理化的中心内容是协调。从目前的状况来看，中国流通业表现出产业结构不合理的特征。首先，从产业素质来看，中国流通业存在水平参差不齐的现象，这在零售业上表现得尤为明显。中国零售业中既存在传统的业态，又存在以电子商务为代表的新兴零售业态，传统与现代并存导致该行业的比较劳动生产率差异较大。其次，从产业之间的联系方式来看，中国制造业和流通业理论上存在相互依赖、相互影响的关系。然而，从全球范围来看，中国制造业无论在国内还是国际市场，都面临着流通渠道缺失或者面临流通瓶颈的制约。再次，从各产业的相对地位来看，流通业被界定为基础产业，但是受制于投资结构、产业竞争力等多方面因素的影响，中国流通业的基础性、先导性功能并没有得到充分发挥。最后，从供给与需求的相互适应来看，目前中国国内市场的巨大消费潜力虽然得到了一定程度的释放，但是受限于中国本土流通商的国际市场开拓能力，中国消费者的异质性消费需求仍存在巨大的流通服务供给缺口。从投资结构来看，在很长一段时间内，中国流通业吸收的外商直接投资占据着主导地位，相比之下，中国流通业对外直接投资缺失或不足，加剧了中国流通业资本结构的失衡。

从产业合理化的角度看，中国流通业对外直接投资的开展具有积极意义。首先，这有利于改变目前流通业存在的技术水平断层、比较劳动生产率离散等现状，推动流通业内部产业素质的协调。其次，流通业对外直接投资有助于促进流通业与其他产业关系的协调。中国流通业对外直接投资就意味着中国批发商、零售商走向国际市场，成为日益多元化的国际流通业界的生力军。中国流通业对外直接投资的开展，将为中国企业海外市场的流通瓶颈提供解决方案。再次，中国流通业对外直接投资有助于流通业相对地位的改善。这种相对地位包括三个层面。第一个层面是中国流通业的国际相对地位。随着对外直接投资流量与存量的增加，中国流通业逐步成为国际流通业的重要参与者，为中国流通业全球竞争力提升提供了可能。第二个层面是中国流通业的国内相对地位，这个地位通常是相对于制造业、农业或者其他服务业而言的。第三个层面是流通业内部的批发业、零售业的相对地位。随着对外直接投资的开展，中国流通业在全球范围内配置资源的能力将逐步形成，这将有助于其在国民经济中的基础性、先导性作用的发挥。从产业内部来看，随着对外投资的开展，批发业、零售业孰轻孰重，实体零售、网络零售究竟如何协同，传统国际贸易与跨境电子商务之间如何组合，所有这些都将重新定义流通业内部结构。最后，流通业对外直接投资有助于实现其供求结构的平衡。第一，这有助于流通业的投资结构合理化。随着中国流通业对外直接投资的开展，中国流通业的资本结构将逐步优化，助推中国流通业的发展。第二，此举有利于流通组织的优化。中国流通业对外直接投资将带来流通组织的变革。流通业从单一的国内运营到国际、国内市场同时运营，将给流通组织的日常管理带来挑战。流通业走向国际市场，既有利于中国流通业加快优胜劣汰，也有助于中国流通业国际影响力的提升。第三，中国消费者也将从中国流通业对外直接投资中获益。随着中国庞大内需市场的形成，中国购买力日益增长、消费结构日益呈现多元化，这些迫切需要多元化、差异化的流通服务来满足。

（二）中国流通业OFDI与中国产业结构高度化

依托商业网络和流通业自身的匹配功能，中国流通业参与附加值创造的机会增多，这对流通业全球价值链分工地位的提升具有实质性功效。

从产业结构高度化的角度看，中国流通业对外直接投资的开展，有助于推动中国流通业从低水平状态向高水平状态发展，实现中国流通业从劳动密集型产业向技术密集型、知识密集型产业递进，有助于推动流通业从低附加值产业向高附加值方向演进。

中国流通业产业结构高度化离不开创新的引领。随着中国流通业逐步进入国际市场，来自不同海外细分市场的异质性需求、异质性供给等，都将刺激中国流通业的技术创新、管理创新甚至业态创新。对于中国流通业而言，无论哪种方式的创新，都将引起劳动力、资本、技术在流通业不同部门之间的转移。这种转移将带来中国流通业不同部门的扩张或收缩，这在零售业中表现得尤为明显。

随着移动支付技术的不断引入，加上电子商务的迅猛发展，跨境电子商务正在主导全球范围内的流通革命。不仅如此，流通业对外直接投资也会通过改变该行业从业人员的生活条件和工作条件的方式，进而间接影响流通业结构。这在 2020 年表现得尤为明显。受新冠疫情冲击的影响，流通业服务国内和国际市场的方式也随之发生改变，最明显的就是在线服务的大幅增加。

流通业的产业结构高度化主要通过产业间优势地位的更迭来实现。衡量产业优势地位主要有三种标准，分别为附加值、产业产值和产业关联。通常来说，附加值主要强调利润率。也就是说，利润率高的产业往往就是占有优势地位的产业。从会计的角度看，流通业利润率主要受采购成本、运输成本、管理成本、配送成本等因素的影响。在采购方面，中国许多流通企业主要采购制造商品牌（Manufacturer Brand，MB）商品。这就容易导致流通业的采购成本居高不下。为了提高毛利率，零售商开始着手自有品牌研发，永辉超市、大润发等的货架上有相应的自有品牌。在他们的货架上，商品品类涵盖制造商品牌和零售商自有品牌商品。这些零售商自有品牌主要由中国国内制造商生产。受限于业务运营等多种因素，尚未开展对外直接投资的中国流通企业难以利用国际市场上丰富的资源。随着中国流通业对外直接投资的开展，具有品牌影响力的中国流通企业有机会触及海外市场的优质制造商，获得性价比更高的制造商品牌商品采购机会，而且有机会在海外市场为其自有品牌商品寻求优质供应商以进行相关商品的生产。

随着电子商务技术的发展，尤其是新零售、无界零售、智慧零售、无人零售等相继出现，中国流通业的创新日新月异。在制造商和消费者中间发挥媒介作用的流通商，逐步实现线上线下一体化，以全渠道零售方式参与价值创造，并在用户直连制造（Customer-to-Manufacturer）这种新模式中发挥重要作用。随着中国流通业对外直接投资的开展，在生产时间不变的条件下，流通渠道的顺畅、销售市场的扩大，流通业资本周转速度有可能因此而加快，这对流通业的利润率提高来说极为重要。

随着中国流通业进入国际市场，中国流通业不仅有机会接触国际优质供货商，而且能进入不同国家的消费市场。中国流通业服务的市场范围扩大，最终将会带来产业规模的扩大，进而体现在流通业产值的扩大上。

与产业产值主要强调流通业的产业规模不同，产业关联重点考察流通业的产业影响力。流通产业在国民经济中的占比是流通产业影响力发挥的重要基础。① 研究表明，流通业对生产具有较大的反作用，流通业发展水平在一定程度上决定了生产效率的高低。② 流通业影响力对制造业结构调整产生影响，③ 比如，流通业专业化发展促进了制造业效率的提升。④ 流通业通过与制造业价值链的整合、协作等方式，在促进制造业价值链升级上发挥作用。⑤

中国流通业对外直接投资的开展，海外流通渠道的畅通，将为中国制造业海外市场开拓等提供便利。换言之，中国流通业海外市场的存在，尤其是中国海外营销市场网络的逐渐形成，将有助于中国流通业在更广阔的市场空间发挥对中国制造业生产效率的促进作用。

二 中国流通业 OFDI 对中国流通业 GVC 地位的负面影响

（一）资本外流，税基侵蚀

在中国国内市场具有品牌影响力的中国流通企业进行海外投资，势必会带来资本的输出。无论这些中国流通企业采取何种形式的对外直接投资，实际上都会造成中国总体储备资产规模的下降。如果开展对外直接投资的中国流通企业并不是着眼于长期发展，而是出于利用汇率波动等短期套利的目的，进入海外市场并且进入的并不是企业本身的主营业务领域，这样的直接投资就容易引发资本外流。

（二）对国内投资存在挤出效应

近年来，中国流通业对外直接投资的规模扩张，无论从流量还是存量规模来看，增长速度都比较快。但是，在某一特定时期，中国流通企业的投资总量是固定的。在海外市场投资得越多，相应的在国内市场的

---

① 杨龙志：《流通产业影响力演变的"倒 U 型"理论假说及实证检验》，《财贸经济》2015年第 8 期。

② 王俊：《流通业对制造业效率的影响——基于我国省级面板数据的实证研究》，《经济学家》2011 年第 1 期。

③ 宋则、常东亮、丁宁：《流通业影响力与制造业结构调整》，《中国工业经济》2010 年第 8 期。

④ 李晓慧：《流通业对制造业效率的影响及其渠道研究》，《商业经济与管理》2014 年第 8 期。

⑤ 祝合良、石娜娜：《流通业在我国制造业价值链升级中的作用与提升路径》，《商业经济与管理》2017 年第 3 期。

投资就会削减。中国庞大的内需市场在不断发展，实际上需要大量的流通业资本持续投资。从这个角度来说，中国流通业对外直接投资的开展对国内投资会存在一定的挤出效应。

（三）海外投资盲目扩张，投资难以收回

虽然总体来看，中国流通业对外直接投资对中国流通业全球价值链地位的提升有促进作用，但是我们也不能忽视中国流通业对外直接投资尤其是盲目投资带来的负面影响。

由于国内市场环境的调整，尤其是国内劳动力、土地等要素成本的持续上升，加上中国政府对"走出去"的政策鼓励与引导，中国流通企业海外投资意愿增强。目前，并不具备国际化发展能力的流通企业也跃跃欲试。具备国际化发展能力的某些中国流通企业则可能会因为对自身资本实力尤其是品牌价值的认知不足，加上对海外市场的评估不到位，盲目进入海外市场。通常来说，这些企业容易遭遇经营不善等问题，不仅投资难以回收，而且容易产生亏损，国际商品网络构建也就成为空谈。

三 中国流通业 OFDI 对中国流通业 GVC 地位影响的实证分析

中国流通业对外直接投资的开展，有可能对中国流通业 GVC 地位有促进作用，也有可能导致中国流通业 GVC 地位的下降。也就是说，中国流通业对外直接投资的开展，究竟会导致中国流通业 GVC 地位上升还是下降，取决于正面影响和负面影响的相对大小（见图 5-1）。

基于数据的可得性，从行业整体角度出发，考察中国流通业对外直接投资与中国流通业全球价值链地位之间的关系。

（一）模型设定、变量选取及数据来源

参照 Juliane Brach 等的研究，[1] 本书的计量模型设定如下：

---

[1] Juliane Brach, Robert Kappel, "Global Value Chains, Technology Transfer and Local Firm Upgrading in Non-OECD Countries", GIGA Working Papers 110, GIGA German Institute of Global and Area Studies, 2009；杨连星、罗玉辉：《中国对外直接投资与全球价值链升级》，《数量经济技术经济研究》2017 年第 6 期；崔晓敏、余淼杰、袁东：《最低工资和出口的国内附加值：来自中国企业的证据》，《世界经济》2018 年第 12 期；王晖：《对外直接投资对中国全球价值链分工地位的影响研究》，博士学位论文，中国地质大学（北京），2019 年。

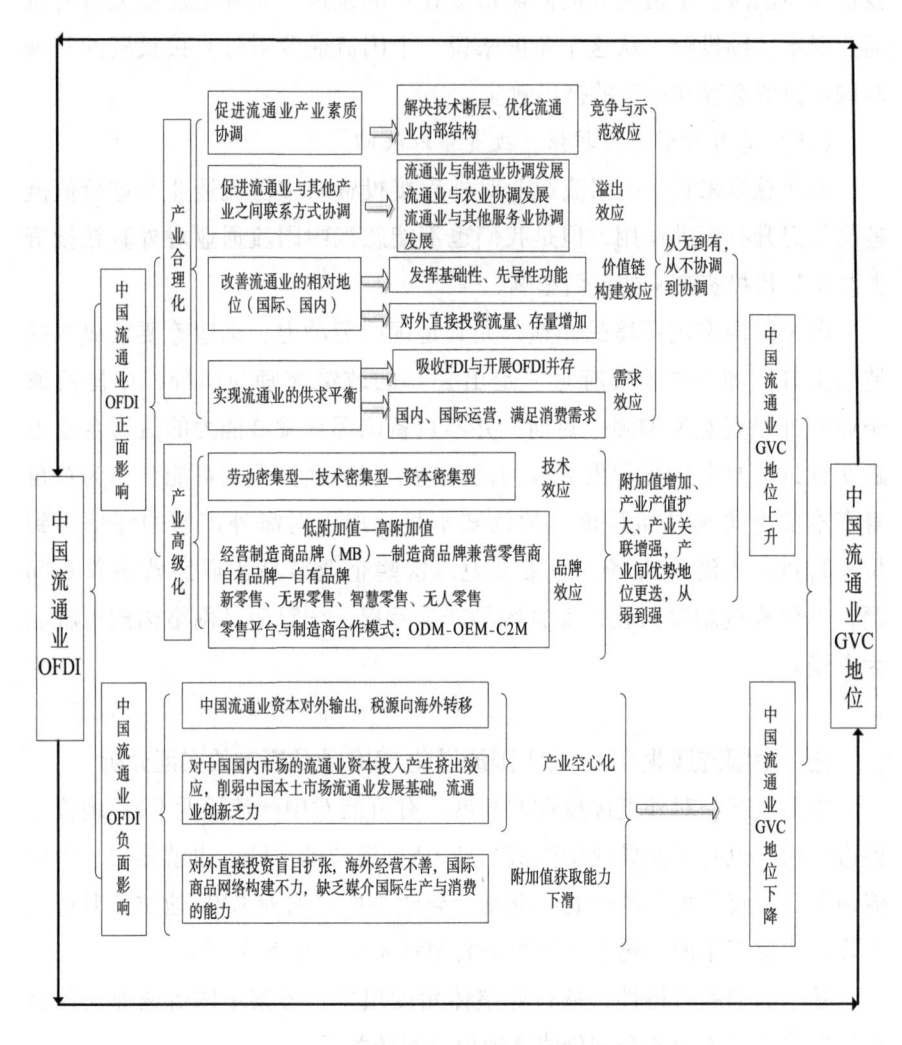

图 5-1　流通业 OFDI 促进全球价值链地位提升的机理

$$GVC\_position_t = \alpha_0 + \alpha_1 OFDI_t + \alpha_2 FDI_t + \alpha_3 SCALE_t \\ + \alpha_4 LTADV_t + \alpha_5 PJGZ_t + \varepsilon_t$$

被解释变量 GVC_position 表示中国流通业全球价值链地位指数，具体测算方法及数据见本书第三章内容。

核心解释变量为中国流通业对外直接投资（OFDI）。中国流通业对外直接投资统计数据包括对外直接投资净额和对外直接投资存量。参照戴翔、宋婕的做法，① 本书采用中国流通业对外直接投资存量数据，数据来自《中国对外直接投资统计公报》。

控制变量包括如下几个。（1）外商直接投资（FDI）。适当程度的对外开放能够提升中国在全球价值链中的嵌入地位，实现高水平开放。② 参照刘海云等的研究，③ 本书选取外商直接投资作为控制变量。具体数据来自《中国统计年鉴》中历年实际利用外资金额。（2）贸易规模（SCALE）。进出口额用来反映一国的贸易规模。外商直接投资和贸易是全球价值链的驱动力，使企业能够将复杂的生产链活动扩展至不同的国家。④ 基于贸易也是全球价值链地位的影响因素之一，将其作为控制变量引入。该数据来自《中国统计年鉴》中的进出口贸易总额。（3）流通业发展水平（LTADV）。转变流通业发展模式，推动流通业发展，对提升流通业整体分工参与度具有重要作用。⑤ 基于此，将流通业发展水平作为控制变量，用历年中国流通业行业增加值来测度。（4）流通业行业工资（PJGZ）。研究指出，最低工资上涨会影响中国企业出口国内附加值比。⑥ 最低工资上涨显著地抑制了企业出口国内附加值率的上升。⑦ 这最终会影响全球价值链地位指数，因此将流通业行业工资作为控制变量引入，具体采用城镇单位批发零售业就业人员平均工资测算，数据来自《中国统计年鉴》。

2004年12月，中国首次推出《对外直接投资统计制度》。为了确保统计

---

① 戴翔、宋婕：《中国OFDI的全球价值链构建效应及其空间外溢》，《财经研究》2020年第5期。

② 何宇、张建华、陈珍珍：《贸易冲突与合作：基于全球价值链的解释》，《中国工业经济》2020年第3期。

③ 刘海云、毛海欧：《国家国际分工地位及其影响因素——基于"GVC地位指数"的实证分析》，《国际经贸探索》2015年第8期；黄灿、林桂军：《全球价值链分工地位的影响因素研究：基于发展中国家的视角》，《国际商务》（对外经济贸易大学学报）2017年第2期；王晖：《对外直接投资对中国全球价值链分工地位的影响研究》，博士学位论文，中国地质大学（北京），2019年，第103页。

④ Jibran J. Punthakey, "Foreign Direct Investment and Trade in Agro-Food Global Value Chains", OECD Publishing, Agriculture and Fisheries Papers, 2020, p. 142.

⑤ 吴怡、蒋雨贝：《全球价值链视角下我国商贸流通业国际分工地位分析》，《商业经济研究》2016年第8期。

⑥ 崔晓敏、余淼杰、袁东：《最低工资和出口的国内附加值：来自中国企业的证据》，《世界经济》2018年第12期。

⑦ 耿伟、杨晓亮：《最低工资与企业出口国内附加值率》，《南开经济研究》2019年第4期。

口径的一致性,以2004年作为起始年份。在笔者展开本研究期间,中国流通业对外直接投资统计数据更新至2018年,而中国流通业全球价值链地位测算数据只到2015年。因此,采用的时间序列数据时间跨度为2004—2015年。

(二) 变量的描述性统计

对实证研究中使用的变量进行描述性统计(见表5-1)。为了统一量纲,将对外直接投资、外商直接投资、流通业发展水平、流通业行业工资进行标准化处理,并产生了 lnofdi, lnfdi, lnscale, lnltadv, lnpjgz 这几个新变量。

表5-1　　　　　　　　　变量的描述性统计

变量	样本量	均值	标准差	最小值	最大值
gvc_position	12	-0.04642	0.0158354	-0.078948	-0.031612
ofdi	12	4915502	3804250	784327	1.22e+07
fdi	12	6128.869	4051.411	739.59	12023.13
scale	12	2.85e+08	1.12e+08	1.15e+08	4.30e+08
ltadv	12	36312.2	19532.65	12455.8	67719.6
pjgz	12	34099.83	16361.36	13012	60328

(三) 实证分析结果

考虑到数据样本为时间序列,为了避免伪回归,先对各个变量进行ADF单位根检验。表5-2的结果显示,所有变量均为平稳时间序列。

表5-2　　　　　　　　　变量的单位根检验

变量	ADF检验值	检验形式 (C, T, P)	1%临界值	5%临界值	10%临界值	结　论
gvc_position	-3.899	(0, 1, 0)	-4.380	-3.600	3.240	平稳
lnofdi	6.700	(0, 0, 0)	-2.660	-1.950	-1.600	平稳
lnfdi	-3.337	(0, 0, 0)	-3.750	-3.000	-2.630	平稳
lnscale	2.604	(0, 0, 0)	-2.660	-1.950	-1.600	平稳
lnltadv	8.324	(0, 0, 0)	-2.660	-1.950	-1.600	平稳
lnpjgz	-2.811	(0, 0, 0)	-3.750	-3.000	-2.630	平稳

注:其中(C, T, P)表示ADF检验中是否包含常数项、时间趋势以及滞后期数截距项、趋势项和滞后阶数。

在保证变量序列的平稳性的前提下，进行回归分析，结果如表5-3所示。

表5-3　实证检验结果

lnofdi	-0.0501788 **
	(-3.09)
lnfdi	0.0337691 ***
	(4.65)
lnscale	-0.1094776 ***
	(-6.48)
lnltadv	0.4611708 ***
	(7.59)
lnpjgz	-0.3870346 ***
	(-5.22)
_cons	1.769858 ***
	(6.80)
R^2	0.9604
观测值	12

注：*** 表示在1%的水平上显著，** 表示在5%的水平上显著。括号中为t统计值。
资料来源：笔者根据Stata 15.1回归结果整理而得。

对上述回归分析的残差进行检验（见表5-4），发现其为白噪声。从回归分析结果来看，核心解释变量中国流通业对外直接投资（lnofdi）对全球价值链分工地位的影响在5%的水平上显著为负。该结果说明，2004—2015年，中国流通业对外直接投资的负面影响超过了其正面影响。尽管中国流通业对外直接投资存量规模增加，但是中国流通业全球价值链地位并未因此得到提升。

表5-4　残差序列e的ADF检验结果

变量	ADF检验值	检验形式(C, T, K)	1%临界值	5%临界值	10%临界值	结论
e	-6.966	(0, 0, 0)	-2.660	1.950	-1.600	平稳

注：(C, T, K) 表示ADF检验中是否包含常数项、时间趋势以及滞后期数截距项、趋势项和滞后阶数。

外商直接投资（ln*fdi*）的系数在 1% 的水平上显著为正，这和蒋鹏飞的部分研究结论一致。[①] 值得注意的是，虽然从目前来看，外商直接投资对中国流通业全球价值链地位提升有促进作用，但是当外商直接投资达到门槛水平后，其对国家分工地位的正向作用将消失。[②] 也就是说，中国流通业在继续对外开放吸收外商直接投资的同时，不能忽视外商直接投资引致的中国等发展中东道国的"国际分工陷阱"。[③]

贸易规模 ln*scale* 在 1% 的水平上显著为负，这是因为在不断扩大的贸易规模背后，存在着不断增加的以沃尔玛为代表的跨国批发商和零售商。在国际贸易中，包括跨国大型零售商和批发商在内的流通商匹配技术的改进，对制造业出口贸易产生重要影响。生产率越高的批发零售企业，越有可能比那些生产率低的企业进入更大的市场，更能渗透那些不太具有吸引力的市场，并且能够在每个市场上产生更多的销售额。[④] 随着沃尔玛、家乐福、乐购、麦德龙等在内的跨国零售商在华店铺和全球采购中心的地理扩张，中国城市的出口也在逐步增长。[⑤] 以沃尔玛为例，据报道，近 2000 个中国供货商针对沃尔玛的供货总值，约占沃尔玛每年全球销售的 4200 亿美元商品的 70%。[⑥]

流通业发展水平 ln*ltadv* 在 1% 的水平上显著为正，这表明流通业产值的提高能带动流通业全球价值链地位的提升。

流通业平均工资 ln*pjgz* 的系数在 1% 的水平上显著为负，该结果和崔

[①] 蒋鹏飞：《FDI 对中国 GVC 分工地位的影响——基于价值链升级的视角》，《技术经济与管理研究》2019 年第 9 期。

[②] 刘海云、毛海欧：《国家国际分工地位及其影响因素——基于"GVC 地位指数"的实证分析》，《国际经贸探索》2015 年第 8 期。

[③] 李平、江强、林洋：《FDI 与"国际分工陷阱"——基于发展中东道国 GVC 嵌入度视角》，《国际贸易问题》2018 年第 6 期。

[④] Kiyoyasu Tanaka, "Firm Heterogeneity and FDI in Distribution Services", *The World Economy*, Vol. 38, No. 8, 2015, pp. 1295 – 1311.

[⑤] Keith Head, Ran Jing, Deborah L. Swenson, "From Beijing to Bentonville: Do Multinational Retailers Link Markets?", *Journal of Development Economics*, Vol. 110, 2014, pp. 79 – 92.

[⑥] O. Schell, "How Walmart is Changing China", Atlantic, December 23, 2011.

晓敏等的研究结果①一致。这说明中国流通业行业平均工资水平的提升，不利于中国流通企业出口国内附加值率的提升，进而拉低中国流通业全球价值链地位指数。

（四）结论及启示

本部分以理论分析为先导，建立相关模型，利用时间序列数据，围绕中国流通业对外直接投资对中国流通业全球价值链地位的影响进行实证分析，结果如下。第一，中国流通业对外直接投资的开展，对中国流通业全球价值链地位的提升目前尚不具备促进作用，相反会降低中国流通业全球价值链地位。如同全球价值链相关的贸易，而不是传统贸易，有利于提高人均国民收入和生产率一样，②只有与全球价值链构建相关的对外直接投资，而不是所有对外直接投资，才能对中国流通业的全球价值链地位提升发挥相应的功能。这个发现对今后如何开展中国流通业对外直接投资具有理论上的指导意义。第二，中国流通业全球价值链地位的提升，同时受到中国吸收外商直接投资、中国流通业发展水平、中国流通业行业平均工资水平、中国贸易规模等因素的影响。目前，中国流通业吸收的外商直接投资依旧对中国流通业全球价值链地位有一定的促进作用，但是中国贸易规模的扩大降低了中国流通业的全球价值链地位。中国流通业行业平均工资水平的上涨，也拉低了中国流通业全球价值链地位。相比而言，中国流通业的发展在推动中国流通业全球价值链地位的提升上发挥了积极作用。

研究结论表明，中国流通业对外直接投资的开展，迫切需要理论上的宏观指导。这就要求在今后的对外直接投资活动中，要尽量发挥中国流通业对外直接投资对全球价值链地位的正面影响，尽量降低其负面影响。换言之，以全球价值链思想为引领，以提升全球价值链分工地位为目标，推动中国流通业对外直接投资健康持续发展。

---

① 崔晓敏、余淼杰、袁东：《最低工资和出口的国内附加值：来自中国企业的证据》，《世界经济》2018年第12期；耿伟、杨晓亮：《最低工资与企业出口国内附加值率》，《南开经济研究》2019年第4期。

② Faezeh Raei, Anna Ignatenko, Borislava Mircheva, "Global Value Chains: What are the Benefits and Why Do Countries Participate?", January 2019, IMF Working Paper, https://ssrn.com/abstract=3333741.

第二节　GVC视角下中国流通业OFDI效应分析

从全球价值链角度看，中国流通业对外直接投资不仅牵涉中国流通业，而且牵涉与之密切关联的其他产业（见图5-2）。

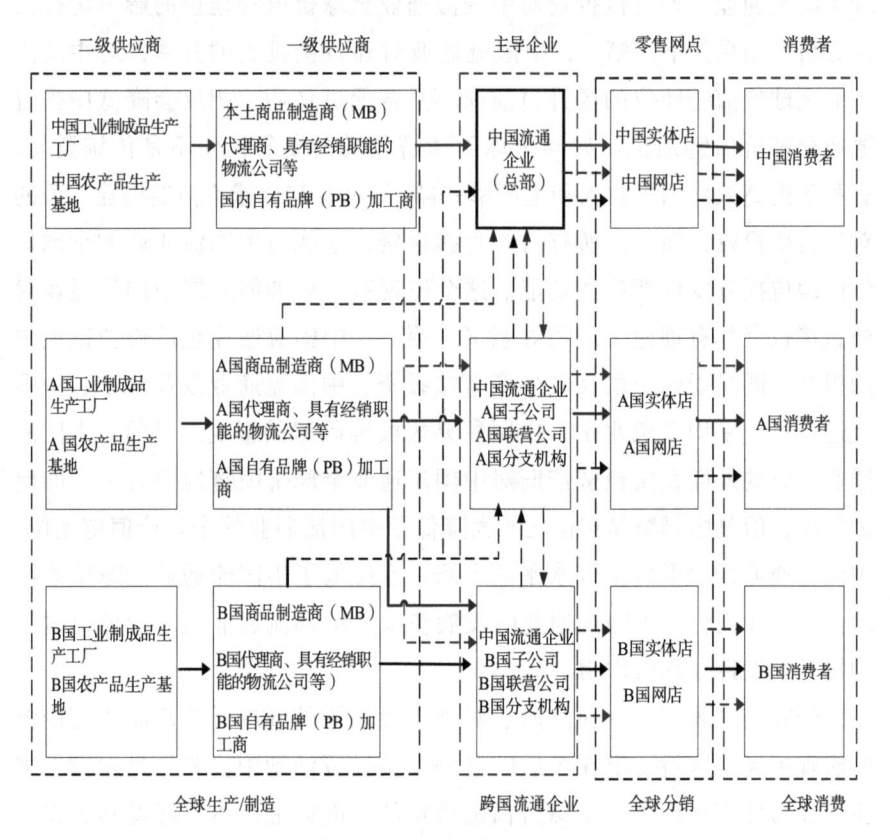

图5-2　GVC视角下的中国流通业OFDI

注：实线箭头表示本土采购实现的商流，虚线箭头表示全球采购形成的商流。

为了解GVC视角下中国流通业对外直接投资效应，从产业内、产业间角度出发，本研究设计了9个维度开展问卷调查。2016年12月7日—2017年5月15日，共发放问卷150份，回收问卷137份，回收率为91.33%。其中，回收的有效问卷为135份，有效率为90%。

一 调查问卷的信度与效度检验

为了确保调查结果的可靠性与所收集资料的真实性,本研究对问卷进行了信度与效度检验。从表5-5中的结果来看,Alpha 的值 = 0.817 > 0.8,表明问卷信度较高。

表5-5　　　　　　　　　　信度检验

	Cronbach's Alpha	Cronbach's Alpha Based on Standardized Items	Number of Items
数值	0.817	0.822	9

表5-6中的效度检验结果显示,KMO = 0.819 > 0.8,且 Bartlett 的球形度检验显著,表明体系构建效度检验较为优良。

表5-6　　　　　　　　KMO 和 Bartlett 的检验

取样足够度的 Kaiser-Meyer-Olkin 度量		0.819
Bartlett 的球形度检验	近似卡方	350.675
	df	36
	Sig.	0.000

二 GVC视角下中国流通业OFDI对流通业自身的影响

（一）对中国流通业竞争力的影响

考察中国流通业以 OFDI 方式嵌入全球价值链进而给中国流通业带来的影响。表5-7中关于流通业嵌入 GVC 对中国流通业竞争力的调查结果显示,在中国流通业竞争力的提高方面,40.6%的调查者表示"很有利",52.6%的调查者认为"比较有利",6%的调查者认为"一般",0.8%的调查者认为"比较不利",没有调查者认为"很不利"。可见,93.2%的调查者认为中国流通业 OFDI 嵌入全球价值链对中国流通竞争力的提高比较有利。

表5-7　　　　　　　　对中国流通业竞争力影响的调查结果

		频率	百分比	有效百分比	累计百分比
有效	很有利	54	40.0	40.6	40.6
	比较有利	70	51.9	52.6	93.2
	一般	8	5.9	6.0	99.2
	比较不利	1	0.7	0.8	100.0
	合计	133	98.5	100.0	—
缺失	系统	2	1.5	—	—
合计		135	100.0	—	—

(二) 对逆向技术溢出效应的影响

在逆向技术溢出效应的产生方面（见表5-8），18.8%的调查者表示"很有利"，55.6%的调查者认为"比较有利"，24.1%的调查者认为"一般"，1.5%的调查者认为"比较不利"，没有调查者认为"很不利"。从累计有效百分比来看，74.4%的调查者认为，中国流通业OFDI嵌入全球价值链对逆向技术溢出效应的产生比较有利。

表5-8　　　　　　　　对逆向技术溢出效应影响的调查结果

		频率	百分比	有效百分比	累计百分比
有效	很有利	25	18.5	18.8	18.8
	比较有利	74	54.8	55.6	74.4
	一般	32	23.7	24.1	98.5
	比较不利	2	1.5	1.5	100.0
	合计	133	98.5	100.0	—
缺失	系统	2	1.5	—	—
合计		135	100.0	—	—

(三) 对中国流通业升级的影响

关于中国流通业对外直接投资对中国流通业产业升级的影响（见表5-9），41.4%的调查者表示"很有利"，48.9%的调查者认为"比较有利"，8.9%的调查者认为"一般"，0.8%的调查者认为"比较不利"，没有调查者认为"很不利"。从有效百分比来看,90.3%的调查者认为,中国流通业 OFDI 嵌入全球价值链对中国流通业的产业升级比较有利。

表 5-9　　　　　对中国流通业升级的影响调查结果

		频率	百分比	有效百分比	累计百分比
有效	很有利	55	40.7	41.4	41.4
	比较有利	65	48.1	48.9	90.3
	一般	12	8.9	8.9	99.2
	比较不利	1	0.7	0.8	100.0
	合计	133	98.5	100.0	—
缺失	系统	2	1.5	—	—
合计		135	100.0	—	—

(四) 对流通业国际经验积累的影响

关于中国流通业对外直接投资对中国流通业国际经营经验的积累(见表 5-10),50.4% 的调查者表示"很有利",40.6% 的调查者认为"比较有利",7.5% 的调查者认为"一般",0.8% 的调查者认为"比较不利",0.8% 的调查者认为"很不利"。即 91% 的调查者认为,中国流通业 OFDI 嵌入全球价值链对流通业国际经营经验的积累比较有利。

表 5-10　　　　　中国流通业 OFDI 对流通业国际经营
经验积累的影响调查结果

		频率	百分比	有效百分比	累计百分比
有效	很有利	67	49.6	50.4	50.4
	比较有利	54	40.0	40.6	91.0
	一般	10	7.4	7.5	98.5
	比较不利	1	0.7	0.8	99.2
	很不利	1	0.7	0.8	100.0
	合计	133	98.5	100.0	—
缺失	系统	2	1.5	—	—
合计		135	100.0	—	—

（五）对跨国管理人才培养的影响

在中国流通业对外直接投资对流通业跨国管理人才的培养方面（见表5-11），51.9%的调查者表示"很有利"，37.6%的调查者认为"比较有利"，10.5%的调查者认为"一般"。也就是说，89.5%的调查者都认为，中国流通业OFDI嵌入全球价值链对流通业跨国管理人才的培养有利。

从调查问卷的结果分析中可知，中国流通业OFDI对中国流通业竞争力、国际经验积累、产业升级、跨国管理人才培养、逆向技术溢出等多个方面都有积极作用。

表5-11　中国流通业OFDI对流通业跨国管理人才培养的影响调查结果

		频率	百分比	有效百分比	累计百分比
有效	很有利	69	51.1	51.9	51.9
	比较有利	50	37.0	37.6	89.5
	一般	14	10.4	10.5	100.0
	合计	133	98.5	100.0	—
缺失	系统	2	1.5	—	—
合计		135	100.0	—	—

三　GVC视角下中国流通业OFDI对其他产业的影响

（一）对中国农业的影响

中国流通业开展对外直接投资将给中国小规模农户提供进入国际市场的大通道，中小农户的收入不稳定性会有所降低。流通渠道的供给与发展中国家中小规模农户的收入之间的关联已经获得实证支持。针对马达加斯加大约10000个为欧洲超市生产蔬菜的签约农户的研究发现，参与全球零售链的小规模农户享有更高的福利，收入更稳定，有更短的歉收期。[①] 与马达加斯加类似，中国农业主要由数量众多的小规模农户构成。

---

① Bart Minten et al., "Global Retail Chains and Poor Farmers: Evidence from Madagascar", *World Development*, Vol. 37, No. 11, 2009, pp. 1728-1741.

中国中小规模农户的收益有保障,有利于确保中国农产品的稳定供给,有利于维护中国农业产业安全。

表5-12显示,关于流通业对外直接投资对中国农业产业安全的影响,15.8%的调查者表示"很有利",37.6%的调查者认为"比较有利",36.1%的调查者认为"一般",10.4%的调查者认为"比较不利",没有调查者认为"很不利"。即53.4%的调查者认为,中国流通业OFDI嵌入全球价值链对中国农业的产业安全比较有利。

表5-12　　　　　对中国农业产业安全影响的调查结果

		频率	百分比	有效百分比	累计百分比
有效	很有利	21	15.6	15.8	15.8
	比较有利	50	37.0	37.6	53.4
	一般	48	35.6	36.1	89.5
	比较不利	14	10.4	10.5	100.0
	合计	133	98.5	100.0	—
缺失	系统	2	1.5	—	—
合计		135	100.0	—	—

(二)对中国制造业的影响

流通业对外直接投资属于典型的贸易服务型投资,而贸易服务型投资和出口具有互补关系。[①] 它不仅对制造业出口有促进作用,也能推动中国制造业参与国际分工。出口网络的扩大对工业上市企业的绿地投资以及跨国并购行为都有显著的正向影响。[②] 从表5-13可见,在流通业对外直接投资对中国制造业的国际分工水平方面,21.1%的调查者表示"很有利",52.6%的调查者认为"比较有利",23.3%的调查者认为"一般",3.0%的调查者认为"比较不利",没有调查者认为"很不利"。即73.7%的调查者认为,中国流通业OFDI嵌入全球价值链对中国制造业的

---

① 田巍、余淼杰:《汇率变化、贸易服务与中国企业对外直接投资》,《世界经济》2017年第11期。

② 李捷瑜、李杰、王兴棠:《出口网络能促进对外直接投资吗——基于中国的理论与经验分析》,《国际贸易问题》2020年第5期。

国际分工水平比较有利。

表5-13　对中国制造业国际分工水平影响的调查结果

		频率	百分比	有效百分比	累计百分比
有效	很有利	28	20.7	21.1	21.1
	比较有利	70	51.9	52.6	73.7
	一般	31	23.0	23.3	97.0
	比较不利	4	3.0	3.0	100.0
	合计	133	98.5	100.0	—
缺失	系统	2	1.5	—	—
合计		135	100.0	—	—

（三）对中国物流业的影响

中国流通业对外直接投资也会带来新的物流需求，比如海外仓的建设等。关于中国流通业对中国物流业集约化发展所产生的影响（见表5-14），29.3%的调查者表示"很有利"，54.9%的调查者认为"比较有利"，14.3%的调查者认为"一般"，1.5%的调查者认为"比较不利"，没有调查者认为"很不利"。即84.2%的调查者认为，中国流通业OFDI嵌入全球价值链对中国物流业的集约化发展比较有利。

表5-14　对中国物流业集约化发展影响的调查结果

		频率	百分比	有效百分比	累计百分比
有效	很有利	39	28.9	29.3	29.3
	比较有利	73	54.1	54.9	84.2
	一般	19	14.1	14.3	98.5
	比较不利	2	1.5	1.5	100.0
	合计	133	98.5	100.0	—
缺失	系统	2	1.5	—	—
合计		135	100.0	—	—

（四）对中国金融业的影响

流通业对外直接投资所引发的资本流动以及释放的金融服务需求，

都要求有相应的金融服务匹配。关于流通业对外直接投资对中国金融业发展的影响（见表5-15），23.3%的调查者表示"很有利"，48.1%的调查者认为"比较有利"，27.8%的调查者认为"一般"，0.8%的调查者认为"比较不利"，没有调查者认为"很不利"。即71.4%的调查者认为，中国流通业OFDI嵌入全球价值链对中国金融业的发展比较有利。

表5-15　　　　　对中国金融业发展产生的影响调查结果

		频率	百分比	有效百分比	累计百分比
有效	很有利	31	23.0	23.3	23.3
	比较有利	64	47.4	48.1	71.4
	一般	37	27.4	27.8	99.2
	比较不利	1	0.7	0.8	100.0
	合计	133	98.5	100.0	—
缺失	系统	2	1.5	—	—
	合计	135	100	—	—

从调查问卷的结果来看，基于全球价值链的中国流通业对外直接投资将对中国农业、制造业、物流业和金融业发展都有利，但是有所差异。相对来说，中国物流业从中受益程度最大，制造业次之，金融业紧随其后，农业则位于最后。

四　GVC视角下中国流通业OFDI效应的模糊数学评价

为了进一步了解全球价值链视角下中国流通业对外直接投资的效应，在调查问卷的基础上，本书采用模糊数学评价法做进一步分析。

（一）模糊数学评价法及其步骤

本部分选用基于模糊数学原理的模糊综合评价法，对中国流通业嵌入全球价值链产生的影响进行评价，公式如下：

$$B = W \cdot R = (W1, W2, \ldots, Wn) \cdot \begin{vmatrix} r11 & r21 & \ldots & rn1 \\ r12 & r22 & \ldots & rn2 \\ \vdots & \vdots & & \vdots \\ r1m & r2m & \ldots & rnm \end{vmatrix}$$

$$= (b1, b2, \ldots, bn)$$

其中，W 为指标权重向量，R 为评价特征矩阵，b_j 由 W 与 R 的第 j 列运算得到，它表示被评价指标对评语集的隶属度。根据计算结果 b_j 的值来分析判断影响因素的重要程度。b_j 值越大，单因素对评语集的隶属度越高，反之则越低。

为了解各指标的影响程度，需要确定合理的指标权重，这里采用主观赋权法。作为专家咨询和主观赋权法的代表方法，层次分析法（Analytic Hierarchy Process，AHP）是比较常见的方法。这种方法在处理目标（多指标）、多方案的优化决策问题时，更具备系统性和简便性。具体来说，模糊数学评价法首先从层次结构模型建立开始，然后构造成对比较矩阵。以 C_i 作为准则层的影响因素，其中，$i = 1, 2, \ldots, n$。成对比较矩阵中 a_{ij} 的取值及其含义，如表 5-16 所示。将同属于一个层次的各个因素进行重要性排序后，就可以做一致性检验。首先应判断矩阵最大特征根，并求出对应特征向量。

表 5-16　　　　　　　　　量化值赋值及其含义

量化值 a_{ij}	量化值 a_{ij} 对应的比较含义
1	元素 i 与元素 j 对上一层次因素的重要性相同
3	元素 i 比元素 j 略重要
5	元素 i 比元素 j 重要
7	元素 i 比元素 j 重要得多
9	元素 i 比元素 j 的极其重要
2, 4, 6, 8	元素 i 与 j 的重要性介于 $a_{ij} = 2n - 1$ 与 $a_{ij} = 2n + 1$ 之间
$1, \frac{1}{2}, \frac{1}{3}, \ldots, \frac{1}{9}$	$a_{ji} = \frac{1}{a_{ij}}$

首先，将矩阵每一列归一化，即 $b_{ij}\% = \dfrac{b_{ij}}{\sum_{i=1}^{n}b_{ij}}$。对按列归一化的矩阵，再按行求和，即 $\bar{W} = (\overline{W_1}, \overline{W_2}, L, \overline{W_n})^T$。然后，将向量归一化，即 $W_i = \dfrac{\overline{W_i}}{\sum_{j=1}^{n}\overline{W_i}}$。在此基础上计算最大特征根，即 $\lambda_{\max} = \sum_{i=1}^{n}\dfrac{(BW)_i}{nW_i}$。

RI 称为平均随机一致性指标，它只与矩阵阶数 n 有关（见表 5-17）。据此可得随机一致性比率 CR，其计算公式为 $CR = \dfrac{CI}{RI}$。指标 CI 通过公式 $CI = \dfrac{\lambda_{\max}(A) - n}{n - 1}$ 计算而来。一般情况下，当 $CR < 0.1$ 时，判定成对比较阵的不一致性程度在容许范围内。

表 5-17　　　　　　　　平均随机一致性 RI 的取值

n	1	2	3	4	5	6	7	8	9	10	11
RI	0	0	0.58	0.90	1.12	1.24	1.32	1.41	1.25	1.49	1.51

最后，计算各指标权重。利用 b_i 相对于 C_k 的权重以及 C_k 相对于总目标的权重，计算出 P_i 对总目标的权重，即得出每个指标的权重，即 $W_i = a_i^* b_{ij}$ （$i = 1, 2, 3, \cdots, m$；$j = 1, 2, 3, \cdots, n$）。

（二）中国流通业 OFDI 嵌入 GVC 产生影响的模糊数学评价

在表 5-18 中，$X_1 - X_9$ 分别表示中国流通业 OFDI 嵌入 GVC 对其自身以及其他产业的影响。

表 5-18　　　　　　　　中国流通业嵌入全球价值链产生的影响

	X_1	X_2	X_3	X_4	X_5	X6	X_7	X_8	X_9
X_1	1	1/3	1/9	2	4	1/5	1/7	1/8	1/6
X_2	3	1	4	6	7	1/4	5	8	3
X_3	9	1/4	1	3	2	1/3	1/6	1/3	1/9
X_4	1/2	1/6	1/3	1	3	1/3	1/4	1/5	1/7

续表

	X_1	X_2	X_3	X_4	X_5	X6	X_7	X_8	X_9
X_5	1/4	1/7	1/2	1/3	1	1/2	1/4	1/7	1/5
X_6	5	4	3	3	2	1	3	3	5
X_7	7	1/5	6	4	4	1/3	1	7	6
X_8	8	1/8	3	5	7	1/3	1/7	1	4
X_9	6	1/3	9	7	5	1/5	1/6	1/4	1

资料来源：调查问卷专家打分。

具体来说，X_1 表示中国流通业嵌入 GVC 对中国流通业竞争力提高的影响，X_2 表示其对逆向技术溢出效应产生的影响，X_3 表示其对中国流通业产业升级的影响，X_4 表示其对流通业国际经营经验的积累的影响，X_5 表示其对流通业跨国管理人才培养的影响，X_6 表示其对中国农业产业安全的影响，X_7 表示其对中国制造业的国际分工水平的影响，X_8 表示其对中国物流业的集约化发展的影响，X_9 表示其对中国金融业发展的影响。

根据判断矩阵得出，X_1，X_2，$\cdots$，X_9 对 C_1 的重要性权重向量为 $W_1 = (0.0419, 0.1932, 0.0840, 0.0307, 0.0172, 0.1504, 0.1843, 0.1483, 0.1501)$。其中，$CI = 0.0983$，$RI = 1.46$，$CR = 0.0673 < 1$，矩阵符合一致性要求。接下来，构建评语集 V =（很有利，比较有利，一般，比较不利，很不利）。

根据上述指标的隶属度情况和指标评价的数理数据，可得出以下模糊评价矩阵 R_1：

$$R_1 = \begin{pmatrix} 0.4061 & 0.5262 & 0.0512 & 0.0085 & 0.0080 \\ 0.1882 & 0.5564 & 0.2406 & 0.0147 & 0.0000 \\ 0.4141 & 0.4192 & 0.0838 & 0.0794 & 0.0035 \\ 0.5045 & 0.4036 & 0.0752 & 0.0079 & 0.0088 \\ 0.5191 & 0.3658 & 0.1054 & 0.0096 & 0.0000 \\ 0.1589 & 0.3648 & 0.3606 & 0.1061 & 0.0096 \\ 0.2111 & 0.5249 & 0.2335 & 0.0305 & 0.0000 \\ 0.2934 & 0.5393 & 0.1436 & 0.0159 & 0.0078 \\ 0.2335 & 0.4813 & 0.2613 & 0.0070 & 0.0169 \end{pmatrix}$$

故 $B_1 = W_1 \times R_1 =$ (0.2539, 0.4873, 0.2176, 0.0352, 0.0060), 即隶属度为"比较有利"的比重比较大, 另外得出各指标的综合得分, 如表5-19所示。依据模糊综合评判指标, 结合设定的五个级别评语, 判断中国流通业嵌入全球价值链产生影响的隶属度情况。由表5-19可以看出, 根据最大隶属度原则说明, 综合得分分数较高的分别为0.83、0.79和0.71。也就是说, 中国流通业嵌入全球价值链对流通业跨国管理人才的培养、对流通业国际经营经验的积累以及对中国流通业竞争力的提高的影响最大。换句话说, 中国流通业对外直接投资目前对流通业的产业内溢出效应要强于产业间溢出效应。

表5-19　　　　　　　　细分指标具体得分情况

指标因素	得分情况
对中国流通业竞争力的提高	0.71
对逆向技术溢出效应的产生	0.51
对中国流通业的产业升级	0.66
对流通业国际经营经验的积累	0.79
对流通业跨国管理人才的培养	0.83
对中国农业的产业安全	0.37
对中国制造业的国际分工水平	0.65
对中国物流业的集约化发展	0.62
对中国金融业的发展	0.62

第三节　中国流通业 OFDI 与 GVC 构建：以跨境电商为例

电子商务作为新的驱动力, 正对全球价值链发挥重构作用。跨境电商的兴起就是其中一例。2015年, 美国发布了跨境电子商务发展十年规划, 指出到2025年美国要实现跨境电子商务占其国际贸易70%的目标。

中国高度重视跨境电商的发展。自2014年以来, 随着中国居民消费需求结构的调整, 顺应消费升级趋势, 中国海关频繁出台新的贸易监管方式, 明确监管与税收政策, 推动海外代购向 B2C 跨境电商发展。2015年6月, 国务院办公厅正式发布了《关于促进跨境电子商务健康快速发展的指导意见》(国办发〔2015〕46号)。2015年,随着广州、深圳、天津、福州、平潭的加入,全国跨境电商试点城市从2013年的5个增加到10个。2016年4月,《关于跨境电子商务零售进口税收政策的通知》(财关税〔2016〕18号)出台。2019年1月1日,《中华人民共和国电子商务法》开始实行。这些政策的出台,为跨境电商创造了良好的外部环境。跨境电商在推动中国进出口贸易的同时,也在开展海外投资活动,为全球价值链的构建打基础。

一 中国跨境电商海外投资与区域价值链构建

对中国跨境电商企业来说,区域价值链的构建是至关重要的一环。比如京东的海外投资,就是围绕区域价值链构建展开的具体行动。

京东是目前中国最大的自营式电商企业,也是中国在全球零售250强中排名最靠前的企业。《全球零售力量(2020)》显示,2018财年,京东位列全球零售250强第15位;2013—2018财年,零售额的复合年均增长率为44.1%,在全球增长最快的零售商中京东排名第四。[1]

京东的快速发展与京东自身发展战略密切相关。继2014年京东在美国上市后,京东对外直接投资步伐也随之加快。东南亚国家尤其是东盟国家是京东海外投资的主要目标市场。京东海外投资的第一站就是从印度尼西亚开始的,进而向泰国、越南等周边国家拓展。

以人口总数来衡量市场规模,印度尼西亚(以下简称"印尼")的人口为2.64亿人,占东盟十国总人口的52%。京东通过与印尼当地最大的投资公司Provident Capital合资成立电商网站——京东印尼站JD.ID,进入印尼市场。2016年3月,京东印尼站正式运营。京东印尼站商品已发展到19个品类、127个子品类,涵盖3C、家电、时尚、奢侈品等,SKU超过35万,服务超过2000万用户,为印尼本地人才创造了超过1400个就业职位。[2]

---

[1] 《德勤咨询:2020全球零售力量》,2020年2月15日,199IT中文互联网数据资讯网,http://www.199it.com/archives/1006917.html。

[2] 《京东在印尼复制中国模式 攻克"万岛之国"物流》,2018年3月30日,百度网,http://baijiahao.baidu.com/s?id=1596323735110869996&wfr=spider&for=pc。

在印度尼西亚市场发展良好的基础上,京东开始对东南亚其他国家比如泰国和越南进行投资。为了提升购物体验,京东计划选择泰国作为东南亚的业务中心,在当地建立智慧物流中心,投资仓储基地建设和运营。这些都将为京东的区域价值链构建奠定基础。

二 中国跨境电商海外投资与中国进口需求满足

随着中国政策环境的改进,中国跨境电商尤其是跨境进口电商零售交易规模迅速扩张(见图5-3)。中国跨境进口零售电商交易规模从2008年的41.7亿元增加到2015年的2063.8亿元。

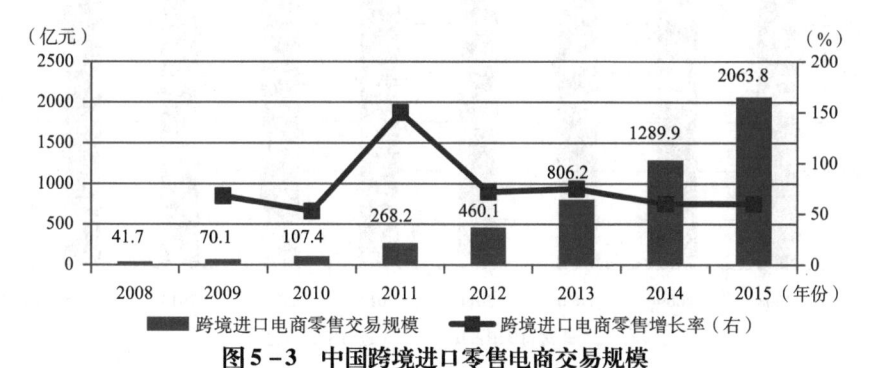

图5-3 中国跨境进口零售电商交易规模

资料来源:《易观国际:2015—2016年京东全球购消费白皮书》,2016年4月14日,199IT中文互联网数据资讯网,http://www.199it.com/archives/461947.html。

在规模庞大的跨境进口电商交易规模中,尽管B2B仍旧占据主导地位,但以京东全球购、唯品会全球特卖等为代表的自营综合跨境电商市场格局业已形成。在中国跨境进口电商中,B2C占比逐年增长,从2008年的13.8%迅速提升到2015年的31.3%(见图5-4)。中国跨境电商零售进口渗透率从2014年的1.6%迅速增加到2017年的10.2%。[①]

作为中国进口跨境电商中平台+自营类的主导企业,京东依托海外投资形成的网络组织货源,通过国内庞大的分销网络进行销售,满足消

---

① 中国跨境电商进口渗透率用跨境电商购买进口商品的人数占网购消费者人数的比率定义。资料来源:《2018年中国进口消费市场研究报告》,2019年7月5日,电子商务研究中心,https://maimai.cn/article/detail?fid=1284666985&efid=VHKZUqz_sIh_bS2nqgNjzw。

费转型升级时期的国内消费需求。2020 年上半年，在中国进口跨境电商零售 B2C 市场中，京东国际实现的零售额占比为 17.8%，仅次于天猫国际＋考拉海购。

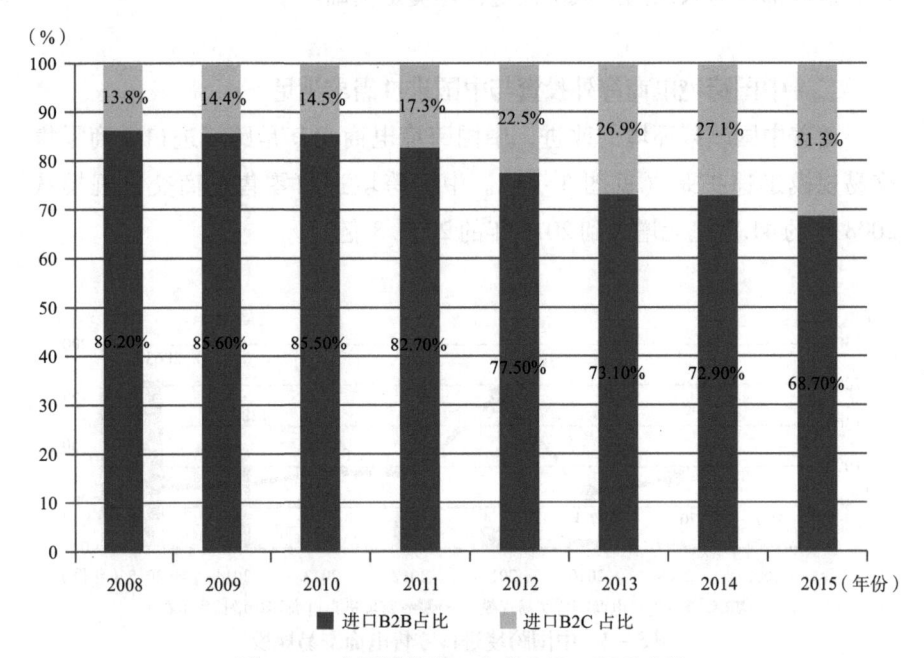

图 5-4　中国跨境进口电商 B2B、B2C 占比

资料来源：《易观国际：2015—2016 年京东全球购消费白皮书》，2016 年 4 月 14 日，199IT 中文互联网数据资讯网，http://www.199it.com/archives/461947.html。

三　中国跨境电商 OFDI 与中国制造业国际市场开拓

从全球范围来看，跨境电商的发展，不仅可以满足中国国内市场消费需求，同时也可以推动中国产品的出口，尤其是中国制造业的国际市场开拓。

从 2018 年跨境电商数据来看，在跨境出口电商行业中，仅从年销售额来看，中小型卖家占据主导地位。若从地域来看，跨境出口电商主要集中在广东省、浙江省和福建省。2018 年，中国出口跨境电商交易规模为 7.9 万亿元，其中广东省占比高达 56.99%，主导地位明显。

（一）跨境电商出口指数与中国制造业出口扩张

阿里巴巴研究院根据阿里巴巴涉及的 B2B 出口、B2C 出口和 B2C 进

第五章 中国流通业 OFDI 对 GVC 地位的作用机理与效应 / 159

口的跨境电子商务大数据,编制了中国与主要经济体跨境电商连接指数（E-Commerce Connectivity Index between China and Major Economies）,简称 ECI 指数。①

从表 5–20 中可以看出,在 G20 国家中,美国是 ECI 跨境电商指数最高的国家,为 82 分,美国的 ECI 出口指数、ECI 进口指数也都排在首位。

表 5–20　　　　二十国集团中主要国家跨境电商连接指数

	ECI 进口指数	ECI 出口指数	ECI 跨境电商连接指数
美国	45	37	82
英国	35	30	65
澳大利亚	30	25	55
法国	32	22	54
意大利	27	18	45
日本	39	5	44
加拿大	7	35	42
德国	23	16	39
韩国	25	7	32
俄罗斯	1	31	32
印度	1	30	31
土耳其	1	28	29
巴西	1	22	23
南非	1	22	23
墨西哥	0	13	13
印度尼西亚	1	12	13
阿根廷	0	11	11
沙特阿拉伯	0	3	3

资料来源:《贸易的未来:跨境电商连接世界 2016 中国跨境电商发展报告》,2016 年 9 月 1 日,阿里研究院,http://www.aliresearch.com/ch/information/informationdetails?articleCode=210-54&type=%E6%96%B0%E9%97%BB。

---

① 具体说来,ECI 指数包括出口指数和进口指数两个部分。ECI 出口指数越高,则表明这个国家购买"中国制造"的商品越多;ECI 进口指数越高,则表示中国消费者购买该国的商品越多。

在共建"一带一路"的65个国家和地区中（见表5-21），俄罗斯的ECI指数得分最高，为29.9分，其ECI出口指数达到29分。虽然ECI指数主要来自阿里巴巴的交易数据，但从中依旧可以看出电子商务发展对中国产品出口尤其是工业制成品出口的促进作用。

表5-21 共建"一带一路"国家和地区2016年ECI跨境电商连接指数得分

排序	国家/地区	ECI出口指数	ECI进口指数	ECI总指数	排序	国家/地区	ECI出口指数	ECI进口指数	ECI总指数
1	俄罗斯	29	0.9	29.9	12	沙特阿拉伯	5.7	0	5.7
2	以色列	10.9	2.8	13.7	13	拉脱维亚	5.1	0.2	5.3
3	泰国	4.6	6.9	11.5	14	斯洛伐克	5.2	0	5.2
4	乌克兰	10.3	0	10.3	15	保加利亚	4.7	0.4	5.0
5	波兰	8.4	0.7	9.1	16	罗马尼亚	4.2	0.6	4.8
6	捷克	6.8	1.1	7.9	17	立陶宛	4.7	0.1	4.8
7	摩尔多瓦	7.	0	7.8	18	马来西亚	2.9	1.8	4.7
8	土耳其	7.4	0.2	7.7	19	印度	4.4	0.2	4.7
9	白俄罗斯	7.0	0	7.1	20	印度尼西亚	3.9	0.7	4.6
10	新加坡	4.0	2.3	6.4	21	哈萨克斯坦	4.6	0	4.6
11	匈牙利	5.1	0.8	5.9	22	爱沙尼亚	4.2	0	4.2
23	不丹	4.2	0	4.2	45	乌兹别克斯坦	1.6	0	1.6
24	希腊	2.9	1.2	4.1	46	格鲁吉亚	1.6	0	1.6
25	黎巴嫩	3.4	0	3.4	47	文莱	1.4	0	1.4
26	塞尔维亚	3.4	0	3.4	48	柬埔寨	1.3	0	1.3
27	亚美尼亚	3.3	0	3.3	49	约旦	1.3	0	1.3
28	马其顿	3.2	0.1	3.3	50	埃及	1.3	0	1.3
29	斯洛文尼亚	3.1	0.2	3.3	51	伊拉克	1.1	0	1.1
30	阿联酋	3.1	0.1	3.2	52	土库曼斯坦	1.0	0	1.0
31	塞浦路斯	2.2	0.7	2.9	53	孟加拉国	0.9	0	0.9
32	菲律宾	2.5	0.3	2.8	54	吉尔吉斯斯坦	0.9	0	0.9
33	马尔代夫	2.7	0	2.7	55	波黑	0.8	0	0.8
34	克罗地亚	2.7	0	2.7	56	缅甸	0.6	0.1	0.7
35	科威特	2.7	0	2.7	57	老挝	0.5	0.1	0.6
36	阿曼	2.6	0	2.6	58	蒙古国	0.5	0	0.5

续表

排序	国家/地区	ECI出口指数	ECI进口指数	ECI总指数	排序	国家/地区	ECI出口指数	ECI进口指数	ECI总指数
37	阿塞拜疆	2.6	0	2.6	59	塔吉克斯坦	0.5	0	0.5
38	卡塔尔	2.5	0	2.5	60	巴勒斯坦	0.3	0	0.3
39	巴基斯坦	2.3	0.1	2.4	61	尼泊尔	0.3	0	0.3
40	阿尔巴尼亚	2.4	0	2.4	62	阿富汗	0.2	0.1	0.3
41	巴林	2.2	0	2.2	63	也门	0.2	0	0.2
42	黑山	2.1	0	2.1	64	叙利亚	0	0.1	0.1
43	越南	1.6	0.4	2.0	65	伊朗	0	0.1	0.1
44	斯里兰卡	1.7	0.2	2.0	—	—	—	—	—

资料来源：《eWTP 助力"一带一路"建设——阿里巴巴经济体的实践》，2017 年 4 月 21 日，阿里研究院，http://www.aliresearch.com/blog/article/detail/id/21305.html。

（二）中国跨境电商海外投资与制造业流通渠道多元化

如同 ECI 出口指数可以用来说明中国电子商务企业对出口的促进作用，流通企业通过对外直接投资也可以促进中国工业制成品的出口扩张。

中国制造企业既可以通过出口的方式拓展国际市场，也可以通过对外投资的方式在目标国生产并且在目标国就地销售。此时，如果目标国能有来自中国的流通企业的对外投资，在海外生产的中国制造企业就可以依托中国的流通企业提供的流通渠道，实现在东道国生产并且就地销售。小米智能手机在印度尼西亚的市场扩张，获得了京东商城海外渠道的支持就是其中一例。

在京东进入印度尼西亚之前，小米在印度尼西亚的销售主要通过印度尼西亚的本地零售商来实现。京东在印度尼西亚的投资，为小米手机在印度尼西亚市场的流通渠道提供了新的选择。

2017 年 11 月，小米在印尼本地生产红米 Note 5A，则交由京东商城在线上独家首发，这标志着中国两大科技公司在海外的首次合作。通过与印度本土零售商、中国电商平台的合作，小米手机在印度尼西亚的销售量迅速增长。2018 年第二季度印尼智能手机市场中，小米的市场份额达到 22%，而在 2017 年第二季度只有 2%。可见，仅一年的时间，小米的市场份额得到了显著提升。① 从京东商城海外直接投资与小米手机分销合作的案例中可以看到，流通业对外直接投资不仅有助于流通产业自身的发展，对中国制造业国际市场扩张尤其是流通渠道的多元化供给也有促进作用。

四　中国跨境电商 OFDI 与其他行业发展

（一）中国跨境电商对外投资与物流业发展

流通业对外直接投资的顺利开展，也能带动与流通行业密切相关的其他行业的发展，比如物流业。随着跨境电子商务的兴起，跨境物流服务的需求日益增长。作为国际物流的重要形式之一，海外仓正成为跨境电子商务关注的热点领域。在海外仓储物流方面，中邮海外仓目前已经开办美国仓、澳大利亚仓、德国仓和英国仓，顺丰已经在东欧、德国、美国、俄罗斯等建立了相应的海外仓。

京东在全球范围内建立超过 110 个海外仓，覆盖欧洲、南非、东南亚、中南美洲、北美洲、日韩等货源地。比如，京东在印度尼西亚的物流业务就是其中一例。依托在中国内地市场物流领域多年的服务经验，为了确保用户体验，京东在印度尼西亚 17000 多个分散的岛屿中相对比较大的岛上都设有仓库。其中，雅加达有三个仓库，仓储、物流、配送整个线条京东都会把控。京东在雅加达地区，已经实现当日下单次日达。雅加达占京东在印尼销售订单量的 80%，其他地方会少一点。外岛基本上 2—3 天可以到货。

京东在印度尼西亚的物流体系构建，既为中国物流企业探索在不同地理条件、不同文化氛围的国家进行物流基础设施建设提供了经验，也为中国物流企业的技术、管理等创新以及物流服务的完善提供了市场空间。

（二）跨境电商海外投资与人民币国际化推进

随着人民币跨境结算系统的出现，人民币国际化进程在加快。但是和美元、欧元等相比，人民币的国际货币作用有待进一步提升。人民币

---

① 《中国手机占据印尼半壁江山 小米逼近龙头三星》，2018 年 8 月 30 日，腾讯科技，http://tech.qq.com/a/20180820/037530.htm。

要发挥国际货币作用,必须以一个接受它的自由、高效的广阔市场为前提。[①] 随着流通媒介全球生产和消费能力的提升,流通业尤其是跨境电商的海外投资正通过区域价值链构建的方式,为人民币国际化创造更多的支付场景。这些环境的创造,逐步让国外的市场参与者发现了使用人民币的需求和好处。[②]

随着"一带一路"倡议的落实,在中国本土成长起来的微信支付、支付宝等移动支付手段,正相继进入国际市场。从长远来看,流通业尤其是跨境电商对外直接投资,有利于推动人民币的国际化进程。

[①] [美]保罗·沃尔克、[日]行天丰雄:《时运变迁:世界货币、美国地位与人民币的未来》,于杰译,中信出版社2016年版,第420页。

[②] [美]保罗·沃尔克、[日]行天丰雄:《时运变迁:世界货币、美国地位与人民币的未来》,于杰译,中信出版社2016年版,第419页。

第六章

基于 GVC 的中国流通业 OFDI 区位选择与优化

对外直接投资是中国流通业嵌入全球价值链的重要方式,更是中国流通业参与全球价值链治理的重要途径。无论从中国流通业对外直接投资的国际、国内背景,还是中国流通业对外直接投资正在产生或者将会产生的效应来看,中国流通业都有必要继续扩大对外直接投资规模、提升对外直接投资质量。

与美国不同的是,中国对外直接投资的高速增长发生于全球价值链重构过程中。[①] 中国流通业"走出去"时,不能只从产业自身的角度尤其是企业自身的角度考虑投资布局,更要从国家战略的角度、配合其他产业尤其是制造业"走出去"的角度进行全局分析。中国流通业对外直接投资要通过与中国其他产业相互协作的方式,要以加强国内生产和增强国内企业竞争力为主要目的,[②] 有针对性地选择海外投资目标市场,为推动中国产业塑造国际竞争力、攀升全球价值链的高端环节奠定基础。

从全球价值链视角出发,中国流通业对外直接投资首先需要解决的问题就是究竟到哪里去投资,接下来才是投资多少、怎么投资等一系列问题。为了回答这些问题,本章将影响中国流通业对外直接投资区位选择的因素分为母国因素和东道国因素。在母国因素中,又分别从中国流

---

① 桑百川:《防范对外直接投资高速增长的宏观经济风险》,《国际经济评论》2016 年第 4 期。

② 王碧珺:《被误读的官方数据——揭示真实的中国对外直接投资模式》,《国际经济评论》2013 年第 1 期。

通企业自身因素和中国国家因素两个层面,讨论它们各自对中国流通企业海外直接投资区位选择的影响。在东道国因素分析中,笔者根据文献研究以及自身的思考,设计包含18个细分指标的东道国因素并进行问卷调查。根据问卷调查的结果,分析全球价值链视角下中国流通业对外直接投资的目标国选择倾向,提出中国流通业对外直接投资区位优化的具体策略。

第一节 GVC下中国流通业OFDI区位选择:母国因素

从已有研究来看,中国流通业OFDI区位选择的母国因素主要涉及两个方面。其一是这些流通企业自身状况对中国流通业海外投资区位选择的影响,其二是中国国内因素对中国流通业海外投资区位选择的影响。

一 中国流通企业自身因素与其海外直接投资区位

(一)中国流通企业生产率与对外直接投资区位

对外直接投资是国际贸易学研究的话题之一。关于对外直接投资的讨论,最初主要着眼于为什么会发生对外直接投资,接下来则围绕应该在什么地方进行直接投资展开。在新新贸易理论出现之前,原有的国际贸易理论无法有效解释为什么全球大规模对外直接投资活动会开展。

随着企业异质性理论的出现,[①] 国际贸易理论突破了生产企业同质性的假设,引入了企业异质性对国际贸易现象进行探讨。借助企业异质性理论,针对企业进入国际市场的方式进行研究,指出企业究竟是选择对外直接投资还是出口,或者仅在其母国所在国内市场经营,这些选择的做出均与企业的生产率相关。[②] 也就是说,生产率最高的企业在面对与外商直接投资相关的更高成本时,仍旧有利可图;生产率次之的企业通过

[①] Marc J. Melitz, "The Impact of Trade on Intra-Industry Reallocations and Aggregate Industry Productivity", *Econometrica*, Vol. 71, No. 6, 2003, pp. 1695–1725.

[②] Elhanan Helpman, Marc J. Melitz, Stephen R. Yeapl, "Export versus FDI with Heterogeneous Firms", *American Economic Review*, Vol. 94, No. 1, 2004, pp. 300–316.

出口进而服务于外国市场是有利可图的；对于那些生产率最低的企业，则只具备为国内市场服务的能力。该观点获得了实证支持。[1] 具体来说，当企业的效率较高时，企业选择针对东道国市场开展直接投资。反之，当企业的效率较低时，企业则选择向东道国市场出口。[2] 值得说明的是，这些研究均以跨国企业对外直接投资与出口存在相互替代关系作为基本假设。然而在现实中，比如在欧洲国家，对外直接投资和出口两者之间并非替代关系，而是互补关系。也就是说，企业可以同时使用这两个战略，两者不是非此即彼的关系。[3]

关于企业海外投资区位的选择，已有研究指出，这与母国企业生产率相关。产出效率高的企业，往往会选择发达经济体；而产出效率低的企业，则会选择欠发达经济体。[4] 随着母国企业生产率上升，企业将显著提高其对发达国家投资的可能性，显著降低对发展中国家投资的可能性。[5]

（二）中国流通企业所有制与对外直接投资区位

从国内外研究来看，除了母国企业生产率差异可以用来解释企业 OFDI 的区位选择，企业所有制也是一个重要的影响因素，这对中国企业来说尤为如此。目前，中国流通业 OFDI 的企业主要来自浙江。在已经开展 OFDI 的企业中，又以非国有企业为主。比如，浙江省 OFDI 企业 90% 以上是非国有企业。

国有企业与非国有企业在投资目标国选择上有所差异。从中国市值最大的 200 家公司 2009—2014 年的海外投资来看，国有企业将资本更多

---

[1] Sourafel Girma, Richard Kneller, Mauro Pisu, "Exports versus FDI: An Empirical Test", *Review of World Economics/Weltwirtschaftliches Archiv*, Vol. 141, No. 2, 2005, pp. 193 – 218.

[2] Seiichi Katayama, Sajal Lahiri, Eiichi Tomiura, "Cost Heterogeneity and the Destination of Japanese Foreign Direct Investment: A theoretical and empirical analysis", *Japan and the World Economy*, Vol. 23, No. 3, 2011, pp. 170 – 177.

[3] Harald Oberhofer, Michael Pfaffermayr, "FDI versus Exports: Multiple Host Countries and Empirical Evidence", *World Economy*, Vol. 35, No. 3, March 2012, p. 316 – 330.

[4] 王莉娟、王必锋:《基于 HMC-FMEC 模型的中国 OFDI 区位选择机制研究》,《统计与决策》2016 年第 20 期。

[5] 苏小莉、孙玉琴:《中国异质性企业 OFDI 区位选择的实证分析——基于东道国技术限制角度》,《经济与管理》2017 年第 3 期。

地投放在自然资源丰富的国家，中国私有企业倾向于在市场规模庞大、拥有一定的技术资源的国家进行投资。① 在流通业 OFDI 的主要来源地——浙江省，研究发现优势拓展是温州民营企业 OFDI 区位选择的主要因素。②

为什么企业所有制不同，会诱发中国流通企业 OFDI 区位选择的差异？进一步研究发现，这是因为企业所有制不同，企业面临的融资约束存在差异。实际上，无论是国有还是非国有企业，都面临融资约束，但是融资难易程度存在差异。总体来说，企业如果能与主要银行保持长期关系，该关系将有助于企业的 OFDI。③ 融资约束的存在，会影响一个企业对外直接投资的区位选择。以浙江省为例，往往融资约束较高的企业会选高汇率风险的东道国；而融资约束较低的企业，则选择低汇率风险的东道国。④

（三）中国流通企业的竞争优势与对外直接投资区位

中国流通企业 OFDI 区位选择也受到中国流通企业自身的竞争优势的影响。企业的竞争优势是有效整合国家环境和企业战略的结果。⑤ 对于流通企业来说，这也不例外。

在中国国内消费需求分化的大背景下，中国消费市场呈现的多元化、个性化等特征，可能会协助中国流通企业形成国际竞争优势。比如，在网络零售中就是如此。阿里巴巴、京东、拼多多都诞生于中国市场，并且形成了各自的比较优势。但是，这些企业能否重新定义其自身与国内优质供应商之间的关系，是否具备接触世界顶级供应商的能力，是否能

---

① 单娟、吴珂珂、董国位：《中国企业 OFDI 区位选择的决定因素——基于国有企业和私有企业差异的视角》，《华东经济管理》2016 年第 1 期。

② 王钢、张朝国：《中国民营企业对外直接投资区位选择研究——以温州民营企业为例》，《世界地理研究》2013 年第 2 期。

③ Riccardo De Bonis, Giovanni Ferri, Zeno Rotondi, "Do Firm-Bank Relationships Affect Firms' Internationalization?", *International Economics*, Vol. 142, August 2015, pp. 60–80. 注意，该文利用的是 1998—2003 年意大利制造业的数据，经过研究后发现，制造业与主要银行的长期关系有助于企业的外商直接投资，但不影响企业出口。

④ 余官胜：《融资约束、东道国汇率风险与企业对外直接投资区位选择——基于浙江省微观企业层面数据的实证研究》，《浙江工商大学学报》2017 年第 6 期。

⑤ ［美］迈克尔·波特：《国家竞争优势》，李明轩、邱如美译，华夏出版社 2002 年版，第 563 页。

获取海外客户进而形成产业集群，打造产业的竞争优势，这些都将对中国流通企业的 OFDI 区位选择产生影响。对于中国流通企业来说，竞争优势都是由企业最根本的创新而来，无论是商业模式创新，还是新的零售技术的运用，这些都成为创新的源泉。中国流通企业如能顺利地把自身优势与其国际化战略进行结合，这些企业的 OFDI 区位选择空间就越大；相反，OFDI 区位选择空间就越受限。

二　中国国家发展战略与中国流通业 OFDI 区位选择

母国是企业在技术和方法上快速创新的动力来源，也是指引企业往适当方向发展的神经中枢。[①] 对于参加对外直接投资的中国流通企业来说，其海外投资的区位选择与中国的国家发展战略之间具有密切关系。

（一）国家特定优势与中国流通业 OFDI 区位选择

中国 OFDI 的区位选择受"利用两种资源、开拓两个市场"的国家特定优势的影响，表现为中国 OFDI 对资源禀赋丰裕的国家的偏好。这里的资源并不仅限于自然资源，也包括廉价劳动力和战略资产。[②] 换言之，发达经济体的市场规模和技术禀赋、发展中经济体的市场规模和资源禀赋，都对中国 OFDI 区位选择产生吸引力。[③] 不仅如此，2013 年由中国提出的"一带一路"倡议对中国企业 OFDI 区位选择也产生了影响，它显著地促进了中国对共建"一带一路"国家的直接投资。[④]

（二）双边投资协定与中国流通业 OFDI 区位选择

中国签署的双边投资协定（Bilateral Investment Treaty，BIT）对中国 OFDI 具有积极影响。[⑤] BIT 的签署对中国 OFDI 区位选择的影响，主要是

[①] ［美］迈克尔·波特：《国家竞争优势》，李明轩、邱如美译，华夏出版社 2002 年版，第 563 页。

[②] 肖文、周君芝：《国家特定优势下的中国 OFDI 区位选择偏好——基于企业投资动机和能力的实证检验》，《浙江大学学报》（人文社会科学版）2014 年第 1 期。

[③] 梁文化：《中国 OFDI 区位选择决定因素研究——基于 2003—2014 年 28 个经济体面板数据》，《贵州财经大学学报》2017 年第 2 期。

[④] 王培志、潘辛毅、张舒悦：《制度因素、双边投资协定与中国对外直接投资区位选择——基于"一带一路"沿线国家面板数据》，《经济与管理评论》2018 年第 1 期。

[⑤] 易波、李玉洁：《双边投资协定和中国对外直接投资区位选择》，《统计与决策》2012 年第 4 期。

通过保障中国流通企业海外投资安全、减少投资顾虑来实现的。BIT 的签订不仅有利于促进中国 OFDI 规模的增长,[①] 而且显著促进了中国对共建"一带一路"制度较差国家的直接投资。[②] 针对 2005—2016 年中国海外投资的研究发现,双边投资协定能够促进中国企业对缔约国的投资,但是这种促进作用与企业的所有制结构有关。具体来说,双边投资协定能够促进国有企业的海外投资,对非国有企业的投资几乎不存在促进作用。[③] 总体来说,中国 OFDI 区位分布具有强烈的制度风险规避动机,[④] 这在 2007 年以后表现尤为突出。[⑤] 因此,在分析中国流通业 OFDI 时,双边投资协定是必须考虑在内的因素。

第二节 GVC 视角下中国流通业 OFDI 区位选择:东道国因素

本节将重点从东道国视角出发,研究 GVC 视角下中国流通业区位选择的影响因素。

一 GVC 视角下中国流通业 OFDI 区位选择:东道国因素

随着全球经济格局的调整,流通业 OFDI 的空间格局也随之发生变动。作为参与对外直接投资的主力军之一,中国流通业在现有的存量基础上,进一步扩大对外直接投资。首先需要解决的问题是,新增的投资是在原有的目标国市场,还是在新开辟的目标国家。对这个问题的回答,

---

① 贾玉成、张诚:《双边投资协定(BIT)对中国 OFDI 区位选择的影响》,《河北大学学报》(哲学社会科学版)2016 年第 2 期。

② 王培志、潘辛毅、张舒悦:《制度因素、双边投资协定与中国对外直接投资区位选择——基于"一带一路"沿线国家面板数据》,《经济与管理评论》2018 年第 1 期。

③ Jinjing Zhao, Jongchul Lee, "Enterprises Heterogeneity, Bilateral Investment Treaty (BIT) and the Determinants of Chinese Firms' Outward Foreign Direct Investment (OFDI)", *Journal of International Trade & Commerce*, Vol. 15, No. 1, 2019, pp. 97–118.

④ 杨娇辉、王伟、王曦:《我国对外直接投资区位分布的风险偏好:悖论还是假象》,《国际贸易问题》2015 年第 5 期。

⑤ 杨娇辉、王伟、谭娜:《破解中国对外直接投资区位 分布的"制度风险偏好"之谜》,《世界经济》2016 年第 11 期。

就牵涉中国流通业对外直接投资区位的选择。

中国零售企业应考虑马来西亚、新加坡、韩国、泰国等周边国家，将这些国家作为对外直接投资目标国，[1] 提倡就近原则、渐进原则。[2] 还有的学者则指出，中国零售企业应选择心理距离小或开放程度高或零售业成熟度低的区位进行扩张。[3] 由此可见，中国流通业对外直接投资的区位选择，在学界并没有达成一致。实际上，这些问题的核心就是中国流通业资本究竟应该选择哪些国家（地区）作为东道国。凡是对外直接投资，项目都必须落地。具体到什么样的国家投资，这就需要对影响中国流通业 OFDI 区位选择的东道国影响因素进行综合考虑。

（一）中国流通业 OFDI 区位选择的东道国影响因素设计原则

在中国对外直接投资区位选择影响因素研究成果的基础上，重点从东道国角度出发，将流通业自身的产业特点纳入进来，从全球价值链视角着手，设计影响中国流通业对外直接投资的东道国影响因素指标，进行问卷调查。

（二）中国流通业 OFDI 区位选择的东道国影响因素设计的细分指标

1. 东道国的经济发展水平

对于中国来说，目标国的 GDP、人均 GDP 以及贸易开放度等都会对中国 OFDI 产生影响。[4] 从中国 FDI 目的地来看，东道国经济体的 GDP 对于流向它的 FDI 流量及其 FDI 存量有正向作用。[5] 欧美等发达国家流通业对外直接投资的经验表明，目标市场的经济发展水平尤其是潜力是不可忽视的重要决策变量。因此，东道国的经济发展水平是中国流通业 OFDI

---

[1] 蔡荣生、王勇：《大型零售企业的初始国际化决策研究——关于大型零售企业初始国际化的时间及其市场和方式选择的实证分析》，《中国软科学》2009 年第 1 期。

[2] 黄漫宇：《FDI 对中国流通产业安全的影响及对策分析》，《宏观经济研究》2011 年第 6 期。

[3] 毕克贵：《我国零售企业国际化经营：特殊意义背景下的必要性与可行性分析》，《宏观经济研究》2013 年第 11 期。

[4] Tuong Anh et al., "Chinese Outward Foreign Direct Investment: Is ASEAN a New Destination?", Academic Cooperation Project Working Paper Series, June 2016, https://ssrn.com/abstract=2794842.

[5] [美] 罗伯特·芬斯特拉、魏尚进主编：《全球贸易中的中国角色》，鞠建东、余淼杰主译，北京大学出版社 2013 年版，第 490 页。

首先需要考虑的重要因素。

中国流通业对外直接投资正处于起步阶段，在海外市场的选择中需要考虑东道国的经济发展水平。这个经济发展水平不仅牵涉目标国的经济发展总量，也要考虑这个国家的人均国民收入尤其是消费结构。这在江苏省流通业 OFDI 中已经得到检验。批发零售是江苏省 OFDI 的主要行业，在江苏省服务 OFDI 中常年保持排名第一。2007—2012 年，江苏省针对全球 22 个国家（地区）在服务行业开展 OFDI。东道国居民消费、信息与通信产品占东道国进口的比重、劳动力参与率等，对 OFDI 区位选择具有显著的正向影响。[①]

2. 东道国的流通业发展水平

东道国的流通业发展水平主要考虑批发零售业在该国宏观经济中的地位、业态创新水平以及市场结构。

从宏观层面考虑，流通业发展水平具体包括批发零售业的增加值及其在东道国国内生产总值中所占的比重，也包括流通业对东道国就业和税收的贡献，还包括流通业对东道国其他产业的支撑或者引领作用。从横向比较的角度来看，分析流通业发展水平可以参考该国在德勤推出的《全球零售力量》（"Global Powers of Retailing"）中发布的全球零售 250 强的上榜企业数量及这些企业的销售总额，同时分别计算上榜企业数量和零售额占全球零售 250 强的比重。

东道国流通业的市场结构也是衡量该国流通业发展水平的重要指标。其一要摸清东道国市场上参与竞争的企业的来源国构成、业态构成以及其对全球价值链的掌控能力。其二要了解东道国市场上不同流通业态的市场集中度。在数字贸易发展日益迅猛的今天，中国流通业更要关注类似亚马逊的大型电商企业、类似沃尔玛的全球价值链掌控型国际零售商在目标国市场的运营战略等相关情况。

3. 东道国其他产业的发展水平

流通业无论批发还是零售都属于服务业，加上流通业自身媒介生产和消费的重要功能，流通业对外投资不能只分析东道国流通业自身的发

[①] 戴竹青、蔡冬青：《江苏省服务业 OFDI 区位选择的影响因素研究》，《商业经济研究》2015 年第 31 期。

展水平，也要考虑东道国其他产业的发展水平，比如产业集聚。以2001—2014年中国在美国的783起投资为例，中国对美投资既受东道国产业集聚的影响，也受母国所有企业集聚、母国同行业集聚和母国其他行业集聚的影响，其中同行业集聚的影响更显著。①

对于中国流通业来说，东道国的农业、制造业以及其他服务业发展水平都是要考虑的因素。关于东道国其他产业的发展水平，中国流通业可以借助东道国国家的国民生产总值构成、从业人员分布，以及该国的基础设施、参与国际贸易的情况等多个指标，进行综合考察。比如，对于流通业来说，东道国的物流业、金融业的基础设施、从业人员素质与数量、支付工具与支付习惯等都是需要考虑的因素。

4. 东道国的人口规模与结构

流通业的发展到最后都离不开人的发展。所谓人的发展，主要包括两个方面，一个方面是作为生产者，另一个方面是作为消费者。如果从生产者的角度看，中国流通业对外直接投资需要相关从业人员，东道国是否有流通领域需要的人才储备以及人才储备的规模有多大，这是需要考虑的一个方面。另外，东道国流通领域从业人员的年龄结构、学历结构等都是需要考虑的因素。从消费者角度看，东道国的总人口数量、东道国人口自然出生率以及东道国法定结婚年龄、已婚夫妻平均生育的孩子个数、家庭成员结构、宗教信仰等都是需要考虑的因素。

5. 东道国流通业的市场饱和度

目标国的流通业发展水平固然重要，东道国流通业的市场饱和度也不容忽视。无论东道国市场规模如何，市场饱和度的提高就意味着后进入者的市场发展空间相对狭窄，而且将面临市场在位者的激烈竞争。因此，中国流通业对外投资中必须考虑东道国流通业的市场饱和度。

流通业的市场饱和度可以参考科尔尼自2001年以来持续发布的《全球零售业发展指数》（Global Retail Development Index，GRDI），该指数被视为对新兴市场的优先选择建议。2001—2010年，中国、印度、俄罗斯、越南和智利这5个国家被科尔尼视为全球发展零售指数最具持续性的国

---

① 王疆、江娟：《母国集聚与产业集聚对中国企业对美直接投资区位选择的影响》，《世界地理研究》2017年第4期。

家。其中，特别值得关注的是印度。2011—2021 年，印度的全球零售发展指数显示，印度的零售业市场饱和度在不断变化（见表 6-1）。

表 6-1　　　　　　　　　印度全球零售发展指数

	市场吸引力	国家风险	市场饱和度	时间压力	指数得分	排名
2004 年	34	62	92	72	88	2
2006 年	34	55	89	76	100	1
2007 年	42	67	80	74	92	1
2008 年	39	29	78	93	80	2
2009 年	34	54	86	97	68	1
2010 年	51.3	35.4	62.2	97.8	61.7	3
2011 年	28.9	59.9	63.1	100	63	4
2012 年	31	66.7	57.6	87.9	60.8	5
2013 年	36.8	59.4	63.3	60.6	55	14
2014 年	26.4	39	72.3	43.4	45.3	20
2015 年	30.5	39.8	75.7	58.5	51.1	15
2016 年	53.7	54.3	75.8	100	71	2
2017 年	63.4	59.1	75.7	88.5	71.7	1
2019 年	60.2	60.9	66.8	88.8	69.2	2
2021 年	59.1	50.7	63.7	82.7	64.4	2

注：0＝低吸引力，100＝高吸引力；0＝高风险，100＝低风险；0＝饱和，100＝未饱和；0＝无时间压力，100＝尽快进入。

资料来源：科尔尼发布的《全球零售发展指数》。

6. 东道国流通业的法律法规

中国流通业开展对外直接投资，选择具体的目标国时，必须考虑东道国针对流通业的法律法规。这些法律法规不仅牵涉中国企业能否进入目标国流通业对外资开放的领域，也牵涉中国流通业能否在细分领域的项目落地。已有研究表明，与制造业、金融业、科学研究/技术服务/地质勘查业 OFDI 区位选择相比，中国批发零售业 OFDI 与东道国的法律制度存在显著的正相关关系。①

从全球范围来看，OECD 国家既是经济发达国家的集合，也是流通业发展水平最高的国家的集合，然而这并不意味着这些国家的流通业对外资采取完全开放和包容的态度。早在 2001 年，有关研究发现，OECD 成员国对流通业有各种各样的管制。这些管制要么涉及市场进入的主要限制，要么和具体的开设形式和运营模式相关，有的则牵涉商业地产的扩张和地段。② 在实体零售领域，来自包括美国这样的发达国家以及来自印度这样的发展中国家对商业地产的严格管制，已经成为这些国家流通业进入壁垒的重要组成部分。

从全球范围来看，中国流通企业对美国投资，不仅要考虑美国针对流通业的法律法规，也要考虑放在美国法典第十五编《商业与贸易》的《反海外腐败法》。③《反海外腐败法》于 1977 年颁布，经过 1998 年的修订后，该法具有域外效力。也就是说，该法同样适用于外国公司。美国政府自认为有权追诉任何一家公司，只要它用美元计价签订合同，或者通过设在美国的服务器（如谷歌邮箱或微软邮箱）收发、存储（甚至只是过境）邮件，这些都被视为国际贸易工具。④ 需要特别注意的是，一旦某个国家加入经济合作与发展组织 1997 年签署、1999 年 2 月生效的《经合组织反贿赂公约》（OECD Anti-bribery Convention），它实际上就授权美国可以起诉该国的企业，而该国却没办法使用法律手段报复美国企业。⑤

7. 东道国的地理位置

中国流通业对外直接投资不仅要关注东道国的相关经济指标，也要考虑东道国的地理位置。对于流通业来说，地理位置永远都是竞争优势构成的核心来源之一。所谓地理位置，在当前条件下，既需要从经纬度

---

① 刘凯、邓宜宝：《制度环境、行业差异与对外直接投资区位选择——来自中国 2003—2012 年的经验证据》，《世界经济研究》2014 年第 10 期。

② Olivier Boylaud, Giuseppe Nicoletti, "Regulatory Reform in Retail Distribution", OECD Economic Studies, No. 32, 2001, pp. 254 – 272.

③ 卢建平、张旭辉：《美国反海外腐败法解读》，中国方正出版社 2006 年版，前言第 6 页。

④ ［法］弗雷德里克·皮耶鲁齐、［法］马修·阿伦：《美国陷阱》，法意译，中信出版社 2019 年版，第 132 页。

⑤ ［法］弗雷德里克·皮耶鲁齐、［法］马修·阿伦：《美国陷阱》，法意译，中信出版社 2019 年版，第 133 页。

进行考虑，也需要从海、陆、空三个角度进行考虑。

对于东道国的地理位置，不仅要从其绝对的地理位置去考虑，也要考虑东道国与第三国之间的地理关系。通常来说，所谓地理位置优越，就是指该地理位置具有枢纽特征。这个枢纽要么是历史形成的，要么是铁路运输尤其是高铁网络，要么是通过航空运输打造的，要么是通过海洋运输打造的。总而言之，该目标国的地理枢纽特征比较明显。随着"一带一路"倡议的落实，共建"一带一路"国家的地理位置的相对性也在发生变化，这对于中国流通业对外直接投资来说特别需要注意。

8. 东道国与投资国的地理距离

东道国与投资国的地理距离对于中国流通业对外直接投资来说，也是需要考虑的因素之一。

通常情况下，大部分实证研究都是测度东道国的首都与中国北京之间的距离来衡量东道国与投资国中国的距离。实际上，在选择东道国时，中国流通业不能只考虑东道国与中国的绝对地理距离，而需要考虑中国与东道国的相对地理距离。这是由于随着全球交通运输工具的改进，尤其是交通运输网络（比如高铁）的改善，特别是"海上丝绸之路"的开辟，中国与不少国家的相对地理距离也在发生变化。将地理距离作为中国与东道国的多维距离的构成单元，与东道国和中国制度差异衡量的制度距离、文化距离一起，共同构成多维距离，进行研究后指出，多维距离与中国 OFDI 存在"U"形关系。[①]

因此，在对外直接投资中，中国流通业要关注全球交通运输网络和通信技术变化带来的绝对和相对地理距离的变化。

9. 东道国的制度环境

制度环境牵涉东道国的产权、法治、营商等多个方面。对于中国流通业对外直接投资来说，东道国的制度环境往往决定了中国流通业在东道国的发展大环境。

关于东道国的制度环境，其一，可以参考世界银行推出的世界治理指数（Worldwide Governance Indicators，WGI）。该指数主要收录了话语权

---

① 衣长军、刘晓丹、陈初昇：《海外华商网络、多维距离对我国企业 OFDI 区位选择的影响研究》，《国际商务》（对外经济贸易大学学报）2016 年第 6 期。

和责任、政治稳定性和不存在暴力、政府效率、规管质量、法治、腐败控制六个维度的数据。该指标注重法律层面,世界银行对1996—2017年世界上200多个国家和地区政府治理的有效性进行了测度。世界治理指数包括由多个调查机构、智库、非政府组织、国际组织和私营部门的企业生成的32个单独数据来源,[1] 被视为目前最权威的关于制度测度的指标。针对东道国,中国流通业在选择时,不仅要考虑东道国世界治理指数的变化情况,也要考虑这个国家不同指标在全球的相对位次,以便更好地把握该国的制度环境。其二,可以参考世界经济论坛从1979年开始发布的《全球竞争力报告》。该报告的全球竞争力指标(Global Competitiveness Index)中[2]包含制度指标维度,这个制度指标有助于了解东道国的制度环境质量。

10. 东道国与中国的文化差异

在国际流通业界,文化差异成为跨国流通企业开发国际市场的主要障碍之一,对于美国跨国零售商来说也不例外。比如,日本的流通体系被美国企业视为结构性进入壁垒,美国和日本存在跨文化差异。[3] 虽然加拿大和美国同属于北美洲国家,但这并不意味着美国零售商进入加拿大就不会面临文化差异问题。实际上,来自加拿大的零售案例表明,美国和加拿大的文化存在巨大差异,这些差异体现在加拿大自身与美国的竞争者、消费者、供应商、雇员以及经理的价值观和行为上。通过对包括美国和加拿大271家顶尖零售企业的CEO的问卷调查实证研究发现,两个国家的文化差异不能被忽视,在进入之前缺乏对文化差异的认知往往导致失败。[4]

因此,中国流通业对外直接投资必须考虑中国与东道国之间的文化

---

[1] 《世界银行:全球治理指标——腐败控制》,2020年2月8日,联合国网站,http://www.un.org/zh/issues/anti-corruption/governance_indicators.shtml。

[2] 全球竞争力指数由12个维度构成,包括制度、基础设施、宏观经济稳定性、健康与初等教育、高等教育与培训、商品市场效率、劳动市场效率、金融市场成熟性、技术设备、市场规模、商务成熟性、创新。

[3] Frank Alpert et al., "Retail Buyer Decision-Making in Japan: What US Sellers Need to Know", *International Business Review*, Vol. 6, No. 2, 1997, pp. 91-112.

[4] Shawna O'Grady, Henry W. Lane, "Culture: An Unnoticed Barrier to Canadian Retail Performance in the USA", *Journal of Retailing and Consumer Services*, Vol. 4, No. 3, July 1997, pp. 159-170.

差异。这种文化差异不仅体现在国家与国家之间的政治、经济、语言等多个方面，而且会体现在企业管理与日常经营层面的活动中。

其一，中国流通业要高度重视文化差异，无论是语言的不同还是宗教信仰的差异，中国流通业都要在尊重当地文化习俗的基础上开展相关投资经营活动。以孔子学院为代表的文化交流，[①] 对中国在东道国的OFDI 有积极的促进作用。中国—东盟自贸区以及东道国和中国之间的文化相近性对中国 OFDI 也具有显著的积极作用。[②] 其二，中国流通业在东道国投资时，要高度重视对流通企业高层管理者、中层管理者和基层员工的整体企业文化培训，求同存异，构建既尊重东道国文化又能将母国的经营管理战略结合的包容性企业文化，帮助中国流通企业在东道国扎根发芽。

11. 东道国的华人商业网络

海外华人数量及其网络对中国 OFDI 的区位选择产生了不可忽视的作用。已有研究表明，东道国华裔人口数量对中国 2003—2009 年 52 个东道国的 OFDI 有显著的正向影响。[③] 这在中国企业对美国投资上也得到了验证，即华人移民网络是解释 2004—2013 年中国企业对美国直接投资区位选择的重要因素。[④]

除了移民网络，与流通业关系更密切的是海外华商网络。2003—2013 年，中国在全球 69 个国家（地区）的对外直接投资中，海外华商网络的存在对中国 OFDI 有积极的促进作用。[⑤] 由此可见，华人商业网络是

[①] 刘希、王永红、吴宋：《政治互动、文化交流与中国 OFDI 区位选择——来自国事访问和孔子学院的证据》，《中国经济问题》2017 年第 4 期。

[②] Tuong Anh et al., "Chinese Outward Foreign Direct Investment: Is ASEAN a New Destination?", SECO/WTI Academic Cooperation Project Working Paper Series, May 2016, https://ssrn.com/abstract=2794842.

[③] 祁春凌、邹超：《东道国制度质量、制度距离与中国的对外直接投资区位》，《当代财经》2013 年第 7 期。

[④] 王疆、陈俊甫用中国企业每年对美国特定州进行直接投资的次数作为因变量，参见王疆、陈俊甫《移民网络、组织间模仿与中国企业对美国直接投资区位选择》，《当代财经》2014 年第 11 期。

[⑤] 此研究采用各国华裔人口占东道国总人口的比例衡量，参见衣长军、刘晓丹、陈初昇《海外华商网络、多维距离对我国企业 OFDI 区位选择的影响研究》，《国际商务》（对外经济贸易大学学报）2016 年第 6 期。

否存在，对中国流通业对外直接投资来说很重要。

中国流通业对外直接投资时，需要考虑目标国华人移民数量及华裔规模，同时要考虑当地的华人在目标国的政治、经济、文化等方面的参与状况。准备对外投资的中国流通企业要重点考察目标国华人商业网络是否存在，如果存在，该商业网络与目标国主流商业网络的实力对比情况也应予以了解。

12. 东道国的对外开放程度

东道国的对外开放程度，其一，需要关注东道国的外商直接投资政策。该政策涉及东道国的流通业是否对外资开放以及具体的开放时间表。在此基础上，中国流通业要关注针对流通业的服务贸易限制指数。OECD组织对流通服务部分进行定义（见表6-2），并且针对OECD成员国、金砖成员国和印度尼西亚的贸易限制指数进行了测算。[①] 这个指数可以作为

表6-2　　　　　　　　　流通服务部门定义

WTO 服务部门分类		联合国临时核心产品分类目录（United Nations Provisional Central Product Classification Code）
4. A	佣金代理服务	621
4. B	批发贸易服务	622
4. C	零售服务	631 + 632 + 6111 + 6113 + 6121
4. D	特许经营	8929

注：流通服务部门分类是根据世界贸易组织服务部门分类表（WTO Services Sectoral Classification List）进行，后者基于联合国临时核心产品分类目录（United Nations Provisional Central Product Classification Code，CPC Prov）产生。因此，表中的数字对应的就是联合国临时核心产品分类目录。621 对应的是佣金代理服务（Commission agent's services），622 是批发贸易服务（Wholesale trade services），631 + 632 + 6111 + 6113 + 6121 对应的是零售服务（Retailing service），8929 对应的是特许经营（franchising）。

资料来源：A. Ueno et al.，"Services Trade Restrictiveness Index（STRI）：Distribution Services"，OECD Trade Policy Papers，No. 173，2014，OECD Publishing，http：//dx. doi. org/10. 1787/5jxt4njvtfbx-en。

[①] A. Ueno et al.，"Services Trade Restrictiveness Index（STRI）：Distribution Services"，OECD Trade Policy Papers，No. 173，2014，OECD Publishing，http：//dx. doi. org/10. 1787/5jxt4njvtfbx-en。

中国开展对外直接投资区位选择的参考。其二，东道国的对外开放程度如何，具体可以参考世界银行发布的《全球营商环境报告》。该报告自2003年第一次发布以来，受到世界各国的高度关注。中国要关注营商环境指标，尤其是营商环境排名持续上升的国家，将这些国家作为中国开展对外直接投资的优先考虑对象。

13. 东道国的汇率制度

东道国究竟采取了什么汇率制度，以及东道国法定货币相对于人民币的波动水平等，都应该纳入考虑范围。已有研究表明，汇率变动会对一个国家的国际直接投资流产生影响。[1] 东道国的汇率制度不同，直接投资者面临的汇率风险不同。有的学者对日本进行研究发现，随着东道国实际有效汇率水平上升、东道国汇率波动加剧，日本对外直接投资增加。[2] 因此，中国流通企业对外直接投资前，需要全面了解东道国的汇率制度、汇率波动程度以及其相应的风险，进而做出是否进行投资的决策。

14. 东道国对外商投资的税收政策

东道国对外商直接投资采取什么样的税收政策，这是中国流通业对外投资要关注的方面。在数字贸易发展日新月异的大背景下，欧盟、美国等国家和地区先后开始对电商征税。2018年6月，美国最高法院通过一项法案，各州政府有权对电商的跨州销售征消费税。2018年9月，欧盟财长讨论将在2018年年底前对企业数字营业额征税。对于"走出去"的中国流通业来说，一方面要关注全球数字税制改革，另一方面要关注东道国的具体税收政策调整。

15. 东道国的物价水平

中国流通业在选择投资目标国时，需要考虑当地物价水平的高低及其未来走向。物价水平既能反映目标国的劳动生产率，也能反映当地的通货膨胀水平。目标国的物价相对平稳，市场秩序比较井然，将有利于中国流通业当地业务的开展。如果物价波动幅度过大，当地老百姓的日常消费支出结构起伏也较大，这种起伏也会传导到当地的流通机构，流

---

[1] 张运昌：《汇率变动对国际直接投资流的影响》，《上海金融》2003年第11期。
[2] 郭志芳、林季红：《汇率不确定性与对外直接投资——基于日本对亚洲8国直接投资的实证分析》，《亚太经济》2013年第4期。

通企业的日常运营将面临多重挑战。

16. 东道国的政治稳定性

和平与发展是永恒的主题，但是这并不意味着世界范围内不存在不稳定的因素，政治冲突、宗教冲突等时有发生。中国流通业对外投资时，不仅要关注投资的回报率及回报周期的长短，也要关心东道国的主权是否稳定、政局是否动荡。

对于中国流通业来说，对外投资不能只看经济利益，而要将投资安全放在首位。对于政局不稳定的国家，中国流通企业投资时要特别慎重。对于政局稳定但是政府的政策变动特别大尤其是该国政府与中国政府在经贸领域存在摩擦的国家，中国流通企业投资时要慎重考虑。

17. 东道国加入的区域贸易协定

自20世纪90年代以来，区域贸易协定已经成为全球范围内的普遍现象。越来越多的国家和地区加入不同层次的区域贸易协定。区域贸易协定对FDI的影响既取决于FDI来源地，也取决于FDI的类型。区域贸易协定会降低来自区域贸易协定成员国之间的水平FDI，但会增加来自额外区域贸易协定成员国的出口平台FDI和总的FDI。[①] 跨国公司的区位选择，不仅取决于东道国的税收和贸易政策，也受其他国家的影响。另一个国家可以使用贸易政策来影响企业的区位选择。当这两个国家达成区域贸易协定时，FDI瓦解就成为可能。[②]

因此，中国流通业在对外直接投资中，对于目标市场的选择，必须考虑目标国是否加入了区域贸易协定，以及加入的区域贸易协定的性质与数量。

18. 东道国与中国的政治、经贸往来

中国与东道国的贸易关系，成为影响中国对东道国直接投资的主要因素之一。[③] 中国对外直接投资偏好与中国有相同的政治信仰、政治摩擦

---

① Hyejoon Im, "The Effects of Regional Trade Agreements on FDI by its Origin and Type: Evidence from U. S. Multinational Enterprises Activities", *Japan and the World Economy*, Vol. 39, 2016, pp. 1 – 11.

② Nathaniel P. S. Cook, John Douglas Wilson, "Using Trade Policy to Influence Firm Location", *Economics Letters*, Vol. 119, No. 1, 2013, pp. 45 – 47.

③ 张远鹏、杨勇：《中国对外直接投资区位选择的影响因素分析》，《世界经济与政治论坛》2010年第6期。

较少、国际地位相似、政治关系定位较高的东道国。[①] 高技术的学生和学者的双向流动，显著促进了中国的对外直接投资。[②] 以领导人之间的国事访问为代表的政治互动，[③] 对中国在东道国的 OFDI 有积极的促进作用。

因此，中国流通业对外直接投资需要考虑东道国是否与中国有经贸往来。如果两国之间存在经贸往来，那么这种关系究竟属于何种层次，是中国比较依赖东道国，还是东道国相对更加依赖中国，抑或两者相互依赖。分析东道国与中国经贸往来的历史、现状与未来发展前景，有助于帮助中国流通业做出是否需要在东道国投资的决定。

二 中国流通业 OFDI 区位选择的东道国影响因素实证分析

本研究针对 GVC 视角下中国流通业 OFDI 区位选择的东道国影响因素展开问卷调查。为确保调查问卷的质量，对问卷的信度和效度进行了检验，结果如表 6 – 3、表 6 – 4 所示。Alpha 的值 = 0.891 > 0.8，表明问卷信度较高。KMO = 0.813 > 0.8，且 Bartlett 的球形度检验显著，表明体系构建效度检验较为优良。

表 6 – 3   可靠性统计量结果

	Cronbach's Alpha	基于标准化项的 Cronbachs Alpha	项数
数值	0.891	0.893	18

表 6 – 4   KMO 和 Bartlett 的检验结果

取样足够度的 Kaiser-Meyer-Olkin 度量		0.813
Bartlett 的球形度检验	近似卡方	705.040
	df	153
	Sig.	0.000

[①] 贺书锋、郭羽诞：《中国对外直接投资区位分析：政治因素重要吗？》，《上海经济研究》2009 年第 3 期。

[②] Lan Gao, Xiaohui Liu, Huan Zou, "The Role of Human Mobility in Promoting Chinese Outward FDI: A Neglected Factor?", *International Business Review*, Vol. 22, No. 2, 2013, pp. 437 – 449.

[③] 刘希、王永红、吴宋：《政治互动、文化交流与中国 OFDI 区位选择——来自国事访问和孔子学院的证据》，《中国经济问题》2017 年第 4 期。

(一) 中国流通业 OFDI 的东道国影响因素调查结果

从表 6-5 可以看出，对于东道国的经济发展水平，39.6% 的调查者表示"非常重要"，44.8% 的调查者认为"比较重要"，13.4% 的调查者认为"重要"，2.2% 的调查者认为"不重要"，没有调查者认为"根本不重要"。也就是说，97.8% 的调查者认为，东道国的经济发展水平对中国流通业对外直接投资的区位选择重要。

表 6-5　东道国经济发展水平对中国流通业 OFDI 区位选择的影响

		频率	百分比	有效百分比
有效	非常重要	53	39.3	39.6
	比较重要	60	44.4	44.8
	重要	18	13.3	13.4
	不重要	3	2.2	2.2
	合计	134	99.3	100
缺失	系统	1	0.7	—
合计		135	100.0	—

关于东道国的流通业发展水平，39.8% 的调查者表示"非常重要"，39.8% 的调查者认为"比较重要"，17.3% 的调查者认为"重要"，3.0% 的调查者认为"不重要"，没有人认为"根本不重要"（见表 6-6）。也就是说，97% 的调查者认为，东道国的流通业发展水平对中国流通业对外直接投资的区位选择重要。

表 6-6　东道国流通业发展水平对中国流通业 OFDI 区位选择的影响

		频率	百分比	有效百分比
有效	非常重要	53	39.3	39.8
	比较重要	53	39.3	39.8
	重要	23	17.0	17.3
	不重要	4	3.0	3.0
	合计	133	98.5	100
缺失	系统	2	1.5	—
合计		135	100.0	—

对于东道国其他产业的发展水平,从表 6-7 可见,23.7% 的调查者表示"非常重要",40.5% 的调查者认为"比较重要",26% 的调查者认为"重要",9.2% 的调查者认为"不重要",0.8% 的调查者认为"根本不重要"。即 90% 的调查者认为,东道国其他产业的发展水平对中国流通业对外直接投资的区位选择重要。

表 6-7　东道国其他产业发展水平对中国流通业 OFDI 区位选择的影响

		频率	百分比	有效百分比
有效	非常重要	31	23.0	23.7
	比较重要	53	39.3	40.5
	重要	34	25.2	26.0
	不重要	12	8.9	9.2
	根本不重要	1	0.7	0.8
	合计	131	97.0	100
缺失	系统	4	3.0	—
合计		135	100.0	—

对于东道国的人口规模与结构,从表 6-8 可见,31.6% 的调查者表示"非常重要",41.4% 的调查者认为"比较重要",23.3% 的调查者认为"重要",3.8% 的调查者认为"不重要"。即 96.2% 的调查者认为,东道国的人口规模与结构对中国流通业对外直接投资的区位选择重要。

表 6-8　东道国的人口规模与结构对中国流通业 OFDI 区位选择的影响

		频率	百分比	有效百分比
有效	非常重要	42	31.1	31.6
	比较重要	55	40.7	41.4
	重要	31	23.0	23.3
	不重要	5	3.7	3.8
	合计	133	98.5	100
缺失	系统	2	1.5	—
合计		135	100.0	—

对于东道国流通业的市场饱和度，37.3%的调查者表示"非常重要"，40.3%的调查者认为"比较重要"，20.9%的调查者认为"重要"，1.5%的调查者认为"不重要"（见表6–9）。即98.5%的调查者认为，东道国流通业的市场饱和度对中国流通业对外直接投资的区位选择重要。

表6–9　东道国流通业的市场饱和度对中国流通业OFDI区位选择的影响

		频率	百分比	有效百分比
有效	非常重要	50	37.0	37.3
	比较重要	54	40.0	40.3
	重要	28	20.7	20.9
	不重要	2	1.5	1.5
	合计	134	99.3	100
缺失	系统	1	0.7	—
合计		135	100.0	—

对于东道国流通业的法律法规，47.7%的调查者表示"非常重要"，30.3%的调查者认为"比较重要"，21.2%的调查者认为"重要"，0.8%的调查者认为"不重要"（见表6–10）。即99.2%的调查者认为，东道国流通业的法律法规对中国流通业对外直接投资的区位选择重要。

表6–10　东道国流通业的法律法规对中国流通业OFDI区位选择的影响

		频率	百分比	有效百分比
有效	非常重要	63	46.7	47.7
	比较重要	40	29.6	30.3
	重要	28	20.7	21.2
	不重要	1	0.7	0.8
	合计	132	97.8	100
缺失	系统	3	2.2	—
合计		135	100.0	—

从表6–11可知，对于东道国的地理位置，19.5%的调查者表示

"非常重要",42.9%的调查者认为"比较重要",29.3%的调查者认为"重要",8.3%的调查者认为"不重要"。即91.7%的调查者认为,东道国的地理位置对中国流通业对外直接投资的区位选择重要。

表6-11　东道国的地理位置对中国流通业 OFDI 区位选择的影响

		频率	百分比	有效百分比
有效	非常重要	26	19.3	19.5
	比较重要	57	42.2	42.9
	重要	39	28.9	29.3
	不重要	11	8.1	8.3
	合计	133	98.5	100
缺失	系统	2	1.5	—
合计		135	100.0	—

如表6-12所示,对于东道国与投资国的地理距离,14.4%的调查者表示"非常重要",36.4%的调查者认为"比较重要",32.6%的调查者认为"重要",15.2%的调查者认为"不重要"。即83.4%的调查者认为,东道国与投资国的地理距离对中国流通业对外直接投资的区位选择重要。

表6-12　东道国与中国的地理距离对中国流通业 OFDI 区位选择的影响

		频率	百分比	有效百分比
有效	非常重要	19	14.1	14.4
	比较重要	48	35.6	36.4
	重要	43	31.9	32.6
	不重要	20	14.8	15.2
	根本不重要	2	1.5	1.5
	合计	132	97.8	100
缺失	系统	3	2.2	—
合计		135	100	—

对于东道国的制度环境（见表6-13），37.1%的调查者表示"非常重要"，40.2%的调查者认为"比较重要"，20.5%的调查者认为"重要"，2.3%的调查者认为"不重要"。即97.7%的调查者认为，东道国的制度环境对中国流通业对外直接投资的区位选择重要。

表6-13　东道国的制度环境对中国流通业OFDI区位选择的影响

		频率	百分比	有效百分比
有效	非常重要	49	36.3	37.1
	比较重要	53	39.3	40.2
	重要	27	20.0	20.5
	不重要	3	2.2	2.3
	合计	132	97.8	100
缺失	系统	3	2.2	—
合计		135	100.0	—

对于东道国与中国的文化差异，20.1%的调查者表示"非常重要"，41.8%的调查者认为"比较重要"，27.6%的调查者认为"重要"，9.7%的调查者认为"不重要"，0.7%的调查者认为"根本不重要"。即89.6%的调查者认为，东道国与中国的文化差异对中国流通业对外直接投资的区位选择重要（见表6-14）。

表6-14　东道国与中国的文化差异对中国流通业OFDI区位选择的影响

		频率	百分比	有效百分比
有效	非常重要	27	20.0	20.1
	比较重要	56	41.5	41.8
	重要	37	27.4	27.6
	不重要	13	9.6	9.7
	合计	134	99.3	0.7
缺失	系统	1	0.7	100
合计		135	100	—

对于东道国的华人商业网络，20.8%的调查者表示"非常重要"，35.6%的调查者认为"比较重要"，31.7%的调查者认为"重要"，10.9%的调查者认为"不重要"，1%的调查者认为"根本不重要"。即88.1%的调查者认为，东道国的华人商业网络对中国流通业对外直接投资的区位选择重要（见表6-15）。

表6-15　东道国的华人商业网络对中国流通业OFDI区位选择的影响

		频率	百分比	有效百分比
有效	非常重要	21	15.6	20.8
	比较重要	36	26.7	35.6
	重要	32	23.7	31.7
	不重要	11	8.1	10.9
	根本不重要	1	0.7	1.0
	合计	101	74.8	100
缺失	系统	34	25.2	—
合计		135	100.0	—

对于东道国的对外开放程度，34.7%的调查者表示"非常重要"，41.6%的调查者认为"比较重要"，22.8%的调查者认为"重要"，1%的调查者认为"不重要"。即99%的调查者认为，东道国的对外开放程度对中国流通业对外直接投资的区位选择重要（见表6-16）。

表6-16　东道国对外开放程度对中国流通业OFDI区位选择的影响

		频率	百分比	有效百分比
有效	非常重要	35	25.9	34.7
	比较重要	42	31.1	41.6
	重要	23	17.0	22.8
	不重要	1	0.7	1.0
	合计	101	74.8	100
缺失	系统	34	25.2	—
合计		135	100.0	—

对于东道国的汇率制度，20%的调查者表示"非常重要"，42%的调查者认为"比较重要"，29%的调查者认为"重要"，8%的调查者认为"不重要"，1%的调查者认为"根本不重要"。即91%的调查者认为，东道国的汇率制度对中国流通业对外直接投资的区位选择重要（见表6-17）。

表6-17　东道国的汇率制度对中国流通业OFDI区位选择的影响

		频率	百分比	有效百分比
有效	非常重要	20	14.8	20.0
	比较重要	42	31.1	42.0
	重要	29	21.5	29.0
	不重要	8	5.9	8.0
	根本不重要	1	0.7	1.0
	合计	100	74.1	100
缺失	系统	35	25.9	—
合计		135	100.0	

对于东道国对外投资的税收政策，34.7%的调查者表示"非常重要"，33.7%的调查者认为"比较重要"，29.7%的调查者认为"重要"，2%的调查者认为"不重要"。即98%的调查者认为，东道国对外投资的税收政策对中国流通业对外直接投资的区位选择重要（见表6-18）。

表6-18　东道国关于外商投资的税收政策对中国流通业OFDI区位选择的影响

		频率	百分比	有效百分比
有效	非常重要	35	25.9	34.7
	比较重要	34	25.2	33.7
	重要	30	22.2	29.7
	不重要	2	1.5	2.0
	合计	101	74.8	100
缺失	系统	34	25.2	—
合计		135	100.0	—

对于东道国的物价水平（见表6-19），18.8的调查者表示"非常重要"，31.7%的调查者认为"比较重要"，34.7%的调查者认为"重要"，13.9%的调查者认为"不重要"，1%的调查者认为"根本不重要"。即85.1%的调查者认为，东道国的物价水平对中国流通业对外直接投资的区位选择重要。

表6-19　东道国的物价水平对中国流通业OFDI区位选择的影响

		频率	百分比	有效百分比
有效	非常重要	19	14.1	18.8
	比较重要	32	23.7	31.7
	重要	35	25.9	34.7
	不重要	14	10.4	13.9
	根本不重要	1	0.7	1.0
	合计	101	74.8	100
缺失	系统	34	25.2	—
合计		135	100.0	—

对于东道国的政治稳定性（见表6-20），48.5的调查者表示"非常重要"，32.7%的调查者认为"比较重要"，18.8%的调查者认为"重要"，没有调查者认为"不重要"或"根本不重要"。从调查结果来看，所有调查者都认为，东道国的政治稳定性是区位选择必须考虑的因素。

表6-20　东道国的政治稳定性对中国流通业OFDI区位选择的影响

		频率	百分比	有效百分比
有效	非常重要	49	36.3	48.5
	比较重要	33	24.4	32.7
	重要	19	14.1	18.8
	合计	101	74.8	100
缺失	系统	34	25.2	—
合计		135	100.0	—

对于东道国加入的区域贸易协定（见表6-21），28.7%的调查者表示"非常重要"，37.6%的调查者认为"比较重要"，31.7%的调查者认为"重要"。即98%的调查者认为，东道国加入的区域贸易协定对中国流通业对外直接投资的区位选择重要。

表6-21　　　　东道国加入的区域贸易协定对中国流通业
　　　　　　　OFDI 区位选择的影响

		频率	百分比	有效百分比
有效	非常重要	29	21.5	28.7
	比较重要	38	28.1	37.6
	重要	32	23.7	31.7
	不重要	2	1.5	2.0
	合计	101	74.8	100
缺失	系统	34	25.2	—
合计		135	100.0	—

对于东道国与中国的经贸往来（见表6-22），28.7%的调查者表示"非常重要"，51.5%的调查者认为"比较重要"，17.8%的调查者认为"重要"，2%的调查者认为"不重要"。即98%的调查者认为，东道国与中国的经贸往来对中国流通业对外直接投资的区位选择重要。

表6-22　　　　东道国与中国的经贸往来对中国流通业
　　　　　　　OFDI 区位选择的影响

		频率	百分比	有效百分比	累计百分比
有效	非常重要	29	21.5	28.7	28.7
	比较重要	52	38.5	51.5	80.2
	重要	18	13.3	17.8	98.0
	不重要	2	1.5	2.0	100
	合计	101	74.8	100.0	—
缺失	系统	34	25.2	—	—
合计		135	100.0	—	—

(三) 东道国各项影响因素对中国流通业 OFDI 区位选择的模糊评价

东道国对中国流通业对外直接投资的区位选择，主要从国内因素和国际因素两个方面产生影响。为保证专家打分的准确性和科学性，设定国内因素和国际因素对综合权重的贡献度均为 0.5，即可求出综合权重。

东道国的国内因素包括 9 个指标。其中，X_{11} 表示东道国的经济发展水平，X_{12} 表示东道国的流通业发展水平，X_{13} 表示东道国其他产业的发展水平，X_{14} 表示东道国的人口规模与结构，X_{15} 表示东道国流通业的市场饱和度，X_{16} 表示东道国流通业的法律法规，X_{17} 表示东道国的制度环境，X_{18} 表示东道国对外商投资的税收政策，X_{19} 表示东道国的物价水平。

东道国的国际因素包括 9 个指标。其中，X_{21} 表示东道国的地理位置，X_{22} 表示东道国与投资国的地理距离，X_{23} 表示东道国与中国的文化差异，X_{24} 表示东道国的华人商业网络，X_{25} 表示东道国的对外开放程度，X_{26} 表示东道国的汇率制度，X_{27} 表示东道国的政治稳定性，X_{28} 表示东道国加入的区域贸易协定，X_{29} 表示东道国与中国的经贸往来。

C_1 表示中国流通业嵌入全球价值链产生的影响这一准则层。C_{21} 表示东道国的国内因素对中国流通业对外直接投资区位选择的影响这一准则层（见表 6-23）。C_{22} 表示东道国的国际因素对中国流通业对外直接投资区位选择的影响这一准则层（见表 6-24）。C 表示准则层，无实际意义。

表 6-23　东道国的国内因素对中国流通业 OFDI 区位选择的影响

	X_{11}	X_{12}	X_{13}	X_{14}	X_{15}	X_{16}	X_{17}	X_{18}	X_{19}
X_{11}	1	1/3	1/4	2	1/7	1/2	1/7	1/9	1/8
X_{12}	3	1	1/5	4	1/8	3	1/4	1/6	1/4
X_{13}	4	5	1	5	3	6	3	5	8
X_{14}	1/2	1/4	1/5	1	6	8	6	7	4
X_{15}	7	8	1/3	1/6	1	5	1/3	1/5	1/2
X_{16}	2	1/3	1/6	1/8	1/5	1	1/6	1/7	1/6
X_{17}	7	4	1/3	1/6	3	6	1	3	7
X_{18}	9	6	1/5	1/7	5	7	1/3	1	6
X_{19}	8	4	1/8	1/4	2	6	1/7	1/6	1

资料来源：调查问卷专家打分。

表 6-24　东道国的国际因素对中国流通业 OFDI 区位选择的影响

	X_{21}	X_{22}	X_{23}	X_{24}	X_{25}	X_{26}	X_{27}	X_{28}	X_{29}
X_{21}	1	1/5	1/6	1/9	1/3	1/8	4	1/4	6
X_{22}	5	1	2	4	7	3	8	3	9
X_{23}	6	1/2	1	1/5	2	1/6	4	1/3	7
X_{24}	9	1/4	5	1	3	4	5	1/5	6
X_{25}	3	1/7	1/2	1/3	1	1/3	4	2	5
X_{26}	8	1/3	6	1/4	3	1	4	6	8
X_{27}	1/4	1/8	1/4	1/5	1/4	1/4	1	1/7	3
X_{28}	4	1/3	3	5	1/2	1/6	7	1	4
X_{29}	1/6	1/9	1/7	1/6	1/5	1/8	1/3	1/4	1

资料来源：调查问卷专家打分。

构建评语集 V =（非常重要，比较重要，重要，不重要，根本不重要）。根据该判断矩阵得出 X_{11}，X_{12}，…，X_{19} 对 C_{21} 的重要性权重向量为 W_{21} =（0.0225，0.0587，0.1958，0.0163，0.1103，0.0211，0.1542，0.1698，0.1062），其中，CI = 0.1215，RI = 1.46，CR = 0.0832 < 1，矩阵符合一致性要求。根据上述指标的隶属度情况和指标评价的数理数据，可得出以下模糊评价矩阵 R_{21}：

$$R_{21} = \begin{pmatrix} 0.3968 & 0.4248 & 0.1314 & 0.0220 & 0.0250 \\ 0.3980 & 0.3896 & 0.1713 & 0.0032 & 0.0379 \\ 0.2375 & 0.3975 & 0.2476 & 0.0974 & 0.0200 \\ 0.3167 & 0.4028 & 0.2333 & 0.0472 & 0.0000 \\ 0.3730 & 0.4015 & 0.1917 & 0.0338 & 0.0000 \\ 0.4776 & 0.3030 & 0.1924 & 0.0088 & 0.0182 \\ 0.3711 & 0.4001 & 0.1994 & 0.0232 & 0.0062 \\ 0.3479 & 0.3334 & 0.2786 & 0.0201 & 0.0200 \\ 0.1887 & 0.3113 & 0.3470 & 0.1530 & 0.0000 \end{pmatrix}$$

故 $B_{21} = W_{21} \times R_{21} =$ (0.3174, 0.3773, 0.2392, 0.0545, 0.0114)，即比较重要的隶属度为 0.3773，比重较大。

构建评语集 V = (非常重要，比较重要，重要，不重要，根本不重要)。根据该判断矩阵得出 X_{21}, X_{22}, …, X_{29} 对 C_{22} 的重要性权重向量为 $W_{22} =$ (0.0626, 0.2157, 0.1089, 0.1718, 0.0838, 0.1879, 0.0281, 0.1284, 0.0128)，其中，$CI = 0.1056$，$RI = 1.46$，$CR = 0.0723 < 1$，矩阵符合一致性要求。

根据上述指标的隶属度情况和指标评价的数理数据，可得出以下模糊评价矩阵 R_{22}：

$$R_{22} = \begin{pmatrix} 0.1953 & 0.4282 & 0.1832 & 0.0835 & 0.1098 \\ 0.1448 & 0.3644 & 0.3066 & 0.1842 & 0.0000 \\ 0.2011 & 0.4192 & 0.2376 & 0.1394 & 0.0027 \\ 0.2081 & 0.3378 & 0.3174 & 0.1006 & 0.0361 \\ 0.3479 & 0.4068 & 0.2282 & 0.0171 & 0.0000 \\ 0.2001 & 0.4209 & 0.2725 & 0.1065 & 0.0000 \\ 0.4854 & 0.3223 & 0.1886 & 0.0009 & 0.0028 \\ 0.2873 & 0.3763 & 0.3074 & 0.0270 & 0.0020 \\ 0.2875 & 0.5136 & 0.1752 & 0.0237 & 0.0000 \end{pmatrix}$$

故 $B_{22} = W_{22} \times R_{22} =$ (0.2221, 0.3862, 0.2753, 0.1027, 0.0137)，即比较重要的隶属度为 0.3862，比重较大。

从表 6-25 中可以看出，根据各指标的综合得分，排在前三的国内指标得分分别为 0.88、0.86、0.74，排在前三的国外指标得分分别为 0.83、0.79、0.71。

从调查问卷结果来看，中国流通业开展对外直接投资进行区位选择时，既要考虑东道国的国内因素，也要考虑东道国的国际因素。具体来说，在东道国的国内因素中，中国流通业比较看重东道国的经济发展水平、东道国流通业的法律法规与东道国流通业的发展水平。在东道国的国际因素中，中国流通业比较看重东道国与中国的经贸往来、东道国的政治稳定性以及东道国的地理位置。

表6-25　中国流通业OFDI区位选择的东道国影响因素具体得分情况

	指标因素	得分情况
国内因素	东道国的经济发展水平	0.88
	东道国的流通业发展水平	0.74
	东道国其他产业的发展水平	0.29
	东道国的人口规模与结构	0.46
	东道国流通业的市场饱和度	0.63
	东道国流通业的法律法规	0.86
	东道国的制度环境	0.59
	东道国对外商投资的税收政策	0.61
	东道国的物价水平	0.62
国际因素	东道国的地理位置	0.71
	东道国与投资国的地理距离	0.48
	东道国与中国的文化差异	0.26
	东道国的华人商业网络	0.39
	东道国的对外开放程度	0.59
	东道国的汇率制度	0.62
	东道国的政治稳定性	0.79
	东道国加入的区域贸易协定	0.55
	东道国与中国的经贸往来	0.83

第三节　GVC视角下中国流通业OFDI目标国选择与优化

与20世纪不同的是，21世纪的商业呈现出产品在几个不同的国家生产并且在全世界销售的特征，也就是说，存在"贸易—投资—服务"联系。① 要妥善处理贸易、投资、服务的关系，需要从新的视角来解读全球经济活动，尤其是全球资本流动。对于中国来说，以全球价值链理念指导中国的对外直接投资。在此基础上，适时推动中国向投资大国甚至

---

① Richard E. Baldwin, "21st Century Regionalism: Filling the Gap between 21st Century Trade and 20th Century Trade Rules", April 2011, https://ssrn.com/abstract=1869845 or http://dx.doi.org/10.2139/ssrn.1869845.

强国发展,进而打造中国贸易强国,这是中国在今后一段时间的重要任务。

作为中国对外直接投资的重要行业之一,中国流通业对外直接投资不仅要实现规模的扩张,也要实现质量的提升。规模的扩张包括存量规模和流量规模,而质量的提升则涉及投资区位在内的投资结构优化。

一 GVC 视角下中国流通业 OFDI 目标国选择

（一）发达国家与发展中国家投资同时进行

中国流通业在投资目标国的选择上受很多因素影响。如果仅从经济发展水平来看,这个问题就可以简化为:究竟是优先到发达国家投资,还是优先到发展中国家投资,抑或在发达国家和发展中国家同时投资？从表 6-26 中可以看出,在投资目标国的选择上,35.1% 的调查者表示"优先到发展中国家投资",13.7% 的调查者偏向"优先到发达国家投资",50.4% 的调查者认为"发达与发展中国家投资同时进行"。从这些数据可以看出,超过一半的调查者倾向于在发达与发展中国家同时进行投资。

表 6-26　　中国流通业 OFDI 对投资目标国的整体选择

		频率	百分比	有效百分比	累计百分比
有效	优先到发展中国家投资	46	34.1	35.1	35.1
	优先到发达国家投资	18	13.3	13.7	48.9
	发达与发展中国家投资同时进行	66	48.9	50.4	99.2
	其他	1	0.7	0.8	100.0
	合计	131	97.0	100.0	—
缺失	系统	4	3.0	—	—
合计		135	100.0	—	—

中国流通业对发达国家的直接投资,可以使中国学习他们先进的管理经验,引进先进的技术,同时使中国流通业有机会接触全球最挑剔的客户,为中国流通服务的质量提升发挥引领作用。中国针对发展中国家的直接投资,可以开辟广阔的市场,同时为密切中国和这些发展中国家

的经贸联系、促进中国流通业和东道国的产业合作奠定基础。

（二）全球整体扩散+区域相对集中战略

从全球价值链视角出发，中国流通业对外直接投资时，可供选择的战略包括全球整体扩散、区域相对集中、全球整体扩散+区域相对集中。全球整体扩散，就是从全球价值链的全球观出发，开展中国流通业对外直接投资时，将亚洲、欧洲、非洲、北美洲、南美洲、大洋洲等都考虑在内。区域相对集中，就是将中国流通业在全球范围内的某一区域或者某几个区域进行集中投资。全球整体扩散+区域相对集中，则是既从全球视角考虑，也从区域相对集中的角度出发，进而指导中国流通业对外直接投资。

中国流通业对外直接投资的战略，具体应该采用哪种，调查结果如表6-27所示。可以看出，74%的调查者认为，中国流通业对外直接投资时应围绕"全球整体扩散+区域相对集中"来进行。对于中国来说，这就意味着在流通业对外投资时，应该着眼于全球范围进行投资目标国的选择，但是在具体的项目落地时，不能够一刀切，必须有重点。以大洋洲为例，中国的投资目标国有澳大利亚、新西兰等，但是不能在这些国家进行均等投资。中国应该从中选取市场规模大、发展潜力强的国家，作为中国在此区域的主要投资对象。

表6-27　　　　　中国流通业OFDI全球区位选择战略　　　　（单位:%）

战略类型	频数（含重复项）	分别有效百分比
全球整体扩散	2	2.7
区域相对集中	21	28.8
全球整体扩散+区域相对集中	54	74

二　GVC视角下中国流通业OFDI区位优化策略

（一）巩固对发达国家的投资

从通常意义上来说，发达国家是指经济合作与发展组织（OECD）成员国。目前，该组织共有36个成员国。OECD的人均GDP水平遥遥领先于世界平均水平（见图6-1）。在全球范围内，OECD成员国理应成为中国流通业对外直接投资的目标区域。

第六章 基于 GVC 的中国流通业 OFDI 区位选择与优化 / 197

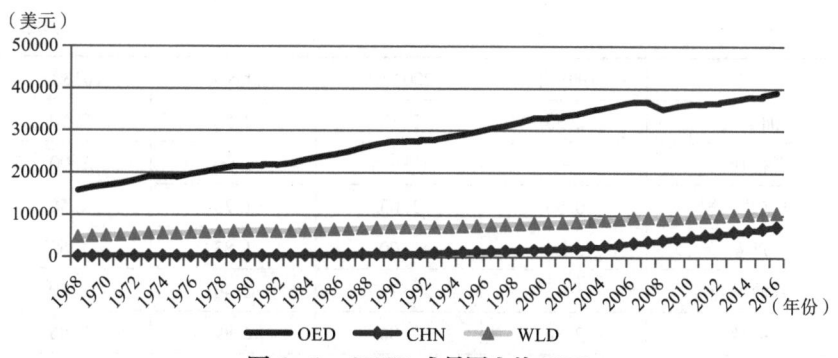

图 6-1 OECD 成员国人均 GDP

资料来源：世界银行数据库。

要对 OECD 成员国开展投资，其一，需要了解 OECD 对零售贸易的界定。OECD 根据国际标准产业分类要求，把零售贸易定义为将新的产品或使用过的产品（没有经过加工）再次销售给个人或者家庭消费或使用。零售贸易包括如下内容：（1）非专业化店铺中的零售贸易；（2）专业化店铺中的食品、饮料和烟草的零售；（3）专业化店铺中的其他新产品的零售；（4）店铺中二手产品的零售；（5）非店铺中的零售贸易。① 根据这个定义，零售贸易数据记录的就是消费者和销售者之间消费型产品的交易。该部门产生了大量的就业，并且占私人最终消费支出的大部分，占 OECD 成员国总 GDP 的约 60%。② 其二，中国要掌握 OECD 在零售贸易领域的规制情况（见表 6-28）。

表 6-28　　　　　　OECD 成员国零售贸易规制指数

	1998 年	2003 年	2008 年	2013 年
澳大利亚	1.44	1.35	1.35	0.70
奥地利	4.07	3.50	3.30	2.40
比利时	4.65	4.68	4.56	4.06

---

① Organisation for Economic Co-operation and Development, RETAIL TRADE-ISIC REV, https://stats.oecd.org/glossary/detail.asp? ID = 2344.

② Organisation for Economic Co-operation and Development, RETAIL TRADE-ISIC REV, https://stats.oecd.org/glossary/detail.asp? ID = 2344.

续表

	1998年	2003年	2008年	2013年
加拿大	2.35	2.50	2.50	2.50
智利	—	—	1.00	1.00
捷克共和国	0.93	1.03	1.23	1.56
丹麦	3.00	3.00	1.83	1.69
爱沙尼亚	—	—	1.40	1.50
芬兰	2.86	2.86	2.89	2.86
法国	4.50	3.76	3.80	2.64
德国	3.40	3.38	2.88	2.71
希腊	4.62	4.50	3.85	2.55
匈牙利	0.82	0.79	1.44	2.06
冰岛	2.52	1.39	1.42	1.42
爱尔兰	1.17	0.87	1.53	1.53
以色列	—	—	3.23	3.51
意大利	4.35	3.85	4.06	3.15
日本	3.53	2.31	2.31	2.38
韩国	0.43	0.67	0.60	0.70
拉脱维亚	—	—	—	0.40
立陶宛	—	—	—	1.11
卢森堡	—	4.17	4.47	4.54
墨西哥	1.80	2.11	2.13	2.11
荷兰	1.67	1.47	0.91	0.91
新西兰	—	0.72	0.70	0.70
挪威	2.65	2.01	2.01	2.01
波兰	3.12	2.52	2.43	2.55
葡萄牙	3.46	3.29	3.97	1.83
斯洛伐克	—	1.14	1.04	1.75
斯洛文尼亚	—	—	0.90	0.63
西班牙	4.20	3.67	3.48	2.88
瑞典	1.10	0.72	0.60	0.60
瑞士	1.55	1.33	1.33	1.16
土耳其	—	—	2.38	2.38

续表

	1998 年	2003 年	2008 年	2013 年
英国	3.38	2.15	2.18	1.79
美国	—	2.00	1.76	1.90
非 OECD 国家				
巴西	—	—	1.99	1.99
保加利亚	—	—	—	0.20
中国	—	—	3.40	2.52
克罗地亚	—	—	—	1.42
塞浦路斯	—	—	—	1.67
印度	—	—	—	2.11
印度尼西亚	—	—	—	2.37
马耳他	—	—	—	1.09
罗马尼亚	—	—	—	1.80
俄罗斯	—	—	3.03	2.73
南非	—	—	0.80	0.89

资料来源："Regulation in Retail Trade 2013", August 8, 2018, OECD, https://stats.oecd.org/viewhtml.aspx?datasetcode=RETAIL&lang=en。

根据零售贸易的界定，OECD 组织编制的零售贸易指数涉及进入壁垒、运营限制和价格控制几个方面，目前涵盖 1998 年、2003 年、2008 年、2013 年的 34 个 OECD 成员国和其他几个非 OECD 成员国。中国可以根据表 6-28，选取零售贸易规制指数逐步降低的国家去开展投资。

1. 增加对美国、法国、英国和德国流通业的投资

无论从流通业的国际竞争力还是市场规模来看，美国、法国、英国、德国都是值得中国关注的市场。到这些发达国家投资，可以直接接触到全世界最高端的客户，同时有机会向这些国家的跨国流通企业学习。从当前发展状况来看，中国对这些国家的流通业投资流量和存量规模都比较小，今后中国要大幅增加对这些国家的投资。

2. 加快对荷兰电子商务的投资

在流通业态上，中国对外直接投资一方面要继续探索实体店铺的投资，另一方面要探索电子商务尤其是网络零售的投资。2018 年 12 月初，

联合国贸易和发展会议公布了"全球 B2C 电商指数"（见表 6-29），该指数可以用来衡量一国发展电商市场的准备程度。

表 6-29　　2018 年全球 B2C 电商指数排名前十的国家

经济体		互联网使用率（2017 年或最新）	金融机构或移动货币服务提供商的账户持有人比例分布（2015 年以后，2017 年或最新）	服务器的安全性（2017 年）	邮政可靠性（2017 年或最新）	指标值（2017 年数据）	指标值变化（2016—2017 年数据）	2017 年指标排序
第一	荷兰	95	100	100	90	96.1	-0.1	4
第二	新加坡	84	98	98	100	95.2	1.8	18
第三	瑞士	94	98	94	94	95	-0.8	2
第四	英国	95	96	90	96	94.4	0.6	6
第五	挪威	98	100	87	90	93.5	-0.5	3
第六	冰岛	98	99	98	78	93.5	0.3	11
第七	爱尔兰	81	95	95	100	92.8	1.5	19
第八	瑞典	96	100	86	89	92.8	0.0	7
第九	新西兰	88	99	87	96	92.6	0.5	10
第十	丹麦	97	100	96	74	91.8	-1.6	13

资料来源：《联合国发布：全球电商指数排名 Top10，荷兰、新加坡和瑞士斩获前三甲》，2018 年 12 月 12 日，雨果跨境，https：//www.cifnews.com/article/39869。

根据金融机构或移动货币服务提供商的账户持有人比例分布，互联网使用率、邮政可靠性以及服务器的安全性等指标进行测度，全球有 151 个国家被纳入 B2C 电商指数排名。早在 2016 年就已拥有 4 万多家纯在线零售商的荷兰，排名全球第一。这意味着荷兰具有开展电子商务的良好基础，中国可以考虑加大对荷兰跨境电子商务的投资。

3. 高度重视对土耳其流通业的投资

作为横跨欧亚大陆的国家，拥有 8000 万人口、年国家零售总额达到

2410亿美元的土耳，其市场潜力凸显。根据笔者对2004年、2006年、2007年、2009—2017年共12年全球零售发展指数的整理，土耳其在这12年间一直都居于全球零售发展指数30强。相比较而言，土耳其的零售贸易规制指数为2.38，这就意味着该国流通业对外开放存在巨大空间。

土耳其优越的地理位置也是吸引中国流通业对外直接投资的重要原因之一。无论是从全球版图还是从"一带一路"倡议来看，对于中国流通业对外直接投资来说，土耳其都是应高度重视并且值得大规模投资的目标市场。对土耳其的投资应该先围绕其首都伊斯坦布尔进行，再围绕该国在中欧班列开行铁路沿线的枢纽城市展开。

4. 考虑对罗马尼亚进行投资

罗马尼亚是进入东欧市场的门户。2016年，罗马尼亚的GDP增速达到了5%，最低工资增长了19%，增值税从24%下降到20%，实现零售额450亿美元。罗马尼亚正成为全球流通资本大量涌入的国家。中国要关注罗马尼亚流通业的发展，并顺势推进对该国流通业的投资。中国流通业要抓住罗马尼亚对外开放的机遇，通过合资的形式进入这个东欧门户国家。

(二) 逐步增加对新兴经济体的投资

新兴经济体的发展势头比较迅速，尤其是东南亚地区。到底该到哪些新兴经济体去投资，可以从全球零售发展指数中去发现。从表6-30中可以看出，波兰、匈牙利、智利、墨西哥的零售发展机会已经进入了关闭期，印度、俄罗斯等的零售发展机会窗口仍在开放中。

针对新兴经济体的投资，要围绕"一带一路"倡议来选择。对外直接投资对包括中国在内的共建"一带一路"国家的全球价值链升级有显著的促进作用。[1] 中国要走出全球价值链低端锁定的困境，可以在优先发展对周边国家直接投资的基础上，增加对中东欧地区的直接投资。[2]

---

[1] 李俊久、蔡婉琳：《对外直接投资与中国全球价值链分工地位升级：基于"一带一路"视角》，《四川大学学报》(哲学社会科学版) 2018年第3期。

[2] 姚战琪：《基于全球价值链视角的中国企业海外投资效率问题研究》，《国际贸易》2016年第12期。

表 6-30　　全球零售发展指数机会窗口

	开放中	巅峰期	成熟中	关闭中
	波兰（1990年） 匈牙利（1995年） 秘鲁（2002年） 俄罗斯（1995年） 尼日利亚（2014年） 智利（1998年） 墨西哥（2003年） 巴西（2005年） 埃及（2016年） 印度（2003年） 中国（2003年）	俄罗斯（2003年） 越南（2016年） 秘鲁（2015年） 印度尼西亚（2016年） 巴西（2013年） 印度（2009年）	墨西哥（2009年） 印度（2015年） 中国（2016年） 土耳其（2016年） 俄罗斯（2016年） 阿拉伯联合酋长国（2016年）	南非（2015年） 墨西哥（2016年） 匈牙利（2011年） 智利（2016年） 波兰（2005年）
定义	中产阶级在增长，消费者愿意探索有组织业态并且政府正在放松限制	消费者寻找有组织业态并且暴露在全球品牌中，零售购物区正在开发中，有支付得起和可获得的物业	消费者支出已经扩张，理想的物业更加难以获得，本地的竞争变得越来越复杂	消费者已经习惯了现代零售，自由决定支出高，来自本地和外国零售商的竞争激烈，物业昂贵并且不能立即获得
典型的进入模式	对本地零售的少数投资	有组织，比如通过直接运营的店铺	典型的有组织，当时聚焦于二、三线城市	并购
劳动力战略	识别针对管理层的本地熟练工人	雇用并培训本地精英，平衡外派组合	改变从外籍员工到本地员工的平衡	主要使用本地员工

资料来源："The 2016 Global Retail Development Index: Gloabal Retail Expansion at a Crossroads", July 16, 2019, Kearney.com, https://www.kearney.com/documents/291362523/291368136/2016+-+Global+Retail+Expansion+at+a+Crossroads.pdf/2a4cde48-ef34-f3df-cc79-2465416ca1d3? t = 1608447646000; "The 2017 Global Retail Develoment Index: The Age of Focus", July 16, 2019, Kearney.com, https://www.kearney.com/documents/291362523/291368127/The+Age+of+Focus%E2%80%93The+2017+Global+Retail+Development+Index.pdf/d99729b6-f190-2f4d-c7e6-aca980eaf31a? t = 1608447589000。

结合全球零售发展指数、流通贸易限制指数、人口规模以及经济发展潜力等指标，从全球价值链构视角出发，中国流通业对外直接投资的区位选择，可以从以下几个方面着手。

首先，高度重视对俄罗斯、印度、泰国、马来西亚、沙特阿拉伯等国家的投资。俄罗斯、印度、泰国、马来西亚、沙特阿拉伯这几个国家是连续 12 年都在全球零售发展指数 30 强的国家。中国流通业对外直接投资应该持续关注并且增加对这些国家的投资。

其次，加强对哈萨克斯坦、印度尼西亚、斯里兰卡、泰国等国家的投资。哈萨克斯坦是"一带一路"的重要节点；印度尼西亚是东南亚人口最多的国家；斯里兰卡传统流通业发展占绝对比重，也就意味着有组织零售的发展空间巨大。在新兴经济体中，泰国也是值得关注的国家。泰国移动支付兴起、电子商务发展迅速，中国应该继续加大对泰国的流通业投资。

再次，在拉丁美洲，可将巴拿马、巴西、哥伦比亚、秘鲁等国家的投资作为重点。巴拿马虽然和中国建交不久，但是该国的地理位置特殊，是北美洲和南美洲的交通要塞，中国要加强对该国流通业的投资。基于人口、经济发展等角度考虑，巴西都是值得重点关注的国家。哥伦比亚和秘鲁近年来在全球零售发展指数排行榜上出现的频次增加，表明这两个国家流通业发展前景比较光明，中国应对这两个国家加强投资。

最后，在非洲，高度重视对摩洛哥、突尼斯、阿尔及利亚、尼日利亚、肯尼亚等国家的流通业投资。摩洛哥是非洲国家中唯一一个连续 11 年（除了 2015 年）位列全球零售发展指数 30 强的国家；尼日利亚是非洲人口最多的国家；突尼斯大部分时候都在全球零售发展指数排行榜前 30 名，表明该国流通业发展潜力旺盛；阿尔及利亚则源自其地理位置；肯尼亚和中国在基础设施等领域合作紧密。中国可以和这些国家开展流通领域的合作。

第七章

基于 GVC 的中国流通业 OFDI 障碍及破除机制

随着中国经济的发展，中国资本输出的规模和速度都会加快。流通业作为中国资本对外输出的重要组成部分，也会以各种方式进入海外市场。国际市场复杂多变，中国流通业对外直接投资不可能一帆风顺。正确识别海外市场存在的障碍，进行实时防范并破除，将有助于中国流通业对外直接投资有序发展。

本章首先介绍全球价值链视角下中国流通业对外直接投资的常见障碍。在此基础上，将中国流通业对外直接投资面临的主要障碍设计为 11 个细分指标并进行问卷调查，从总体上了解中国流通业"走出去"面临的困难。然后，以苏宁易购为例，对中国零售企业海外投资的历程、总体运营情况以及面临的障碍展开分析。最后，从政府和企业角度，提出全球价值链视角下中国流通业对外直接投资障碍的具体应对机制。

第一节 GVC 视角下中国流通业 OFDI 面临的主要障碍

作为世界上最大的发展中国家，虽然中国政府在推动中国流通业 OFDI 上不断努力，但是中国流通业 OFDI 一直面临多方面的障碍。本章重点讨论中国流通业进入东道国市场面临的障碍。

一 GVC 视角下中国流通业 OFDI 的常见障碍

（一）市场进入障碍

进入障碍，也称为进入壁垒。常见的进入障碍包括绝对成本优势、规模经济、产品差异化、政策法律制度、阻止进入策略行为等。对于中国流通业对外直接投资来说，政策法律制度是首要的进入障碍。

中国流通业对外直接投资的目标市场选择已经表明，中国将采取发达国家与发展中国家市场同时开发的战略。在中国流通业对外投资的实际过程中，面对的首个障碍就是某些国家对中国资本的进入设置重重壁垒，而且这个壁垒有逐步增加的趋势。

2018年7月，美国众议院通过《外国投资风险评估现代化法》（Foreign Investment Risk Review Modernization Act，FIRRMA），以此进一步限制外国资本在美国投资，尤其是在关键和基础技术领域的投资。FIRRMA被签署，这意味着美国政府将加强对外资的安全审查（如之前不太干预的合资交易）。这也标志着美国外国投资委员会（Committee on Foreign Investment in the United States，CFIUS）的权力被扩大。

外国投资委员会成立于20世纪70年代。基于《1974年外国投资研究法案》，福特总统于1975年成立了美国外国投资委员会，其职能主要是统计、监控外商投资信息，对形势进行预判，并对当时的相关政策进行协调。1988年，美国国会通过《〈1950年国防生产法〉埃克森—佛罗里奥修正案》（Exon-Florio Amendment to the Defense Production Act of 1950），对美国外国投资委员会追加赋权。2007年，《外国投资和国家安全法》（FINSA）正式出台。《外国人合并、收购和接管条例》等相关衍生规则条例也逐步走上前台。

自20世纪80年代以来，CFIUS一直负责审查外资对美国国家安全的影响。CFIUS审查特别关注相关交易中的两个方面，即被收购的美国公司的性质以及取得该美国企业控制权的外国人的身份。随着FIRMA的生效，中国企业对美国的直接投资将面临来自外国投资委员会更严格的审查。

美国对来自中国的直接投资审查日益严格，直接导致中国对美国直接投资流量锐减。2004—2016年，虽然经历了国际金融危机，中国对美国的对外直接投资总体来说比较顺畅。中国对美国的直接投资净额从2004年的1.20亿美元，逐年增加至2012年的40.48亿美元。2013年，中国针对美国的直接投资净额缩减至38.73亿美元，之后反弹，并在2016年达到最高值169.8亿美元。

从2017年开始，中国对美国的直接投资大幅缩减，主要是因为美国执行的监管审查日益苛刻。2020年5月，美国发布《美国对中华人民共和国的战略方针》，强调美国在经济、价值观、安全等方面遭遇了诸多挑战，同时对其盟友和伙伴们制定更清晰、更有利的相关措施。

(二) 具体运营障碍

从全球范围来看，虽然美国对来自中国的资本设置了极为苛刻的障碍，但是这并不意味着中国流通业资本就能轻易进入其他国家市场。这是因为在具体运营中，中国流通资本会面临来自企业运营方面的障碍。在零售业的具体运营中，该产业的主要进入壁垒包括资本要求、店铺的可获得性、合格从业人员的可获得性等。[1]

以印度为例。从资本运营来看，印度政府对多品牌外国零售商投资施加诸多限制。比如，最低投资额不得低于1亿美元，并且在三年内其中一半的投资额要投到后向基础设施，包括加工、制造、分销、设计改进、品质控制、包装、物流、储存、仓储、农贸市场基础设施等。从流通业发展态势来看，虽然网络零售发展势头迅猛，但是实体零售的主导地位并未因此发生改变。也就是说，实体店铺是流通业中的重要资源。针对店铺的选址，印度进行地理限制，只允许外商在人口超过100万人的城市开店，并且这些店只能覆盖城市集聚区10千米内的范围。目前，印度有53个城市符合此要求。尽管包括马哈拉施特拉、哈里亚纳邦等在内的12个州宣布，它们允许外资进入当地零售市场，但是古吉拉特、乌塔普拉蒂什等则反对外商直接投资进入多品牌零售。印度29个邦历史上都拥有加入或者退出外商直接投资改革的权力。不仅如此，印度的基础设施瓶颈，具体包括过时的劳工法、复杂的规制、高的劳动离职率、受到限制的高品质零售空间等，这些都对外国资本进入印度零售市场构成了壁垒。

由此可见，中国流通企业在印度为代表的新兴市场具体运营中将面临各种各样的障碍。其实，这些并不是新兴经济体所独有，发达国家对外国零售业在其国内市场的具体运营也有诸多限制。即使在美国这样一

---

[1] Myron Gable et al., "Entry Barrier in Retailing", *Journal of Retailing and Consumer Services*, Vol. 4, No. 2, 1995, pp. 211–221.

个发达国家，店铺可得性也是零售业中新进入者面临的主要外生壁垒。[①] 实际上，在OECD国家中，只有澳大利亚、芬兰、爱尔兰、挪威和瑞士对零售店铺的具体选择没有做出特别的要求。

除了选址，有的OECD成员国则对外国资本的运营范围进行限制。比如，奥地利、比利时、丹麦、法国、意大利、荷兰、西班牙、瑞典和英国不允许外资从事医药产品分销，芬兰、冰岛、挪威、波兰、瑞典和土耳其禁止销售酒精，澳大利亚、法国、匈牙利、瑞士和西班牙禁止销售烟草。[②]

对于中国流通业来说，对外直接投资还面临中国与东道国的文化差异、东道国当地流通业人才短缺以及当地关联产业发展与中国流通业投资不相匹配等障碍。从目前中国流通业"走出去"的主要形式来看，电子商务尤其是网络零售的投资力度比较大，这就要求东道国有相对完善的运输网络和物流服务以及相应的人才，但并不是所有的东道国都具备这样的条件。当然，支付方式与支付习惯也是需要考虑的因素。并不是所有其他国家都像中国一样有如此丰富的移动支付场景，也并不是所有国家的金融服务能支持随时随地进行移动支付。

（三）投资安全缺乏保障

对于所有在海外投资的中国流通业来说，投资的目的是要实现资本的保值增值，其中保值是最起码的要求。然而，中国流通业在对外投资过程中并不是都能实现保值。如果保值都谈不上，那就不要谈增值了。也就是说，和其他产业一样，中国流通业对外直接投资将面临投资安全风险。关于投资安全风险的评价，可以从中国出口信用保险公司《国家风险分析报告》中看出端倪。该报告从2004年开始连续发布，可以作为中国流通业对外投资识别东道国国家风险的重要依据。

二　GVC视角下中国流通业OFDI障碍：基于调查问卷

对于中国流通企业来说，投资障碍伴随着对外直接投资企业经营的

[①] Myron Gable et al., "Entry Barrier in Retailing", *Journal of Retailing and Consumer Services*, Vol. 4, No. 2, 1995, pp. 211–221.

[②] Olivier Boylaud, Giuseppe Nicoletti, "Regulatory Reform in Retail Distribution", *OECD Economic Studies*, No. 32, 2001, pp. 254–272.

每个环节。从最初的投资规划到后期的经营，中国流通业对外直接投资随时都有可能面临挑战。除了上述讨论的主要障碍外，中国流通业对外直接投资也会面临其他的障碍，比如投资企业自身的品牌价值难以获得东道国市场的认可，导致难以对资源进行整合等。

基于对流通业海外直接投资的思考，本书引入这些涉及企业层面的障碍。本书将中国流通业 OFDI 面临的主要障碍细分为 11 个方面，具体包括：(1) 东道国的市场进入限制；(2) 在东道国的投资安全没有保障；(3) 东道国的市场趋于饱和；(4) 商业品牌价值低，资源整合能力差；(5) 东道国税收政策限制；(6) 跨国管理人才缺乏；(7) 跨国经营能力不足；(8) 关联产业的发展水平低；(9) 与东道国的文化差异大；(10) 跨境供应链的整合难度大；(11) 其他限制因素。

根据实地调查问卷的情况，对回收问卷的有效处理结果见表 7-1。频数和有效百分比较高的组合分别为 (68, 50.4%)、(66, 48.9%)、(47, 34.8%) 以及 (47, 34.8%)。也就是说，在中国流通业对外直接投资面临的诸多限制因素中，东道国的市场进入限制，跨国管理人才缺乏，商业品牌价值低、资源整合能力差，跨境供应链的整合难度大，这四个因素是中国流通业对外直接投资面临的主要障碍。

表 7-1　　中国流通业 OFDI 面临的障碍频数分布情况　　（单位:%）

	频数（含重复项）	有效百分比
东道国的市场进入限制	68	50.4
在东道国的投资安全没有保障	45	33.3
东道国的市场趋于饱和	30	22.2
商业品牌价值低，资源整合能力差	47	34.8
东道国税收政策限制	40	29.6
跨国管理人才缺乏	66	48.9
跨国经营能力不足	46	34.1
关联产业的发展水平低	24	17.8
与东道国的文化差异大	34	25.2
跨境供应链的整合难度大	47	34.8
其他	1	0.7

第二节 GVC下中国流通企业OFDI障碍分析：
以苏宁易购为例

为了更好地了解中国流通企业对外直接投资面临的具体障碍，本部分将重点关注已经开展对外直接投资的中国流通企业。基于数据的可得性，将选取从实体零售起家的苏宁易购集团股份有限公司（以下简称"苏宁易购"）作为典型案例进行分析。

一 苏宁易购基本情况

苏宁易购源自 1990 年在南京创建的苏宁电器，曾专营空调并且自建售后服务。1998 年，苏宁电器结束了单一的空调销售，向综合型电器连锁经营转型。随着综合电器全国连锁业务的启动，依靠空调销售以及其他电器销售中的专业化经验，2004 年，苏宁电器股份有限公司成功上市。苏宁电器相继从南京市场到江苏全省再到全国市场，通过快速开店、抢占国内市场，建立商业品牌。通过延迟支付给供应商的"应付款"和"应付票据"，[1] 即"吃供应商"的盈利模式，[2] 苏宁占用供应商资金，为门店扩张提供资金支持。[3] 2006 年，苏宁全速扩张，平均一天半开一家店，仅这一年就扩张了 200 家店。[4] 截至 2007 年上半年，苏宁电器销售收入为 189 亿元，利润近 6 亿元，苏宁的门店数量达到 413 家。2007 财年，苏宁电器实现的集团收入为 112.55 亿美元，其中零售销售额为 52.87 亿美元。2002—2007 财年，苏宁电器零售额的复合增长率达到了 48.2%。苏宁电器跻身于全球零售 250 强榜单的第 152 位，这些不仅为苏宁成长为中国家电市场的主导性品牌打下了基础，而且为 2009 年走出国门奠定了基础。

---

[1] 汤谷良：《资金运营战略：速度至上——基于国美、苏宁的流动性分析》，《财务与会计》2008 年第 12 期。

[2] 闫昕：《对国美、苏宁等家电连锁企业的"类金融"发展模式的思考》，《商场现代化》2007 年第 517 期。

[3] 姚宏、魏海玥：《类金融模式研究——以国美和苏宁为例》，《中国工业经济》2012 年第 9 期。

[4] 齐鹏：《国美与苏宁：殊途难以同归？》，《中国商贸》2007 年第 Z1 期。

2013年2月，苏宁电器股份有限公司更名，苏宁云商集团股份有限公司（以下简称"苏宁云商"）诞生。2013年9月，"苏宁云台"正式启用。苏宁云商引发的供应链变革被作为优秀供应链，收入中国供应链蓝皮书。[①] 苏宁云商经历五年的发展，2018年被更名为"苏宁易购集团股份有限公司"。2018财年，苏宁易购以351.56亿美元位列全球零售250强的第32名（见表7-2），成为仅次于京东的第二家中国上榜流通企业。凭借2013—2018年17.5%的复合增长率，苏宁在全球增长最快的零售商中排名第21位。

2019年，苏宁完成了对37家万达百货的收购，将其升级改造为苏宁易购广场。同时，苏宁易购完成对家乐福中国80%的股份的收购。截至2019年12月31日，苏宁易购拥有家乐福超市店面209家、家乐福便利店24家。目前，苏宁易购在中国内地的线下店面业态包括苏宁易购广场、家电3C家居生活专业店、苏宁易购直营店、家乐福超市、苏鲜生超市、红孩子母婴店。苏宁易购正处于巩固家电、主攻快消、培育百货的品类发展阶段。

二 苏宁易购对外直接投资历程（2009年至今）

2009年，苏宁电器先后收购中国香港的镭射公司和日本的乐购仕（LAOX）公司。苏宁电器从此进入国内市场与国际市场同时开发阶段。

（一）收购中国香港本土零售商镭射公司，进军香港零售业

拥有700多万人口、身处世界零售市场前沿，苏宁电器将中国香港作为首个投资目的地。

表7-2　　　　　　　　苏宁与沃尔玛的比较　　　　（单位：百万美元）

	排名	纯零售额	增长率	业态	运营国家和地区数量
			苏宁		
2007财年	153	5287	2002—2007年，零售额复合增长率48.2%	电器专卖	3

---

① 丁俊发：《中国供应链管理蓝皮书（2016）》，中国财富出版社2016年版，第261页。

续表

	排名	纯零售额	增长率	业态	运营国家和地区数量
2009 财年	104	8547	2004—2009 年，零售额复合增长率 45%	电器专卖	1
2010 财年	84	11170	2005—2010 年，零售额复合增长率 36.5%	电器专卖	1
2011 财年	69	14549	2006—2011 年，零售额复合增长率 29.2%	电器专卖	3
2012 财年	60	15608	2007—2012 年，零售额复合增长率 19.6%	电气专卖	3
2013 财年	59	16616	2008—2013 年，零售额复合增长率为 16.3%	电器专卖	3
2014 财年	57	17733	2009—2014 年，零售额复合增长率为 13.3%	电器专卖	3
2015 财年	46	21814	2010—2015 年，零售额复合增长率为 12.4%	电器专卖	2
2016 财年	44	22364	2011—2016 年，零售额复合增长率为 9.6%	电器专卖	2
2017 财年	36	27801	2012—2017 年，零售额复合增长率为 13.8%	电器专卖	2
2018 财年	32	35156	2013—2018 年，零售额复合增长率 17.5%	电器专卖	2
2019 财年	29	36707	2014—2019 年，零首付和增长率 18.8%	电器专卖	1
2020 财年	31	34547	2015—2020 年，零售额复合增长率 12.9%	电器专卖	1
2021 财年	58	19834	2016—2021 年，零售额复合增长率 -2.3%	电器专卖	1

续表

	排名	纯零售额	增长率	业态	运营国家和地区数量
沃尔玛					
2007 财年	1	374526	2002—2007 年，零售额复合增长率10.3%	仓储式及会员制商店/仓储俱乐部、折扣百货店、购物广场、大卖场/超级购物中心、超级市场	14
2009 财年	1	405046	2004—2009 年，零售额复合增长率7.3%	主要业态：大卖场/超级购物中心、超级市场	16
2010 财年	1	418952	2005—2010 年，零售额复合增长率6.0%	主要业态：大卖场/超级购物中心、超级市场	16
2011 财年	1	446950	2006—2011 年，零售额复合增长率5.1%	主要业态：大卖场/超级购物中心、超级市场	28
2012 财年	1	469162	2007—2012 年，零售额复合增长率4.4%	主要业态：大卖场/超级购物中心、超级市场	28
2013 财年	1	476294	2008—2013 年，零售额复合增长率为3.3%	主要业态：大卖场/超级购物中心、超级市场	28
2014 财年	1	485651	2009—2014 年，零售额复合增长率为3.5%	主要业态：大卖场/超级购物中心、超级市场	28
2015 财年	1	482130	2010—2015 年，零售额复合增长率为2.7%	主要业态：大卖场/超级购物中心、超级市场	30
2016 财年	1	485873	2011—2016 年，零售额复合增长率为1.7%	主要业态：大卖场/超级购物中心、超级市场	29
2017 财年	1	500343	2012—2017 年，零售额复合增长率为1.3%	主要业态：大卖场/超级购物中心、超级市场	29
2018 财年	1	514405	2013—2018 年，零售额复合增长率1.6%	主要业态：大卖场/超级购物中心、超级市场	28
2019 财年	1	523964	2014—2019 年，零售额复合增长率1.5%	主要业态：大卖场/超级购物中心	27

续表

	排名	纯零售额	增长率	业态	运营国家和地区数量
2020 财年	1	559151	2015—2020 年，零售额复合增长率 3.0%	主要业态：大卖场/超级购物中心	26
2021 财年	1	572754	2016—2021 年，零售额复合增长率 3.3%	主要业态：大卖场/超级购物中心	24

资料来源：笔者根据历年的《全球零售力量》研究报告绘制。

2009 年 12 月 30 日，苏宁电器以大约 2.15 亿港元收购中国香港本土零售商镭射公司（Citicall Retail Management Limited，CRM），并将后者作为其全资子公司，正式进入香港市场。镭射公司创建于 1976 年，从事家用电器及消费类电子产品的销售及服务业务，2000 年开始连锁经营。镭射公司在中国香港核心商圈以及主要社区商圈共有 23 家连锁店铺。2010 年 2 月，苏宁电器正式承接 CRM 品牌及其在香港地区的连锁网络及业务，并同期成立香港地区管理中心，以"苏宁镭射"品牌在香港开展业务。2011 年，苏宁电器接管日本家庭电器零售连锁店的 3 家分店。从此，苏宁镭射在铜锣湾时代广场、尖沙咀海港城等核心商圈以及社区商圈都有网点。从表 7-3 可以看出，苏宁镭射自 2010 年进入财务报表以来，在报告日期内的收入占集团总收入的比重逐步提升，从 2010 年 6 月 30 日的不足 1%，提高到 2014 年的 6.4%。苏宁镭射实现的利润从 2010 年的 7295 万元，增加到 2012 年的 53882 万元，占当年集团利润的 3.08%。2015 年，苏宁云商在香港地区拥有分别从事包括连锁零售、广告业务在内的 5 家子公司。

表 7-3   2010—2018 年苏宁镭射运营情况   （单位：万元,%）

	主营业务收入	成本	利润	毛利率	收入占比	利润占比
2010 年 6 月 30 日	29921	25325	4606	15.39	0.84	0.82

续表

	主营业务收入	成本	利润	毛利率	收入占比	利润占比
2010年12月31日	83700	76405	7295	8.72	1.13	0.59
2011年6月30日	60641	53245	7396	12.2	1.37	0.9
2011年12月31日	165342	148521	16822	10.17	1.76	0.95
2012年6月30日	267131	240546	26585	9.95	5.66	3.01
2012年12月31日	577334	523453	53882	9.33	5.87	3.08
2013年6月30日	338581	314965	23616	6.97	6.1	2.79
2013年12月31日	658816	607228	43958	6.75	6.18	2.75
2014年6月30日	327536	315556	11980	3.66	6.4	1.58
2014年12月31日	752518	—	—	—	6.91	—
2015年12月31日	733751	—	—	—	5.41	—
2016年12月31日	468026	—	—	—	3.15	—
2017年12月31日	271151	—	—	—	1.44	—
2018年12月31日	316925	—	—	—	1.29	—

注：苏宁财务报表中2015—2018年部分数据缺失，导致部分表格中数据为空。

资料来源：笔者根据苏宁易购集团历年年度报告整理而成。

从2009年并购至今，苏宁镭射的主营业务收入以及其在集团主营业务收入中的比重波动比较大（见图7-1）。2010—2018年，苏宁镭射实

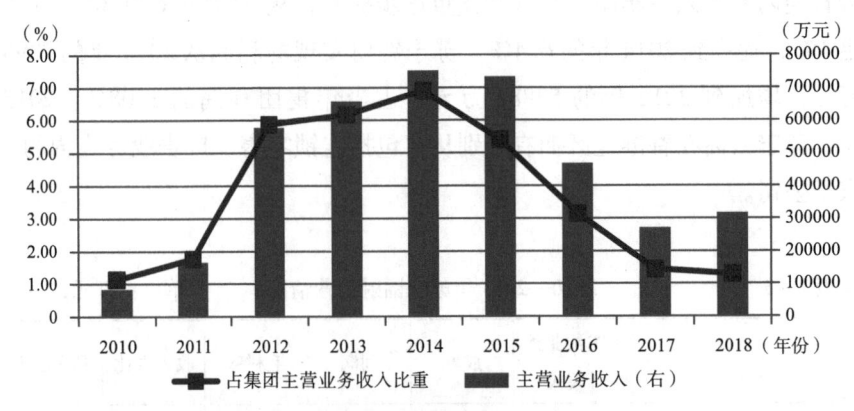

图7-1 苏宁镭射主营业务收入

资料来源：笔者根据苏宁易购集团历年财务报表数据绘制。

现的主营业务收入在 2014 年达到峰值后，逐步下降。尤其是 2016 年、2017 年下滑比较明显。2018 年，实现的主营业务收入为 316925 万元，占企业集团主营业务收入的 1.29%。截至 2019 年 6 月，苏宁镭射在港岛、九龙、"新界"共有 24 家门店，并且根据不同的区位调整运营时间，以满足不同区位顾客的需求。

（二）收购日本家电连锁企业 LAOX，进军日本市场

1. 收购后增持股权，实现苏宁电器对 LAOX 的绝对控股

日本家电连锁企业 LAOX 创立于 1930 年，主营电脑、通信、消费电子等产品。LAOX 2001 年曾经位居日本电器连锁行业老大的地位，年销售额高达 100 亿人民币。受日本宏观经济低迷、日本家电零售市场饱和等多方面因素的影响，LAOX 经营陷入困境。2009 年，苏宁电器收购 LAOX 27.36% 的股权，成为 LAOX 的第一大股东。该收购案不仅是中国流通企业首次收购日本企业，也是中国企业历史上首次收购日本上市企业。

LAOX 被收购后，逐步向免税店业务转型。在随后的两年中，苏宁电器先后通过境外子公司 Grand Magic Limiter 增持 LAOX 的股权，从 2009 年的 27.36% 增加到 2010 年的 34.28%，后又增加到 2011 年的 51%，从而实现对 LAOX 的绝对控股。

2. 实现电器连锁向免税连锁的转型，LAOX 扭亏为盈

自 2009 年 LAOX 被苏宁电器收购后，LAOX 就开始从家电连锁店向免税连锁店转型。随着 2010 年中国 GDP 超过日本，赴日旅游中国游客数量增加，LAOX 实现了快速增长。

2011 年，苏宁电器将 LAOX 引入中国国内市场，南京 LAOX 生活广场首家店于 2011 年年底开业。这标志着 LAOX 进入了日本市场和中国市场同时开发的阶段。

从表 7-4 可以看出，2011—2014 年，LAOX 的收入在逐步增加，并且毛利率一直保持两位数的水平。LAOX 在 2014 年开始扭亏为盈，成为日本规模最大的综合免税家电零售企业。数据显示，2014 年，LAOX 销售收入增长超过 50%，利润增幅达 138%，在日本免税行业销售额位居第一。[①]

---

① 《苏宁三年内将在日本开设 50 家免税店》，2015 年 6 月 23 日，中国新闻网，http：//m.haiwainet.cn/middle/352345/2015/0623/content_28860450_1.html。

LAOX 的日本员工占六成，日本之外国家和地区的员工占四成。2015年年底，LAOX 共有店面 33 家，成为日本最大的免税消费渠道。2016 年 9 月底，LAOX 在日本国内的店铺数量为 42 家。[①]

表 7-4　　　　　　　　LAOX 运营情况　　　　　　（单位：万元,%）

	主营业务收入	成本	利润	毛利率	收入占比	利润占比
2011 年 12 月 31 日	32804	25854	6950	21.19	0.35	0.39
2012 年 6 月 30 日	56271	42405	13866	24.64	1.19	1.57
2012 年 12 月 31 日	105351	71870	33841	31.78	1.08	1.92
2013 年 6 月 30 日	49088	40115	8973	18.28	0.88	1.06
2013 年 12 月 31 日	119910	90908	29002	24.19	1.13	1.81
2014 年 6 月 30 日	81030	53488	27542	33.99	1.58	3.63
2014 年 12 月 31 日	208073	—	—	—	1.91	—
2015 年 12 月 31 日	448399	—	—	—	3.31	—
2016 年 12 月 31 日	343745	—	—	—	2.31	—
2017 年 12 月 31 日	387058	—	—	—	2.06	—
2018 年 12 月 31 日	707708	—	—	—	2.89	—

资料来源：笔者根据苏宁易购集团历年财务报表数据绘制。

3. 通过品类拓展、业务多元，免税连锁店向全品类商店发展

随着 2016 年 4 月国务院关税税则委员会上调出境游客在国外购买物品的关税，加上日元汇率回升等多种因素，LAOX 对中国游客的吸引力有所下滑。与 2015 年相比，2016 年，LAOX 的主营业务收入大幅萎缩（见图 7-2）。为了改变此状况，LAOX 从顾客需求入手；为了提高到店顾客的购物体验，LAOX 从品类拓展入手，采取多元化发展的方式，推动 LAOX 打造全品类商店。

其一，LAOX 将原有的电器品类向鞋类、箱包类等拓展。2016 年、

[①]《苏宁旗下日本免税店利润骤减》，2016 年 11 月 15 日，东方财富网，http：//finance.eastmoney.com/news/1354，20161115684073465.html。

2017 年 LAOX 先后收购了新兴制鞋工业株式会社和 SHIN-EI 株式会社 100% 的股权、株式会社 OGITSU 集团 95% 的股权，将鞋类产品纳入经营范围。2017 年，LAOX 收购日本老牌箱包企划批发企业 TORIN 株式会社 70% 的股权，进入箱包行业。

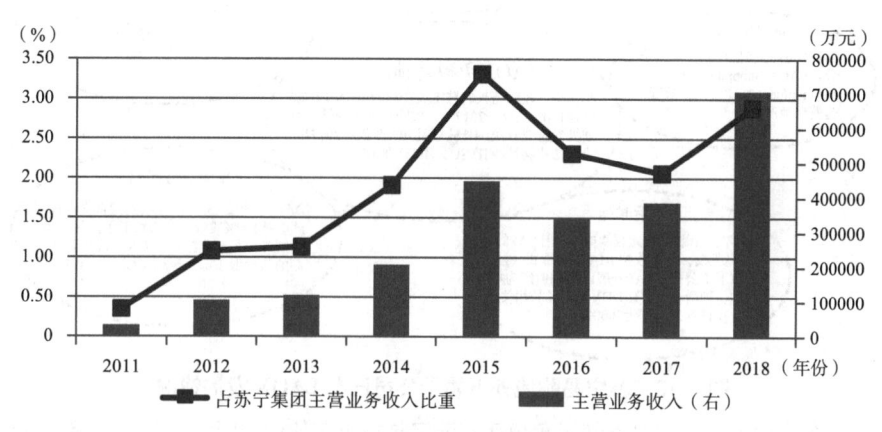

图 7-2　乐购仕主营业务收入

资料来源：笔者根据苏宁易购集团历年财务报表数据绘制。

其二，针对国外游客的需求，LAOX 通过创建餐饮企业、收购出租车公司等方式，打造集餐饮、出行、时尚等为一体的立体化商业平台。2017 年，LAOX 设立餐饮公司 Food Creation Works，收购从事出租车运营业务的爱都交通株式会社。LAOX 收购株式会社 SAP，通过 SAP 千叶港城开展"GEAR"事业，为 LAOX 销售引流，旨在将顾客流转变为购物流，最终转变为 LAOX 的现金流。另外，LAOX 成立了 Laox Shopping Center Development，强化对不动产业务的经营和管理。通过一系列举措，LAOX 正逐渐将自身打造为以免税连锁店为核心，涵盖餐饮、旅游、生活时尚、商业房地产、海外零售贸易等领域的全品类商品交易平台（见图 7-3）。

以零售业务为核心的多品类、多元化发展方式，为 LAOX 的发展注入了新的动力。2017 年，LAOX 的主营业务收入开始回升。截至 2018 年 12 月 31 日，苏宁在日本市场拥有 38 家门店，在日本市场实现的主营业务收入为 70.77 亿元。

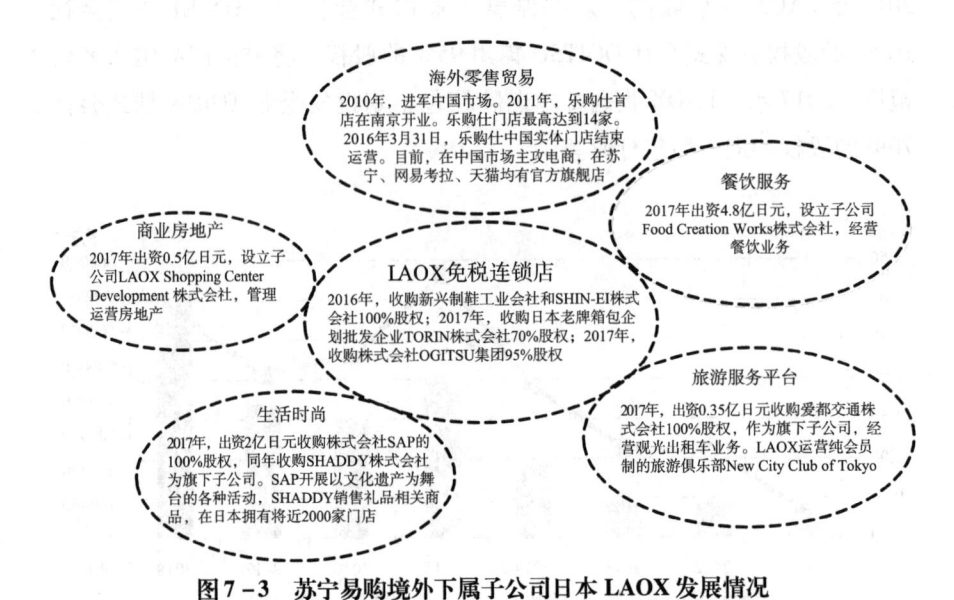

海外零售贸易
2010年，进军中国市场。2011年，乐购仕首店在南京开业。乐购仕门店最高达到14家。2016年3月31日，乐购仕中国实体门店结束运营。目前，在中国市场主攻电商，在苏宁、网易考拉、天猫均有官方旗舰店

商业房地产
2017年出资0.5亿日元，设立子公司LAOX Shopping Center Development 株式会社，管理运营房地产

LAOX免税连锁店
2016年，收购新兴制鞋工业会社和SHIN-EI株式会社100%股权；2017年，收购日本老牌箱包企划批发企业TORIN株式会社70%股权；2017年，收购株式会社OGITSU集团95%股权

餐饮服务
2017年出资4.8亿日元，设立子公司Food Creation Works株式会社，经营餐饮业务

生活时尚
2017年，出资2亿日元收购株式会社SAP的100%股权，同年收购SHADDY株式会社为旗下子公司。SAP开展以文化遗产为舞台的各种活动，SHADDY销售礼品相关商品，在日本拥有将近2000家门店

旅游服务平台
2017年，出资0.35亿日元收购爱都交通株式会社100%股权，作为旗下子公司，经营观光出租车业务。LAOX运营纯会员制的旅游俱乐部New City Club of Tokyo

图7-3 苏宁易购境外下属子公司日本LAOX发展情况

资料来源：《变身日本知名免税店：苏宁收购乐购仕的10年》，2019年5月13日，新浪网，https://k.sina.com.cn/article_5044281310_12ca99fde02000tqc9.html?from=news&subch=onews。

（三）继中国香港、日本之后，苏宁进入中国澳门零售市场

2014年，苏宁云商进入60多万人口的中国澳门市场，在当地旅游景点"大三巴"附近开设了第一家门店。与中国香港相比，澳门人口少并且市场规模相对较小，因此在管理上澳门分店被并入苏宁香港大区。随着2014年苏宁云商进入中国澳门，苏宁云商在中国内地、香港、澳门和日本的门店数量也在发生变化（见表7-5），不同市场的营业收入也随之变化（见表7-6）。截至2017年12月31日，公司在中国香港、澳门有25家店面，在日本有43家店面。数据显示，2017年在日本市场实现主营收入38.71亿元。公司在中国香港、澳门地区的子公司从事家电商品零售、批发业务，2017年，港澳地区实现主营收入27.12亿元。在此期间，苏宁实现的净利润最高将近49亿元。

第七章　基于 GVC 的中国流通业 OFDI 障碍及破除机制　/　219

表7-5　苏宁国内外经营的门店

（单位：家，万平方米，%）

	中国内地									中国香港				中国澳门				日本				合计
	覆盖地级以上城市数量	连锁店总数	常规店	精品店	县镇店	乐购仕生活广场	红孩子子	连锁店总面积	比前一年同期增长	连锁店总数	新开	关闭/置换	净增	连锁店总数	新开	关闭/置换	净增	连锁店总数	新开	关闭/置换	净增	
2011年	256	1684	1532	17	134	1	—	682.88	32.32	30	9	2	7	—	—	—	—	10	3	1	2	1724
2012年	271	1664	1546	—	104	8	—	692.90	1.47	30	3	3	0	—	—	—	—	11	2	1	1	1705
2013年	277	1585	1495	—	76	12	2	667.49	—	29	3	4	-1	—	—	—	—	12	2	1	1	1626
2014年	289	1650	1574	—	61	3	8	685.30	—	28	4	5	-1	1	1	0	1	17	7	2	5	1696
2015年	—	1577	—	—	43	3	27	—	—	28	5	6	-1	—	—	—	—	33	18	2	—	1638
2016年	297	1510	1303	—	34	—	26	—	—	24	—	—	—	—	—	—	—	42	—	—	—	3491
2017年	297	1144	1144	—	32	—	53	—	—	25	5	4	1	—	—	—	—	43	9	8	1	3867
2018年	—	—	—	—	—	—	—	—	—	28	8	5	—	—	—	—	—	38	1	6	—	—
2019年	—	—	—	—	—	—	—	—	—	30	3	1	—	—	—	—	—	—	—	—	—	—

注：中国香港和澳门的门店数量从2015年开始统计在一起。同时，苏宁店铺按照云店（旗舰店、中心店、社区店）、县镇店、苏宁红孩子店、苏宁超市店进行分类。

资料来源：苏宁财务报表。

表7-6 苏宁主营业务收入情况

(单位：亿元，%)

<table>
<tr><th rowspan="2">年份</th><th colspan="5">中国内地</th><th colspan="2">中国香港</th><th colspan="2">日本市场</th></tr>
<tr><th>主营业务收入</th><th>主营业务收入比前一年同期增减</th><th>线下实体销售收入含税</th><th>线上业务销售收入含税</th><th>同比</th><th>同比增加</th><th>销售收入</th><th>同比增加</th><th>销售收入</th><th>同比增加</th></tr>
<tr><td>2011年</td><td>924.65</td><td>—</td><td>902.95</td><td>152.16</td><td>-9.67</td><td>157.90</td><td>16.53</td><td>—</td><td>3.28</td><td>—</td></tr>
<tr><td>2012年</td><td>970.07</td><td>4.91</td><td>—</td><td>218.9</td><td>—</td><td>43.86</td><td>57.73</td><td>249.17</td><td>10.54</td><td>221.15</td></tr>
<tr><td>2013年</td><td>1039.2</td><td>7.13</td><td>—</td><td>—</td><td>—</td><td>—</td><td>65.11</td><td>12.79</td><td>11.99</td><td>13.82</td></tr>
<tr><td>2014年</td><td>976.53</td><td>-6.41</td><td>—</td><td>—</td><td>—</td><td>—</td><td>75.25</td><td>15.56</td><td>20.81</td><td>73.53</td></tr>
<tr><td>2015年</td><td>—</td><td>—</td><td>—</td><td>—</td><td>—</td><td>—</td><td>—</td><td>—</td><td>49.39</td><td>—</td></tr>
<tr><td>2016年</td><td>—</td><td>—</td><td>—</td><td>—</td><td>—</td><td>—</td><td>46.80</td><td>—</td><td>34.37</td><td>—</td></tr>
<tr><td>2017年</td><td>—</td><td>—</td><td>—</td><td>—</td><td>—</td><td>—</td><td>—</td><td>—</td><td>40.01</td><td>—</td></tr>
<tr><td>2018年</td><td>—</td><td>—</td><td>—</td><td>—</td><td>—</td><td>—</td><td>31.69</td><td>—</td><td>70.77</td><td>—</td></tr>
</table>

注：日本LAOX株式会社销售收入从2011年9月并入苏宁公司报表。

资料来源：苏宁财务报表。

三 苏宁易购 OFDI 后的总体运营情况

（一）苏宁易购营业收入逐年增加，经营规模日益变大

随着跨国并购的完成，加上 2010 年苏宁易购的推出，苏宁集团进入了新的阶段。其中，最明显的就是苏宁收入的增加。从表 7-7 可见，苏宁的营业收入从 2008 年的不足 500 亿元，增加到 2019 年的 2692 亿元。

表 7-7　　　　　　苏宁的营业收入和净利润　　　　（单位：亿元，%）

	营业收入	同比变动率	净利润	同比变动率
2008 年	499	24.13	22.6	48.68
2009 年	583	16.83	29.9	32.3
2010 年	755	29.50	41.1	37.46
2011 年	939	24.37	48.9	18.98
2012 年	984	4.76	25.1	-28.08
2013 年	1053	7.05	1.04	-95.84
2014 年	1089	3.45	8.24	573.62
2015 年	1355	24.44	7.57	—
2016 年	1486	9.62	4.93	—
2017 年	1879	26.48	40.49	721.02
2018 年	2449	30.35	126.42	212.2
2019 年	2692	—	133.28	

资料来源：笔者根据苏宁历年年报数据整理。

2011—2014 年，中国香港地区、日本市场的营业收入增长态势十分明显。以 2012 财年为例，母公司的集团纯收入达到 415 百万美元，业务来自中国内地、香港和日本三大市场。2007—2012 年，苏宁商业集团有限公司零售额复合增长率达到 19.6%，[1] 苏宁商业集团有限公司 2012 财年零售收入增长 4.8%，纯利润率达到 2.7%，被列入 2007—2012 财年增

---

[1] "Global Retailing Power 2014", July 15, 2017, jinhanfair.com, https：//www.jinhanfair.com/uploads/editor/file/20140311/20140311115836_49772.pdf.

长最快的零售商名单，位于该榜单的第 18 名。①

（二）苏宁零售品牌价值增加，在国际零售中的排名逐步提升

从 2011 年开始，苏宁进入"苏宁电器""LAOX"双品牌驱动阶段。苏宁国际化战略的推进，为苏宁零售品牌价值提升带来了机遇。2011 年，苏宁电器品牌价值为 728.16 亿元，位居中国商业零售第一。② 2012 财年，苏宁商业集团有限公司实现零售额 156.08 亿美元。2012 年，苏宁电器品牌价值上升至 815.68 亿元，继续蝉联中国商业零售第一。

在完成对日本企业的并购整合后，苏宁在国内通过收购"红孩子""缤购"等品牌，将业务拓展至母婴、化妆用品等领域。2013 年、2014 年间，苏宁先后成立金融事业部、获得国内 164 个城市的快递业务资质，同时取得国际快递经营业务许可资质。随着品类多元化、物流运营自主化、金融领域的开拓，苏宁品牌价值继续提升。2013 年，苏宁品牌升至 958.87 亿元。5 年后也就是 2018 年，苏宁品牌价值为 230628 亿元，位居中国零售业第一位。苏宁在全球零售 250 强榜单中的排名，则从 2007 财年的第 152 位提升为 2018 财年的第 32 位。

四 苏宁易购对外直接投资遇到的障碍——以日本市场为例

苏宁易购真正意义上走入国际市场，源自 2009 年苏宁电器对日本家电连锁零售商 LAOX 的收购。在 2011—2020 年新十年发展规划中，苏宁易购将具备全球化竞争力的世界级一流企业作为发展目标。同时，苏宁在美国设立美国硅谷研究院，在开曼群岛社设立境外子公司从事投资，逐步推进苏宁集团的全球化战略。基于数据获取的考虑，重点选取苏宁易购在日本的直接投资进行分析。

（一）日本流通体系发达，苏宁易购的市场空间相对狭窄

日本是发达国家，而且流通业发展较好。仅以《全球零售力量（2019）》的数据来看，2017 财年，日本一共有 31 家零售企业上榜，平均

---

① "Global Retailing Power 2014"，July 15，2017，jinhanfair.com，https：//www.jinhanfair.com/uploads/editor/file/20140311/20140311115836_49772.pdf.

② 《苏宁电器股份有限公司 2011 年年度报告》，2019 年 7 月 15 日，搜狐网，http：//q.stock.sohu.com/gg/2012319250782.pdf.

每个上榜企业的零售收入为 101.43 亿美元，占全球零售 250 强收入的比重达到 6.9%。这些上榜企业来自海外的收入占零售收入的比重为 12.7%，平均运营国家数量为 4.6 个，只有 41.9% 的企业仅在日本本土提供零售服务。在日本上榜企业中，日本永旺株式会社（AEON）排在第一位，2017 财年实现零售收入 700.72 亿美元，集团纯收入为 8.33 亿美元。该企业在 11 个国家开展业务，主要运营超市、大型购物中心等业态，2012—2017 财年的复合年均增长率为 6.3%。紧随永旺的就是日本 Seven&I 公司，该企业在 19 个国家开展业务，主要业态为便利店，2012—2017 财年的复合年均增长率为 3.9%。这两个零售企业均比苏宁易购排名靠前，而且具有丰富的日本国内市场开发和海外市场开发经验。其余上榜的 29 家企业有的经营服装鞋帽专卖业务，有的专卖电器，有的经营百货店，有的做家居零售，有的专营药店。由此可见，日本零售业总体来说在各个细分市场都有表现异常突出的本土企业。

在苏宁进入日本市场前，日本市场已经有包括沃尔玛在内的国际资本进入。早在 2002 年，沃尔玛就通过收购日本连锁超市西友（Seiyu）进入日本，随后增持股份并在 2008 年实现完全控股。当苏宁电器在 2009 年进入日本市场时，虽然是通过并购亏损企业进入，但是其要想在日本流通业细分市场获得一席之地并不容易。苏宁电器入股 LAOX 后，针对赴日游客旅游消费，将 LAOX 从家电连锁逐步转型为免税连锁店，试图在流通业竞争激烈的日本市场站稳脚跟。

（二）旗下日本公司的服务对象以中国游客为主，经营充满不确定性

日本一度被中国游客当作旅游目的地的选择之一。前往日本的中国游客不仅数量多，而且其在日本的消费总金额、人均金额均高于来自其他国家的游客。

以 2015 年为例，赴日旅游的外国游客高达 1973.74 万人，其中 25% 为中国游客，即 493.3 万人。外国游客在日本消费总计 1677 亿元人民币，其中 792 亿元人民币为中国游客贡献，占总额的 47%，而且人均消费额居访问日本的外国游客之首。[①] 2016 年，中国赴日游客人数为 637 万人。

---

① 《中国游客 2015 年在日本花了近 800 亿元，最爱买什么？》，2016 年 2 月 9 日，搜狐网，https：//www.sohu.com/a/58466989_374735。

2017年，中国赴日游客人数为753.6万人，人均消费1.4万元。2018年，中国赴日游客人数达到838万人。据LAOX方面透露，2018年到LAOX免税店购物的中国游客人数高达300万人。这么说来，LAOX成为中国游客赴日旅游购物的主要场所。

日本政府决定自2019年1月1日起，对中国游客的旅游签证进一步放宽。可以预计，未来几年，中国赴日游客数量将会继续增加。为了应对这些变化，LAOX无论是店铺网络渠道、贸易渠道、跨境电商渠道、微信会员渠道还是商品展厅销售渠道，几乎都在围绕游客尤其是中国游客开展。

虽然在顶峰时期，LAOX通过销售产品给中国游客来获利，但是随着中国消费的升级，LAOX原本的产品对游客的吸引力开始降低，最明显的就是客单价下降，导致LAOX的净利润开始出现负数。这在2015年以后表现得尤为明显。2013—2018年，LAOX的净利润分别为亏损2.3亿元、盈利0.5亿元、盈利4.4亿元、亏损1.5亿元、盈利0.1亿元、亏损1.16亿元。[①] 2019年6月，苏宁计划将LAOX从上市体系中剥离。2019年12月，LAOX"最后一次"出现在苏宁易购财报中。

（三）苏宁易购全球品牌影响力较低，缺乏对全球价值链的主导权

经过20余年的发展，苏宁从区域性品牌成长为全国性品牌。经营自主品牌被视为零售商对价值链掌控的重要能力之一。2009年，苏宁推出了其家电自有品牌——松桥，产品包括电磁炉、豆浆机、电饭煲、电水壶、浴霸、电熨斗等。2018年9月，苏宁开始搭建智能BIU+生态联盟，进军智能家居市场。2019年，苏宁首款自有品牌智能空调在苏宁易购上线。虽然苏宁在自主品牌建设上不断前进，但是与制造商品牌相比，苏宁的自主品牌影响力依旧比较低。

苏宁易购进入了日本市场，但苏宁易购短时间内难以获得日本供应商、消费者的青睐，因为日本本土流通业整体竞争力比较强。苏宁易购受制于全球影响力，要想将日本供应商纳入自己的供应链并且对这些供应商具有一定的影响力，在短时间内难以做到。

[①]《苏宁被爆出售日本最大免税店LAOX控股权，苏宁易购回应了》，2021年12月6日，腾讯网，https://new.qq.com/rain/a/20211206A05F4Z00。

第三节　基于 GVC 的中国流通业 OFDI 障碍破除机制

随着中国整体经济实力的提升，尤其是中国对外直接投资步伐的加快，推动包括流通业在内的中国资本走向更加广阔的世界市场，这是中国政府今后很长一段时间内的重要任务。然而，从全球范围来看，并不是所有国家都对中国资本敞开大门，也并不是所有国家的流通业都对中国资本开放。尽管数字贸易的发展已经成为不争的事实，但是在未来的全球流通领域的竞争中，批发业、零售业的本质不会发生变化。其媒介生产和消费的基本功能，并不会因为流通新技术甚至新业态的引入而改变。中国流通企业走向国际市场时，同时也会面临市场运营等方面的挑战。突破这些障碍，将成为中国流通业对外直接投资可持续发展的关键。

一　中国政府针对中国流通业 OFDI 障碍的应对机制

（一）加快推进中国自由贸易区战略，助推中国流通业进入国际市场

分工受市场范围的限制，随着中国本土流通企业的发展壮大，预计将会有更多从中国本土诞生的中国企业会跟随苏宁、京东的步伐，逐步走向国际市场。然而，突破国际市场进入障碍非中国流通企业一己之力所能及，迫切需要中国政府通过加快推进自由贸易区战略，帮助中国流通企业打开通向国际市场的大门。

2007 年，实施自由贸易区战略首次写进党的十七大报告。2014 年，加快实施自由贸易区战略，成为中国新一轮对外开放的重要内容。2015 年 12 月，《国务院关于加快实施自由贸易区战略的若干意见》出台，明确了当前和中长期中国自由贸易区建设的目标任务。目前，中国已经签订了 20 多个区域贸易协定（见表 7-8）。在书后附录中，可以看到与中国签署了自贸协定的相关国家如瑞士、智利等，在流通业市场准入方面对中国的具体承诺。除了已经签署的区域贸易协定，中国正在与日本、韩国、以色列、挪威、毛里求斯、摩尔多瓦、巴拿马、海湾阿拉伯国家合作委员会等国家和组织进行自贸协定的谈判，同时积极参与区域全面经济伙伴关系谈判。2020 年 11 月，历时 8 年艰苦谈判的区域全面经济伙伴关系终于宣布成立。另外，中国同时在研究与哥伦比亚、斐济、尼泊

表7-8 中国已签署的区域贸易协定

序号	名称	覆盖	类型	启动谈判时间	签署时间	生效时间	向WTO通报时间	依据条款
1	中国—香港	货物、服务	自由贸易协定和区域经济一体化协定（FTA&EIA）	—	2003年	2003年6月29日	2003年12月27日	GATT第24条和GATT第5条
2	中国—澳门	货物、服务	自由贸易协定和区域经济一体化协定（FTA&EIA）	—	2003年	2003年10月17日	2003年12月27日	GATT第24条和GATT第5条
3	亚太贸易协定（APTA）—中国加入	货物	局部贸易协定（PSA）	—	—	2002年1月1日	2004年4月30日	授权条款
4	东盟—中国	货物、服务	自由贸易协定和区域经济一体化协定（FTA&EIA）	—	2005年	2005年1月1日（G）2007年7月1日（S）	2005年9月21日（G）2008年6月26日（S）	授权条款和GATT第5条
5	智利—中国	货物、服务	自由贸易协定和区域经济一体化协定（FTA&EIA）	—	2008年	2006年10月1日（G）2010年8月1日（S）	2007年6月20日（G）2010年11月18日（S）	GATT第24条和GATT第5条

续表

序号	名称	覆盖	类型	启动谈判时间	签署时间	生效时间	向 WTO 通报时间	依据条款
6	巴基斯坦—中国	货物、服务	自由贸易协定和区域经济一体化协定（FTA&EIA）	2006 年 11 月	2006 年	2007 年 7 月 1 日（G） 2009 年 10 月 10 日（S）	2008 年 1 月 18 日（G） 2010 年 5 月 20 日（S）	GATT 第 24 条和 GATT 第 5 条
7	中国—新加坡	货物、服务	自由贸易协定和区域经济一体化协定（FTA&EIA）	—	2008 年	2009 年 1 月 1 日	2009 年 3 月 2 日	GATT 第 24 条和 GATT 第 5 条
8	中国—新西兰	货物、服务	自由贸易协定和区域经济一体化协定（FTA&EIA）	—	2008 年	2008 年 10 月 1 日	2009 年 4 月 21 日	GATT 第 24 条和 GATT 第 5 条
9	秘鲁—中国	货物、服务	自由贸易协定和区域经济一体化协定（FTA&EIA）	2007 年 9 月	2009 年	2010 年 3 月 1 日	2010 年 3 月 3 日	GATT 第 24 条和 GATT 第 5 条
10	中国香港—新西兰	货物、服务	自由贸易协定和区域经济一体化协定（FTA&EIA）	—	—	2011 年 1 月 1 日	2011 年 1 月 3 日	GATT 第 24 条和 GATT 第 5 条

续表

序号	名称	覆盖	类型	启动谈判时间	签署时间	生效时间	向WTO通报时间	依据条款
11	中国—哥斯达黎加	货物、服务	自由贸易协定和区域经济一体化协定（FTA&EIA）	2008年11月	2010年	2011年8月1日	2012年2月27日	GATT第24条和GATT第5条
12	欧洲自由贸易联盟（EFTA）—中国香港	货物、服务	自由贸易协定和区域经济一体化协定（FTA&EIA）	—	—	2012年10月1日	2012年9月27日	GATT第24条和GATT第5条
13	瑞士—中国	货物、服务	自由贸易协定和区域经济一体化协定（FTA&EIA）	2011年1月	2013年	2014年7月1日	2014年6月30日	GATT第24条和GATT第5条
14	冰岛—中国	货物、服务	自由贸易协定和区域经济一体化协定（FTA&EIA）	2006年12月	2013年	2014年7月1日	2014年10月10日	GATT第24条和GATT第5条
15	中国香港—智利	货物、服务	自由贸易协定和区域经济一体化协定（FTA&EIA）	—	—	2014年10月9日	2014年10月15日	GATT第24条和GATT第5条
16	澳大利亚—中国	货物、服务	自由贸易协定和区域经济一体化协定（FTA&EIA）	2005年4月	2015年	2015年12月20日	2016年1月26日	GATT第24条和GATT第5条

续表

序号	名称	覆盖	类型	启动谈判时间	签署时间	生效时间	向WTO通报时间	依据条款
17	中国—韩国	货物、服务	自由贸易协定和区域经济一体化协定（FTA&EIA）	2012年5月	2015年	2015年12月20日	2016年3月1日	GATT第24条和GATT第5条
18	中国香港—中国澳门	货物、服务	自由贸易协定和区域经济一体化协定（FTA&EIA）	—	—	2017年10月27日	2017年12月18日	GATT第24条和GATT第5条
19	中国—格鲁吉亚	货物、服务	自由贸易协定和区域经济一体化协定（FTA&EIA）	2015年12月	2017年	2018年1月1日	2018年4月5日	GATT第24条和GATT第5条
20	中国—马尔代夫	货物、服务	自由贸易协定和区域经济一体化协定（FTA&EIA）	2015年12月	2017年	—	—	—
21	中国—毛里求斯	货物、服务	—	—	2019年	2021年1月1日	—	—

资料来源：笔者根据世界贸易组织区域贸易数据库（http://rtais.wto.org/UI/PublicMaintainRTAHome.aspx）以及中国自由贸易区服务网（http://fta.mofcom.gov.cn/）的数据综合整理而成。

尔、巴新、加拿大、孟加拉国、蒙古国建设自贸区的可行性。

然而，从国际范围来看，中国自由贸易区战略覆盖的国家和地区不仅少，而且分散。从图7-4可见，中国已经签署的自贸协定伙伴国中，不少国家本身嵌入其他自贸协定组织中，比如新加坡、日本。新加坡本身已在ASEAN以及《全面与进步跨太平洋伙伴关系协定》（CPTTP）中。随着2018年10月新加坡与欧盟自贸协定的签署，新加坡的自贸协定覆盖范围迅速扩大。CPTTP由日本主导构建，加上2018年7月欧盟和日本签署经济伙伴关系协定，日本自贸区覆盖的范围瞬间扩大。欧盟也在加快自贸区构建。2018年，欧盟相继和日本、新加坡签署自贸协定。2019年6月，欧盟和南方共同市场（Mercosul）达成自贸协定。2019年6月，欧盟与越南签署自由贸易协定和投资保护协定。

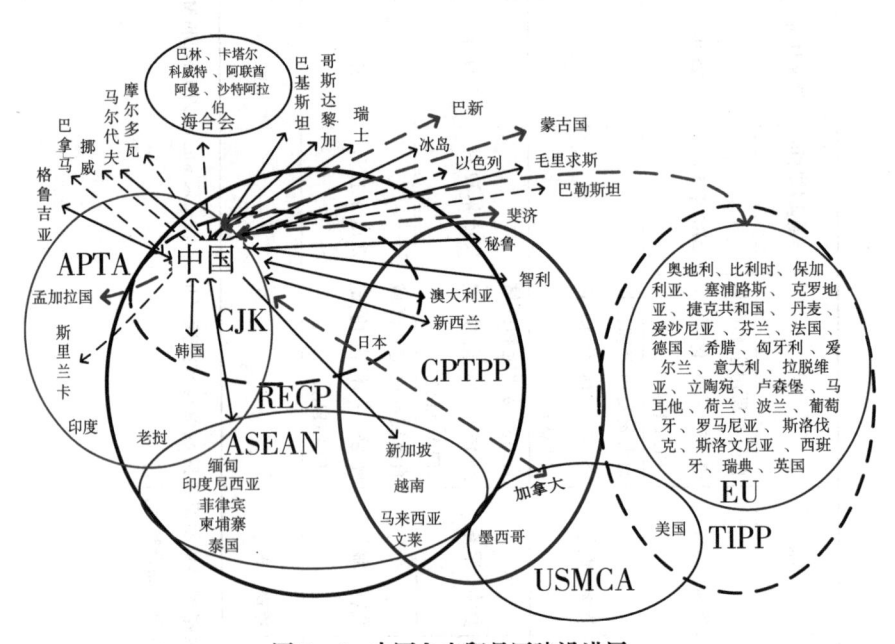

图7-4 中国自由贸易区建设进展

注：图中实线表示已经达成自由贸易协定；←--→表示自由贸易协定正在谈判中；←－－→表示双方均公开表示对建立自由贸易区有合作意愿，但尚未启动谈判。

资料来源：笔者根据中国自由贸易区服务网信息绘制。

日本、新加坡、欧盟自贸协定的持续推进，恰恰是全球自由贸易协定演变的缩影。世界主要经济体之间签署的自由贸易协定，不仅会对全球价值链进行新的切割，而且会带来新的市场准入规则的变化，尤其是服务业的市场准入。这对于准备"走出去"的中国流通业来说，无疑是重大的挑战。我们要清醒地看到，全球的主要市场尤其是众多的发达国家并没有和中国缔结自由贸易协定。

由于中国的市场经济地位尚未被美国、日本、欧盟等国家和地区承认，因此中国需要寻找新的突破口，加快自由贸易区战略的推进。中国可以结合"一带一路"倡议，抓住现在和未来具有较强增长潜力的国家，采取有重点、有差异的方式，加速全球范围内中国主导的自贸区网络的构建。中国与后续国家就自贸区的服务贸易展开谈判时，要高度重视流通服务领域的市场准入谈判。除了在传统的批发、零售、特许经营等领域的市场准入谈判，中国同时要高度重视跨境电子商务在未来国际贸易中的极端重要性，要通过谈判为中国电子商务企业的国际市场进入争取国际通道。从已经签署的自贸协定来看，有的国家在某些领域需要通过需求测试，才能最终决定这些领域是否可以对中国流通资本开放。在今后的谈判中，需要注意减少此类限制。

（二）继续推动双边投资协定的签订，保证中国流通业海外投资安全

从全球发展趋势来看，外商直接投资框架日益依赖国际投资协议。国际投资协议主要以两国间签订的双边投资协定、单个区域内国家团体间签订的区域投资协定、在双边或者区域层面签订的综合贸易和投资协议三种形式出现。[①] 从国际实践来看，双边投资协定（Bilateral Investment Treaty，BIT）对保障海外投资安全具有重要作用。

从 20 世纪 80 年代开始，中国就积极探索与世界上不同国家签订双边投资协定。目前，中国与 104 个国家和地区签订了双边投资协定。截至 2023 年 3 月 4 日，中国尚未与美国、欧盟签订双边投资协定。

中美投资协定谈判从 2008 年启动，到 2016 年 11 月经历了 24 轮谈判，并在第 19 轮谈判中使用了负面清单磋商模式。然而，2017 年以来，

[①] ［新加坡］德博拉·K. 埃尔姆斯等编著：《跨太平洋伙伴关系协定（TPP）——对 21 世纪贸易协议的追求》，赵小波、何玲玲译，法律出版社 2016 年版，第 118 页。

美国对外商在美国投资的国家安全审查越来越严。在中美投资协定尚未达成、美国国内加紧对外来投资安全审查的大背景下，可以预计，未来中国资本进入美国的通道日益狭窄。

中欧投资协定谈判自2013年11月启动以来，到2018年7月已经完成了第十八轮谈判。同时，中欧双方完成了《中欧投资协定》的清单出价，这标志着中欧投资协定谈判进入新的阶段。在国际形势瞬息万变的大背景下，中国要加快与欧盟关于投资协定的谈判，为中国流通企业进入欧洲市场扫除不必要的投资障碍。

（三）以双边税收协议为抓手，保障中国流通业海外投资收益的获取

随着"一带一路"倡议的逐步落实，中国产业"走出去"的步伐在不断加快，中国流通业也位列其中。对于已经"走出去"的中国流通企业来说，它们在开展投资的同时，也希望这些投资能够获得预期的收益，更希望这些预期的收益不会因为东道国过高的税负而受侵蚀。这就要求中国政府与不同国家签署避免双重征税协定，进而确保中国流通业资本在海外投资税负的合理性与公平性，避免双重征税现象的发生。

首先，中国要继续探索多边税收条约的签署。中国先后于2013年、2015年和2017年签署了《多边税收征管互助公约》《金融账户涉税信息自动交换多边主管当局间协议》《实施税收协定相关措施以防止税基侵蚀和利润转移的多边公约》三个多边税收条约。其中，《多边税收征管互助公约》已经于2017年1月1日开始执行。

其次，中国要努力与更多的国家和地区签订避免双重征税协定。根据国家税务总局网站的数据，截至2022年12月，中国对外已经正式签署了102个避免双重征税协定，除了中国与阿根廷、肯尼亚、加蓬、刚果（布）、安哥拉5个国家的双重避免征税协定没有生效外，其余的都已经生效。[①]

最后，中国要继续与世界其他国家进行税收情报交换协定方面的合作。从2009年开始，中国已经相继与巴哈马、英属维尔京、马恩岛、根西、泽西、百慕大、阿根廷、开曼、圣马力诺、列支敦士登10个国家和

---

① 《我国签订的多边税收条约》，2023年1月6日，国家税务总局网站，http：//www.chinatax.gov.cn/n810341/n810770/index.html。

地区签订了税收情报交换协定，并且都已经生效。从全球范围来看，中国要积极和欧盟、美国、日本、瑞士等发达国家和地区展开税收情报方面的合作。

（四）尽快制定统一的对外投资法，完善中国对外投资法制体系

随着 2001 年 12 月中国出口信用保险公司的成立，为推动中国企业"走出去"，中国政府先后从综合管理、投资设立、外汇管理、国资监管、信贷支持、配套政策、风险管理等多个角度，出台了针对中国海外投资的政策及其相关法规。其中，2004 年 7 月，《国务院关于投资体制改革决定》的颁布，为中国对外直接投资政策体系的转型提供了方向。

随着中国企业"走出去"步伐的加快，尤其是从 2013 年开始，中国政府密集发布关于中国海外投资方面的政策。以 2017 年为例，国家发改委发布了《企业境外投资管理办法》；外汇局针对外汇管理，出台了《境内机构境外直接投资外汇管理规定》；财政部则制定了《国有企业境外投资财务管理办法》，旨在加强国资监管。2017 年，国家发布了《关于进一步引导和规范境外投资方向指导意见的通知》。值得关注的是，上述规章及规范性文件大多为国家部委制定，虽然在指导中国海外投资上具有一定的引导作用，但是受制于法律效力、协调性和系统性，目前这些规章制度远远难以满足中国海外投资的需要。

截至 2023 年 1 月，全国人大并没有出台一部关于海外投资的基本法律。要确保中国流通业海外直接投资的可持续发展，中国政府尤其是全国人大或其常委会要加快研究，争取早日制定统一的中国海外投资法。中国海外投资法的制定，将有助于明确海外投资主体地位（既包括企业又包括自然人的海外投资主体地位），为中国中小企业以及民营企业提高对外投资的积极性、设立国家海外投资委员会以加强对海外投资的统一高效管理、建立健全海外投资风险防控体系等提供法律依据和保障。[①]

二 中国流通企业突破 OFDI 障碍的应对机制

在中国资本进入国际市场通道有保障的前提下，中国流通企业要依

[①] 袁海勇：《中国海外投资政治风险的国际法应对——以中外 BIT 及国际投资争端案例为研究视角》，上海人民出版社 2018 年版，第 29—30 页。

靠自己解决好在东道国立足扎根的问题。在不同目标市场，中国流通企业会面临不一样的障碍。无论这些具体的障碍是什么，总的来说，中国流通企业可以从以下几个方面来予以应对。

（一）实现全球化与本土化的兼容，确保流通企业在东道国扎根

中国流通企业开展对外直接投资时，需要在全球化与本土化之间找到平衡。具体来说，中国流通跨国企业需要妥善处理好几个关系（见表7-9）。

1. 母公司全球化思维与东道国本土化运作的关系

在经济全球化日益加深的时代，全球化思维已经成为所有行业企业开展业务的基本出发点，中国流通企业也不例外。从问卷调查的结果来看，母公司全球化的思维与东道国本土化运作的关系居首位。这说明被调查者认为，这个关系是中国流通企业对外直接投资中最值得关注的一个方面。

对致力于开展对外直接投资的中国流通企业来说，站在全球的视角思考对外投资，有助于厘清母公司全球化思维与东道国本土化运作之间的关系。全球化思维意味着母公司在某个东道国的投资，是母公司基于全球生产和全球消费之间的媒介进而构建的价值网络中的一部分。也就是说，凡是开展对外直接投资的中国流通企业，要有全球化的视野和格局。从这个视野出发，将东道国的本土化运作放在母公司的全球化格局中加以考量。这么做，就是为了避免某些企业盲目对外投资，或者在投资中迷失方向。

表7-9　　　　中国流通企业 OFDI 需要处理的几个关系　　　（单位:%）

相互关系	频数（含重复项）	分别有效百分比
母公司全球化的思维与东道国本土化运作的关系	74	54.8
东道国业务单元核心业务标准化与其他业务本土化的关系	38	28.1
东道国当地商品采购与全球采购的比例关系	31	23.0
东道国当地员工与母公司外派员工之间的协作关系	27	20.0
东道国战略业务单元与母公司总体战略之间的匹配	29	21.5

续表

相互关系	频数（含重复项）	分别有效百分比
母公司战略定位与母国国家发展战略的兼容	26	19.3
母公司国内价值链的深化与全球价值链构建的协同关系	38	28.1
母公司对外投资战略与"一带一路"倡议实施的同步关系	32	23.7
母公司企业文化与东道国文化的兼容	36	26.7
其他关系	73	54.1

2. 东道国业务单元核心业务标准化与其他业务本土化的关系

从美国、日本等国家流通业对外投资来看，无论在什么国家投资，有些业务可以外包，但是业务单元中的核心业务不轻易外包。具体哪些核心业务不可以外包，取决于流通企业的核心竞争优势。比如京东，以自建物流为基础、以正品行货为中心打造的优质客户体验，是京东在中国国内市场立足并且发展壮大的重要抓手。走出国门的京东，势必也要将自身的物流、金融等其他核心业务单元保留，而将其他非核心业务进行适当外包，以确保维持企业的核心竞争优势，同时通过外包实现非核心业务的本地化。

3. 东道国当地商品采购与全球采购的比例关系

从全球价值链出发，中国流通业对外直接投资不能不考虑当地商品采购与全球采购的比例关系。这在印度等国家尤为重要，印度政府强制性要求在印度开展批发零售业务的企业在当地采购的比例不得低于30%。如果中国流通业进入的目标国市场有类似印度的强制性规定，中国流通企业必须严格遵守。

当然，严格遵守东道国的强制性采购比例，并不代表中国流通企业在东道国不可以从事全球采购。到底要不要全球采购、全球采购的比例究竟控制在多少适宜，这些具体要看该流通企业自身对全球价值链的掌控权。全球采购中有一部分可以是采购来自中国的产品，比如京东印尼站就对中国卖家开放。

4. 东道国当地员工与母公司外派员工之间的协作关系

中国流通业对外直接投资需要解决员工问题。在投资初期，母公司需要从总部派核心职能部门的员工去目标国市场进行初期的筹备工作，这些工作对于以后分公司的运作至关重要。基于目标市场的复杂性，纯粹靠母公司的外派员工难以胜任分公司的建设，更难以应对以后公司运营中出现的各种各样的问题。因此，中国流通企业要处理好在东道国招募当地人加入分公司与从母公司外派员工之间的关系，更要高度重视当地员工与母公司外派员工之间的协作关系。通常来说，通过母公司的外派员工将母公司的企业文化尤其是企业战略植入分公司，同时通过以帮代传的方式，在东道国招募符合企业录用资质的当地人加入分公司。

5. 东道国战略业务单元与母公司总体战略之间的匹配

中国流通业对外直接投资需要在本地化与全球化之间进行有效的匹配。东道国市场的消费需求最终会对流通业的业态、经营理念等都形成挑战。谁能更适应东道国当地消费需求端、供应端的变化，谁就能在吸引当地消费者、占据市场份额、培养顾客忠诚度进而形成具有竞争力的流通业品牌上占据优势。通常为了赢得竞争，东道国本土流通业、东道国市场的其他外国流通商会展开激烈的竞争。在面对东道国市场变化时，处理好战略业务单元与母公司总体战略之间的匹配至关重要。中国流通企业不能为了在东道国的局部市场竞争中获得相应的优势地位，采取不惜一切代价的方式去竞争，尤其不能为了竞争而牺牲东道国战略业务单元。如何处理东道国战略业务单元与母公司总体战略之间的关系，既可以从沃尔玛在中国市场经营中去借鉴相关的经验，也可以从中国"走出去"的跨境电商中总结经验。

6. 母公司战略定位与母国国家发展战略的兼容

中国企业开展对外直接投资，无论从事的是批发业还是零售业，抑或两者兼而有之，都需要厘清企业自身发展的战略定位与中国国家发展战略之间的兼容问题。

中国国家战略是确保国家经济朝着健康可持续方向发展的基石。中国的所有企业，无论是国有企业还是民营企业，都要将自身发展置于中国国家发展战略框架中。从逻辑上说，国家利益优先于个人的私人利益、个别集团或阶级的特殊利益。[①] 也就是说，无论什么时候，不管是否开展对外直接投资，中国流通企业的母公司战略不仅要考虑企业自身发展的

---

① 俞正樑等：《全球化时代的国际关系》（第二版），复旦大学出版社2014年版，第51页。

需要，更要考虑企业自身发展战略与国家发展战略的兼容。有国才有家，国家发展的方向与企业发展的大势息息相关。无论国有还是民营的中国企业，都要致力于共同推动中国国家战略的实现，将企业自身发展战略嵌入国家发展战略中，实现企业与国家战略的同步、同频、协同发展。

7. 母公司国内价值链的深化与全球价值链构建的协同关系

中国庞大的消费群体、层次丰富多元化的消费结构，为流通业实践提供了肥沃的土壤。庞大的人口红利、丰富的消费与支付场景、综合物流运输体系等，为中国国内大型流通企业价值链深化提供了坚实的基础。中国流通跨国企业母公司的商业创新应当深深扎根于中国市场。中国流通跨国企业可以逐步将源自中国的商业模式、理念等输出到国际市场。需要注意的是，输出不等于直接照搬，而是要根据东道国市场的具体情况进行适当调整。国际市场错综复杂，中国流通企业要有战略思维，东道国的发展应当与母公司的战略方向一致，但是在具体的经营管理、战术落实层面则要因地制宜。

8. 母公司对外投资战略与"一带一路"倡议实施的同步关系

从2013年至今，"一带一路"倡议已经走过了10年的发展历程，成为全球范围内最受欢迎的国际公共产品。2023年10月，《共建"一带一路"：构建人类命运共同体的重大实践》在北京发布。截至2023年10月，全球范围内150多个国家和30多个国际组织加入了"一带一路"大家庭。作为世界范围内最大规模的国际合作平台，"一带一路"倡议已经进入高质量发展阶段。"一带一路"倡议关系到中国发展与对外开放顶层设计。[1] 如何将流通业投资与更好地推进"一带一路"倡议联系起来，这是中国流通企业对外投资需要考虑的重要方面。中国流通企业在选择海外市场时，既要着眼于全球，也要着眼于共建"一带一路"国家尤其是流通领域对外开放的国家。

9. 母公司企业文化与东道国文化的兼容

对于准备进入或者已经进入外国市场的中国流通企业来说，需要面对母公司企业文化与东道国文化的兼容问题。世界上没有两种完全一样的文化。从中国本土成长起来的中国流通企业，本身就已经被深深地打

---

[1] 陈甬军：《"一带一路"经济读本》，经济科学出版社2017年版，第55页。

上了中国文化的烙印。在全球化竞争的历练中，中国流通企业根据企业自身战略定位形成的企业文化，既具有中国企业的共性，又具有企业的个性。当这种企业文化被移植到东道国的分公司中，因为文化的异质性，文化之间产生冲突在所难免。在战略层面的文化冲突，需要慎重对待，要将分公司的高层管理打上母公司的文化烙印，这就要求在价值观认同、思维理念等方面进行调整。对于战术层面的文化冲突，则可以根据东道国特定的文化进行调整。

10. 其他关系

对于计划或者已经开展海外投资的中国流通企业来说，除了要重点考虑上述九个方面的关系，同时还要考虑其他方面的关系。比如，母公司的资本结构与东道国的资本结构之间的关系问题、母公司的人才招聘政策与东道国的人才录用标准的匹配问题，诸如此类。

（二）做好税收规划，选择OFDI架构，维护集团全球税收利益

以全球价值链为理念，开展对外直接投资，不仅要考虑全球化与本土化的兼容，也要考虑因此发生的税务结构的变化。也就是说，中国流通企业要考虑清楚，到底是在海外建立分公司还是子公司。通常来说，子公司与分公司的税务规划不同（见图7-5）。这就要求计划开展对外直接投资的中国流通企业必须了解国际税收协定的规定，做好境外投资税务规划。

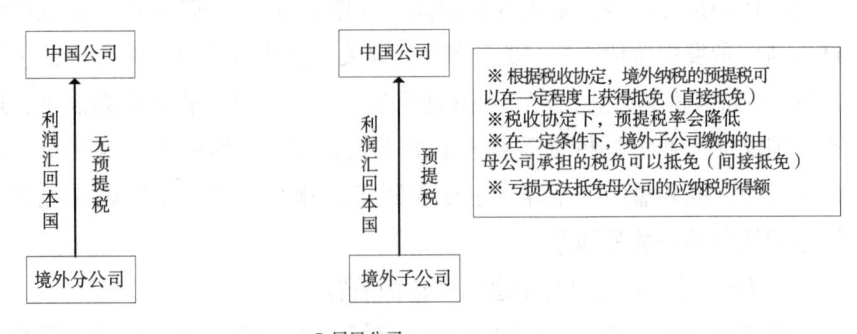

境外分公司
◎ 非居民公司
◎ 实际联系原则
◎ 就来源于投资东道国的所得纳税

境外子公司
◎ 居民公司
◎ 就全球所得向投资东道国纳税
◎ 具体税种税率根据投资东道国相关法律法规的规定确定

※ 根据税收协定，境外纳税的预提税可以在一定程度上获得抵免（直接抵免）
※ 税收协定下，预提税率会降低
※ 在一定条件下，境外子公司缴纳的由母公司承担的税负可以抵免（间接抵免）
※ 亏损无法抵免母公司的应纳税所得额

图7-5 中国流通企业境外设立子公司与分公司的税务比较

资料来源：刘天永主编：《中国企业境外投资纳税指南》，中国税务出版社2011年版，第45页。

子公司和分公司常见的创建方式为并购。值得注意的是，如果采取并购来进行对外直接投资，在常见的境外并购交易架构中（见图7-6），税收优化结构是必须优先考虑的内容之一。

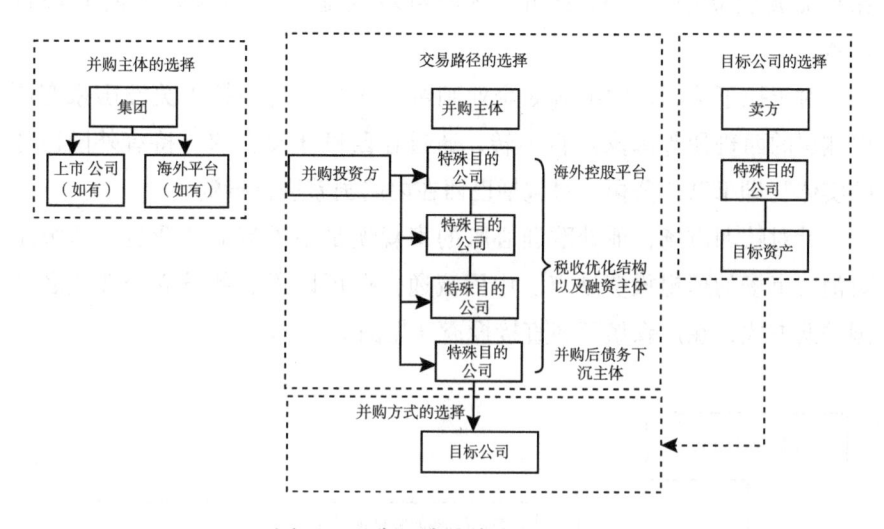

图7-6 常见境外并购交易架构

资料来源：《中国并购行业行为准则》。

优化税收结构不能只关注东道国与投资国，也要关注第三国。也就是说，中国流通企业应该特别注意投资东道国（地区）与中国、中国与有关第三国（地区）、有关第三国（地区）与投资东道国（地区）之间牵涉的税收协定的规定，充分利用税收协定，有效避免双重征税，降低企业集团的总体税负，维护企业税收利益。[①]

从中国流通业对外直接投资的地区来看，中国香港是中国资本青睐的目的地之一。基于中国内地与香港的优惠税收安排，比如股息预提所得税为零、利益预提所得税为零、4.95%特许权使用费、对资本利得不征税，中国流通企业往往以中国内地公司作为法人股东，直接在中国香港设立公司。

与中国香港相比，新加坡的股息预提所得税同样为零，利息所得税

[①] 刘天永主编：《中国企业境外投资纳税指南》，中国税务出版社2011年版，第71页。

率为7%或10%，以及特许权使用费为10%。优惠的税收政策加上优越的地理位置，使得中国企业对新加坡投资时，也往往会选择直接投资。加上新加坡对外投资协定框架比较成熟，中国流通企业也可以考虑在新加坡设立中间控股公司，然后再对其他国家和地区如南非进行投资。

对于拉丁美洲，中国流通企业则可以考虑通过与拉丁美洲国家有历史渊源的西班牙等国家进行中转，通过在西班牙设立的"持有外国证券的实体"即ETVE公司，对包括巴西在内的国家进行投资。

针对欧洲市场，地处欧洲心脏的卢森堡是中国流通企业进入欧洲主要消费市场的理想投资地点。中国流通企业可以通过新设立企业或者跨国并购方式，在卢森堡开展直接投资（见图7-7）。

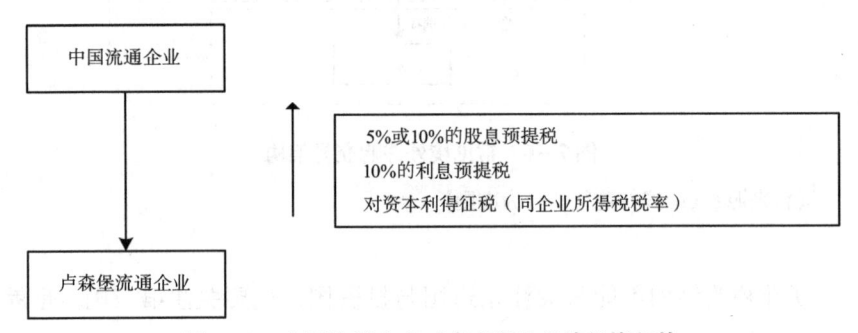

```
┌──────────────┐
│  中国流通企业  │
└──────────────┘
       ↑        5%或10%的股息预提税
                10%的利息预提税
                对资本利得征税（同企业所得税税率）
┌──────────────┐
│ 卢森堡流通企业 │
└──────────────┘
```

图7-7 中国流通企业对卢森堡的直接投资架构

资料来源：刘天永主编：《中国企业境外投资纳税指南》，中国税务出版社2011年版，第209页。

作为第二欧亚大陆桥的终点、沟通欧亚两大市场的枢纽，荷兰凭借悠久的贸易历史、优越的地理位置，被誉为"欧洲门户"。中国公司在荷兰的投资既可以是直接投资，也可以进行间接投资。比如，成立荷兰有限责任公司、成立荷兰合作公司是中国公司投资荷兰常见的方式（见图7-8）。

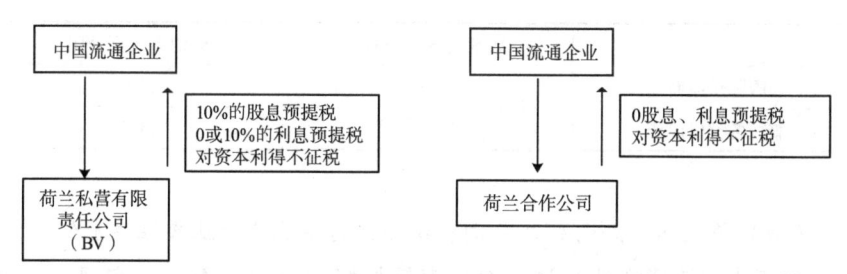

图7-8 中国流通企业对荷兰直接投资架构

资料来源：刘天永主编：《中国企业境外投资纳税指南》，中国税务出版社2011年版，第219页。

（三）以全球价值链为引领，提升流通企业对供应商的整合能力

通过对外直接投资，构建中国流通企业主导的全球商品网络，这是中国流通业的历史使命。当中国流通资本进入某个特定的市场后，当地的消费者群体在相当长一段时间内是相对固定的，也就是说，市场容量是固定的。中国流通企业无论在当地通过实体店铺还是网络店铺提供流通服务，要想满足当地的市场需求，至关重要的就是优质的商品和服务供给。这就需要中国流通企业及其海外分支机构能够发现、掌控和协调全球最优质的供应商。

从全球价值链出发，开展对外直接投资时，中国流通企业可供选择的供应商主要包括母国供应商、东道国供应商、国际供应商和兼顾各类供应商这几种类型。中国流通业开展对外直接投资究竟该选择哪种供应商，调查问卷结果可以为中国流通业提供参考。从表7-10可以看出，兼顾各类供应商的频数为45，在所有类型中最高，其有效百分比达到33.3%，远远高于其他三种类型。由此可见，被调查者认为，兼顾各类供应商应该成为中国流通业对外直接供应商选择的首选方案。

表7-10 中国流通业OFDI的供应商选择 (单位:%)

	频数（含重复项）	分别有效百分比
母国供应商	23	17.0
东道国供应商	25	18.5

续表

	频数（含重复项）	分别有效百分比
国际供应商	23	17.0
兼顾各类供应商	45	33.3

（四）将成本节约与顾客导向相结合，打造流通企业柔性供应链

对于中国流通企业来说，对外直接投资的目标能否真正实现，主要取决于中国流通企业能否打造柔性跨境供应链。这些供应链既是企业价值的源泉，更是企业全球价值链网络构建的基石。

从全球商业实践来看，跨境供应链主要包括三种，第一种是成本节约导向型供应链，第二种是顾客响应速度型，第三种则是成本节约导向与顾客响应相结合的综合类型。根据调查问卷统计结果（见表7-11），节约导向型供应链的频数为3，有效百分比为4.1%；顾客响应速度型供应链的频数为25，有效百分比为34.2%；成本节约导向与顾客响应相结合的综合型供应链频数为44，有效百分比为60.3%。从这些调查问卷结果可知，打造基于成本节约和顾客导向的综合型供应链应该成为中国流通业跨境供应链的首选。

表7-11　　　　中国流通业OFDI的跨境供应链定位　　　　（单位:%）

	频数（含重复项）	分别有效百分比
节约导向性	3	4.1
顾客响应速度型	25	34.2
两者兼顾	44	60.3

第八章

GVC 视角下中国流通业 OFDI 战略

中国流通业对外直接投资与中国流通业全球价值链地位提升之间具有相关性。结合中国流通业对外直接投资区位选择、区位优化以及投资障碍分析来看，中国流通业对外直接投资迫切需要制定具有前瞻性的总体战略。

第一节 GVC 视角下中国流通业 OFDI 的基本目标

一 GVC 视角下中国流通业 OFDI 的总目标

随着区域贸易协定日益增多，全球价值链重构速度加快。与此同时，中国制造（Made in China）已经向中国销售（Sold in China）转变。[①] 中国流通业迎来国内市场蓬勃发展、国际市场竞争激烈的新时期。立足现在，面向未来，以全球价值链为指导，推动中国流通业对外直接投资持续发展，将是中国流通业对外直接投资的指导思想。

从流通业自身属性出发，结合全球价值链思想，基于经济全球化的重大变化，中国流通业对外直接投资的总体目标表述如下：以全球价值链为引领，创建由中国流通企业主导并能实现全球生产和消费有效匹配的价值链网络。

二 GVC 视角下中国流通业 OFDI 的具体目标

全球价值链下中国流通业对外直接投资的总目标由具体目标构成。

[①] 毛蕴诗：《重构全球价值链：中国企业升级理论与实践》，清华大学出版社 2017 年版，第 13 页。

总的来说，这些具体目标包括以下几个方面。

(一) 以 OFDI 流量增长，带动 OFDI 存量扩张、比重提升

面向未来，中国 OFDI 要继续高度重视流通业，努力保持中国流通业 OFDI 流量正增长。以流量的增加带动中国流通业 OFDI 存量扩张，以存量的扩张带动中国流通业 OFDI 在全球流通业 OFDI 存量中所占比重的上升。

基于发达国家流通业市场进入壁垒高、发展中国家流通业基础设施不够完善的客观事实，中国流通业对外直接投资可以采取"农村包围城市"的方式，在现有的存量地域分布上，继续加大对亚洲、拉丁美洲的投资，加快对非洲的投资，不放松对欧洲、美洲、大洋洲的投资，最终实现全球范围中国流通网络的全覆盖。

值得注意的是，中国流通业 OFDI 要注意批零结构，要逐步加大对批发业 OFDI 的投资力度，适度扩展零售业 OFDI 投资。零售业 OFDI 中要逐步增加对无店铺零售的投资。通过投资流量的相对稳定、投资结构的优化，为中国流通业 OFDI 存量扩张打下基础。

(二) 打造大型跨国流通企业，提高中国流通业国际话语权

以全球零售力量排行榜为目标，推动中国流通企业跨越式发展。中国要对标美国、德国、英国，以培育全球零售 250 强的十强企业为目标，争取在 2020—2035 年，将京东、苏宁打造成持续稳定在全球零售 20 强的企业。到 21 世纪中叶，力争有 1 家中国流通企业进入全球零售十强。

在细分流通领域，打造具有国际竞争力的中国流通企业。在关系国计民生的重大领域（比如粮食、药品、能源、种子等），要培育中国民族跨国流通企业，重新掌握全球交易话语权。在粮食领域，中国要突破目前四大粮商的垄断，培育可以与四大粮商中任意一家抗衡的中国粮食跨国流通企业。在药品流通领域，中国要改变药品流通企业市场集中度过低的现状，通过并购、跨地域整合等方式，至少打造一家具有国际竞争力的中国药品流通企业。

无论实体零售还是网络零售，中国要打造跨国流通企业尤其是具有国际话语权的企业，或者说对全球价值链具有主导权的企业，必须在知识产权上做文章。已有研究发现，与非零售企业相比，零售企业的专利、

商标或者知识产权更容易得到保护。① 这就要求中国流通业高度重视人力资源,高度重视研发支出所形成的成果转化,通过技术创新带动商业模式创新,最终实现预期的财务绩效,确保企业的可持续发展。

(三)以跨境电子商务为抓手,参加全球流通业市场准入规则制定

流通业全球价值链的构建离不开OFDI。从某种程度上说,流通业OFDI既是中国流通资本的输出,也包含中国商业文化或者中国商业标准的输出。由于中国流通业OFDI起步迟,加上欧美发达国家主导全球流通业的标准时日已久,短时间内中国难以颠覆原有的标准或者话语体系。

自2001年以来,中国的世界制造大国地位形成。随着经济的发展,中国作为消费大国的地位日益凸显,中国成为世界经济增长的引擎。消费国、生产国的叠加,给中国流通业发展尤其是电子商务的发展提供了难得的历史机遇。中国流通企业要抓住历史机遇,深耕本国市场,在标准制定上做文章。

目前,中国在实体零售方面难以颠覆或者超越欧美发达国家,但是在网络零售、跨境电子商务方面,中国正面临史无前例的机遇。结合世界海关组织经认证的经营者(Authorized Economic Operator, AEO)制度,基于大数据技术,中国尝试跨境零售电商信用模式的创新。② 继《跨境电商标准框架》之后,中国正在启动《网络零售平台合规管理指南》行业标准。中国流通企业要积极参与这些标准的研讨,并努力争取将中国流通业智慧纳入全球网络零售市场准入规则中。

第二节 GVC视角下中国流通业OFDI的主要路径

结合前文的分析,全球价值链视角下中国流通业对外直接投资的路径可以表述如下:在国家价值链强化的基础上,通过对外直接投资打造区域价值链,最终实现中国流通业主导的全球价值链构建。通过对外直

---

① Pankaj C. Patel, John A. Pearce, "The Survival Consequences of Intellectual Property for Retail Venture", *Journal of Retailing and Consumer Services*, Vol. 43, 2018, pp. 77 – 84.

② 马述忠、濮方清、潘钢健:《跨境零售电商信用管理模式创新研究——基于世界海关组织AEO制度的探索》,《财贸研究》2018年第1期。

接投资，构筑中国流通企业主导的全球价值链，需要中国流通业解决好对外直接投资资本的总体去向、对外直接投资方式以及对外直接投资的业态等问题。

一　GVC视角下中国流通业OFDI去向

从全球经济发展态势以及全球经济力量的变迁来看，"一带一路"是中国流通业OFDI的首选区域。在共建"一带一路"国家中，中国流通业要站在全球的角度，结合国家战略，从企业发展出发，选择目标市场。

西欧、北美依旧是世界上经济最发达的区域。这里不仅汇集了高端消费者，也聚集了全球优质供应商。尽管目前中国在这两个地区的流通业直接资本存量不高，但是不能轻易放弃。

中国流通业要高度重视在非洲的直接投资。虽然非洲流通业发展的基础设施不太完善，但是非洲的50多个国家拥有12.5亿人口，这对全世界来说都是巨大的市场。非洲电商市场呈现出尼日利亚、南非、肯尼亚三足鼎立的格局。非洲最大的电商企业同时也是上市公司的Jumia，其总部位于尼日利亚。基于非洲电商未来的增长潜力，中国要逐步增加对非洲流通业尤其是电商的投资。比如，早在2015年，中国电商Chinabuy就进入肯尼亚市场。除了自行进入，中国流通业可以寻求和当地最大电商Jumia合作的方式，开拓非洲市场。进入非洲的中国流通企业，既可以将中国产品卖到非洲，也能将非洲产品引入中国市场。同时，中国流通企业要在非洲粮食和药品流通领域逐步开展直接投资。

二　GVC视角下中国流通业对外直接投资方式

根据成本与控制水平的不同，流通企业海外市场进入的一般模式包括许可、特许经营、合资、独资和并购五种方式。[1] 在这五种方式中，许可和特许经营要求中国流通企业有较高的品牌影响力，却只能提供较低的海外市场控制程度。在国际直接投资领域，中国是新进入者，基于对普通股或者投票权的考虑，可供中国流通企业选择的方式主要包括三种，分别为合资、独资和并购。

---

[1] 夏春玉等：《流通概论》，东北财经大学出版社2019年版，第247页。

（一）合资

从全球竞争态势来看，中国流通业要想进入国际市场，基于中国流通企业自身的品牌竞争力和东道国流通业的市场准入，在未来很长一段时间内，将主要通过合资的方式进入。比如，京东进入国际市场，主要就是采取合资的方式。这将有助于降低中国流通企业进入国际市场的交易成本，同时有利于中国流通企业逐步培养跨文化的交流和管理能力。

（二）独资

如果东道国允许外商独资，中国流通业对外直接投资时，可以考虑独资。独资主要通过两种方式进行：第一种就是新开批发零售店铺；第二种则是收购当地流通企业，然后将其变为100%股权的子公司。

独资对于中国流通业来说，目前面临的挑战不只来自东道国的市场准入，还面临着中国流通企业自身的跨国并购整合能力以及中国流通企业家才能的挑战。毕竟，对外直接投资不只是投资这么简单，真正推动企业开展海外投资的是企业自身的创新能力。

（三）并购

并购是中国流通企业进入海外市场的途径之一，尤其为中国流通企业确立海外市场份额提供便利。苏宁易购、京东通过并购，进入海外市场。这需要中国流通企业主动寻找目标市场的潜在并购对象。中国境内投资者既可以选择东道国的实体零售企业作为并购对象，也可以选择网络零售企业作为并购对象。

三 GVC视角下中国流通业对外直接投资的店铺类型

中国流通业对外直接投资可供选择的店铺类型包括三种：实体店铺、虚拟店铺（网店）、实体店铺与虚拟店铺相结合。

基于中国流通业对外直接投资旨在建立中国流通企业主导的全球价值链，从这个角度来说，店铺类型选择主要根据东道国的消费习惯、市场环境以及未来消费模式来决定。通常来说，中国流通业进入东道国市场时，可以考虑实体店铺与网络店铺相结合的方式。尽管不同国家实体店铺获取方式难度不一，但是实体店铺在中国海外流通渠道构建中的重要性不言而喻。毕竟，无论时代怎么变，无论商业模式如何变，区位永远都是流通业必须考虑的第一因素。在东道国最具潜力的城市、最好的商业地段经营实体店铺，应成为中国流通业品牌输出、商业文化输出需要考虑的重要因素。

对于网络零售比较发达的东道国，即使中国流通业可以进军这些国家的网络零售行业，中国流通业仍旧需要持有自己的仓储配送设施。因此，中国流通业对外直接投资时，要高度重视店铺选址、海外仓的配套。

第三节　GVC 视角下促进中国流通业 OFDI 的支持体系

立足现在，面向未来。中国流通业在巩固国内市场的基础上，通过对外直接投资，构建中国流通企业主导的全球价值链已经迫在眉睫。但是，这个目标不是一个或者两个流通企业能够独立实现的，迫切需要中国中央政府、地方政府、流通业行业协会以及其他产业，共同协助中国流通企业来完成。

一　引导、支持中国流通企业发展，夯实对外直接投资根基

国际市场开发对流通企业来说固然重要，但母国市场是跨国流通企业的根。毕竟国家实力是企业最基本的竞争优势。[1] 激励并引导流通企业扎根国内市场，要从以下几个方面入手。

（一）引导国内流通业差异化竞争，培育细分领域的领头羊

围绕国内国际双循环新发展格局，政府要引导中国流通企业进行差异化竞争，在不同细分领域提供优质流通服务。要坚决打破市场分割，坚决打破地方政府的保护主义，确保国内流通网络构建畅通无阻。同时，要创造良好的政策环境，提供相应的投融资服务支持，引导中国民族流通企业在国内市场的并购重组。多措并举，支持不同细分领域的区域性民族流通企业成长为全国性流通企业。

（二）动态监管流通业海外投资，防止中国流通业出现空心化

开展对外直接投资并不是随随便便将资本投向任一海外市场，而是要将在中国本土孕育出来的能力，通过对外直接投资的方式，拓展至海

---

[1]　［美］迈克尔·波特：《国家竞争优势》，李明轩、邱如美译，华夏出版社 2002 年版，第 66 页。

外市场。为了确保开展对外直接投资的中国民族流通企业核心能力的提升，中央政府要和地方政府进行协作，商务部与各省份的商务厅、地市的商务局之间要建立信息共享平台，对"走出去"的流通业资本进行有效监管。具体来说，就是要从总体上把握中国流通企业的海外资本去向以及国内业务的转型方向，对中国流通业资本投资情况进行摸排。

动态监管离不开统计工作的支持。根据《对外直接投资统计制度》，商务部负责全国的对外直接投资统计工作。流通业对外直接投资属于服务贸易类投资，其对外直接投资统计工作由省级商务主管部门负责。省级商务主管部门要及时督促本行政区内的流通业境内投资者按时收集其境外直接投资企业的统计资料，按照指定要求进行综合编制、汇总并且完成报送工作。中国商务部由此可以掌握中国流通业对外直接投资的总体情况，了解中国流通业对外直接投资存量结构是否优化。以全国流通业境外投资综合绩效评价为抓手（见图8-1），确保流通业境外投资可持续发展。省级商务主管部门、地市商务局要在规定的时段（每年4月1日—5月15日）内收集相关数据，对流通业境外投资企业进行年检。商务部根据评价结果，对中国流通业境外投资绩效进行宏观调控。

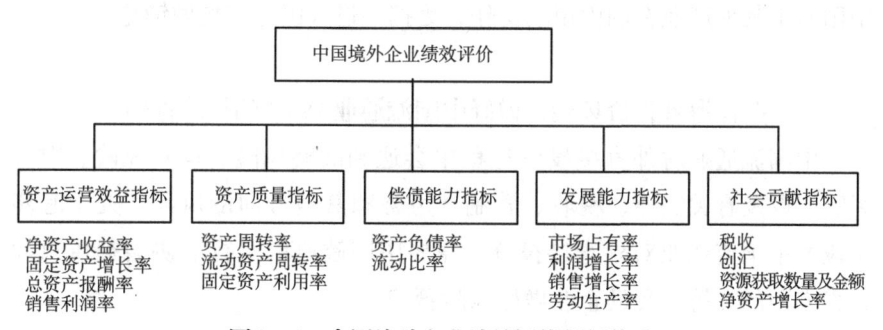

```
                    中国境外企业绩效评价
        ┌──────────┬──────────┬──────────┬──────────┐
   资产运营效益指标  资产质量指标  偿债能力指标  发展能力指标  社会贡献指标

   净资产收益率    资产周转率    资产负债率    市场占有率    税收
   固定资产增长率  流动资产周转率 流动比率     利润增长率    创汇
   总资产报酬率    固定资产利用率              销售增长率    资源获取数量及金额
   销售利润率                                劳动生产率    净资产增长率
```

图8-1 中国境外企业绩效评价指标体系

资料来源：《境外投资综合绩效评价办法（试行）》，2002年11月19日，商务部网站，http://www.mofcom.gov.cn/article/zcfb/zcjjhz/200211/20021100048969.shtml。

（三）主流媒体宣传与品牌建设同步，提高中国流通品牌影响力

中国政府及主流媒体要积极宣传中国流通企业在技术创新、业态转型、企业社会责任方面所做的努力，要以国家品牌为平台，全力打造中国流通业国际品牌。

品牌的全球领导力至少包含三个层次：占领市场的能力、引领潮流的能力、跨文化的沟通能力。中国流通企业占领市场的能力在逐步提升，引领潮流的能力、跨文化的沟通能力有所欠缺。从2017年开始，中国政府将每年的5月10日作为"品牌日"，旨在打造中国知名自主品牌。中国政府要积极引导流通企业抓住历史机遇，深入开发中国市场，提升中国流通品牌的国际影响力，夯实对外直接投资的根基。

（四）鼓励流通业与其他产业协作，为全球价值链控制权培育打基础

要想获得对价值链的控制权，中国流通业不仅需要与制造业、农业进行深度对接，而且有必要与金融、信息、科技、研发、商务等高端服务业进行深度融合互动。① 为了培育中国流通业全球价值链掌控能力，中国政府要通过税费优惠等方式，鼓励流通业与中国其他产业在国内市场进行磨合，以期在国际市场上形成中国产业联盟，打造中国流通企业主导的价值链。

简单来说，政府要出台相关鼓励措施，鼓励中国流通企业扩大对中国自主品牌制造商产品的购买，鼓励中国流通企业在会计、管理、咨询、法律、融资等方面采购中国企业提供的服务。鼓励中国流通企业主动和中国本土其他产业在国内市场协作，为携手进入国际市场做铺垫。

二 关注海外投资环境，做好中国流通业OFDI的风险管控

中国流通业对外直接投资过程中会遇到战略风险、运营风险、财务风险，以及有关法律、税收、管制、声誉和其他方面的风险。处于起步阶段的中国流通业对外直接投资，需要中国政府以及行业协会提供风险预警方面的支持，帮助企业做好风险管控。

（一）关注国际投资环境变化，研判全球流通业资本跨国流动趋势

国际投资环境的变化，会引发全球流通业资本的跨国流动。为推动流通业对外直接投资有序发展，建议由中国商务部流通司负责解读全球流通业投资环境变化，并对全球流通业发展趋势进行研判。

基于流通业的行业属性，本书认为，商务部流通司要研判全球流通

---

① 李勇坚：《高端服务业与流通产业价值链控制力——基于中国本土零售企业的研究》，《中国流通经济》2012年第8期。

业资本国际流动趋势,可以从以下方面入手。(1)关注联合国贸易和发展组织的《全球投资报告》,了解全球投资动态。(2)关注有影响力的全球流通业报告或者指数。比如,《全球零售力量》报告、全球零售发展指数、全球零售规制指数的变化,以及阿里研究院和其他国际著名咨询机构的最新研究报告,掌握流通业发展机会与空间。(3)根据海外投资风险评估报告,比如,美国标准普尔公司的主权信用评级、穆迪长期债务评价、中国出口信用保险公司的《国家风险分析报告》等,了解全球不同经济体的投资风险。(4)关注主要国际组织和机构的研究报告,比如,国际货币基金组织的《世界经济展望》报告、世界贸易组织的《世界贸易报告》、世界银行的世界治理指数、世界经济论坛的《全球竞争力报告》等。

另外,中国商务部等国家部委可以联合相关科研院所,依托中国商业经济学会等行业协会组织,对共建"一带一路"国家以及其他国家的流通业发展、对外开放政策、市场竞争情况等,进行国别梳理,为中国流通企业对外直接投资提供前期参考。比如,依托中国非洲研究院,对非洲流通业发展及对外开放政策等进行研究。

当然,国际投资领域会有突发事件。这就需要发挥中国驻外大使馆、领事馆、商务参赞、海外华商网络的作用。中国驻外大使馆、领事馆要在第一时间发布所在国的投资预警信息,为驻外企业采取规避措施赢得时间。

(二)梳理自由贸易协定与流通业跨国并购案例,评估对中国流通业发展的影响

虽然中国流通业对外直接投资在中国所有行业中处于前三名,但是,无论从总体规模还是相对规模来说,中国流通业与发达国家的差距依旧非常大。要改变这个现状,迫切需要中国流通业以"一带一路"为抓手,逐步深化中国流通业与其他国家的广泛、深度合作。

对于中国流通企业来说,必须打开国际市场的大门。从发展现状来看,自由贸易协定是重要方式之一。中国一方面要积极与具有潜在合作意愿的国家或区域性贸易组织进行谈判,加快中国自由贸易区网络建设;另一方面,中国要跟踪全球自由贸易协定与双边投资协定的签订及落实情况。

中国要跟踪外国大型流通企业的跨国并购进程,评估包括沃尔玛、

亚马逊等跨国并购对全球流通格局的影响，以及这些并购对中国流通企业进入国际市场的影响。同时，要梳理中国流通业对外直接投资案例，汇编成册，供中国流通企业作为内部交流资料使用。

（三）培养擅长跨文化交流与管理的复合型人才，化解国际投资与经营风险

中国流通业对外投资及风险管控，都要求中国流通企业掌握国际资本市场运行的基本规律。通常来说，大规模的对外直接投资离不开大规模的海外并购。海外并购能否顺利完成，这实际上取决于中国流通企业是否熟悉国际并购规则，是否能熟练运用这些规则选取合适的被并购对象。

欧美发达国家的海外并购项目评估的做法值得我们学习。比如，第二次世界大战后美国的对外直接投资中，美国企业针对不同的项目展开不同的评估，但是它们更重视对环境、政治、政策、法治甚至整个社会的评估。[①] 这是因为在具体的项目落地后，环境等其他方面潜在的风险可能成为对外直接投资能否成功的关键。

针对中国流通业跨国并购以及跨国经营中人才缺乏的现状，政府要在商科高等院校加快相关人才的培养。流通业跨国经营和管理需要既熟悉历史；又熟悉流通业发展以及金融、税务知识，既熟悉中国国内法、国际法，又熟悉东道国国内法律，同时擅长跨文化交流的复合型人才。这些人才培养可以依托本科的贸易经济专业来进行。在开设经济学、管理学、法学课程的基础上，开设第二外语课程，使该专业毕业的学生至少熟练掌握三种联合国官方语言。同时，依托北京外国语大学、上海外国语大学等高校，扩大小语种语言的课程建设，以满足中国流通业走出国门实现跨文化交流之需。

三 加快研究统一的对外投资法，完善中国流通业 OFDI 的支持政策体系

中国流通业开展对外直接投资，在海外市场实现资本的保值、增值是基本目的。随着全球投资环境的改变，中国流通业对外直接投资安全

[①] 王孜弘主编：《美国资本流动：非成本要素与对外直接投资流向分析》，社会科学文献出版社 2011 年版，绪论第 2 页。

面临多方面的挑战。从全球范围来看，美国试图将其国内法演变为国际法，《海外反腐败法》就是其中一例。从这个意义上来说，中国对外直接投资不仅需要中国国内立法的支持以及东道国对外商直接投资的保障，还需要了解国际投资法律体系的变动。对于中国来说，并不需要专门针对中国流通业对外直接投资立法，而是需要中国形成多方位、立体化的对外投资法律体系，为中国流通业走出国门提供法律保障。

其一，加快研究统一的海外投资法律，尽快制定与国际法、国际惯例接轨的对外投资管理法律法规，以指导中国流通企业的投资行为。

其二，健全配套支持政策体系，支持中国流通企业"走出去"。配套支持政策体系包括出口信贷、海外投资税收政策、海外投资保险制度等。对于那些在中国国内市场生产率较高但是受制于企业所有制进而面临融资困境的流通企业来说，开展对外直接投资，特别需要获得中国金融服务尤其是出口信贷的支持。在完善出口信贷政策的同时，政府要继续推进同有关国家签订避免双重征税的协定，保护中国企业海外投资的税收利益。另外，政府要继续完善海外投资税收政策，比如，对企业的国外收入实行部分减免税收政策等。在境外投资保险制度中，代位求偿权是核心，但是中国出口信用保险公司公布的《投资指南》没有明确，代位求偿权到底采用双边投资保险制度还是单边投资保险制度，或者是实行双轨并行的投资保险制度。[①] 因此，信用保险制度的代位求偿权究竟如何行使，需要明确。

四 加强公共外交参与全球治理，改善中国流通业 OFDI 国际环境

在新的历史时期，中国政府有必要通过公共外交，为中国流通企业走出国门创造良好的投资环境。要广泛利用"一带一路"国际合作高峰论坛、中非合作论坛、亚洲博鳌论坛、上海合作组织峰会等，加强与相关国家和地区的沟通。

根据现有的自由贸易协定落实情况，在条件允许的情况下，中国可以与相关国家展开贸易协定升级谈判。同时，要积极寻求新的自由贸易协定潜在合作伙伴。

---

① 江荣卿：《境外投资法规解读及双边投资保护协定应用》，法律出版社2013年版，第49页。

为了拓展中国企业的国际生存空间，要根据自身利益，结合自身在国际体系中的位置，与全球不同国家建立不同层次的伙伴关系。比如，中国和俄罗斯的全面战略协作伙伴关系，中国与巴基斯坦的全天候战略合作伙伴关系，等等。中国与不同国家建立的战略伙伴关系，将为中国企业开拓国际市场提供通道。

　　与此同时，中国要积极开展多边外交，以"一带一路"倡议合作为平台，推动中国在全球各项事务中的参与。中国要充分借助现有的国际组织和机构，包括世界货币基金组织、世界贸易组织、世界卫生组织、联合国等，逐步将中国参与全球治理的中国智慧纳入全球治理改革的新框架中。比如，中国政府以"丝绸之路（敦煌）司法合作国际论坛"为契机，推动全球司法合作，争取早日建成"一带一路"国际商事法庭。

参考文献

一 中文文献

（一）中文著作

［韩］柳永镐：《亚马逊经济学》，李大雷译，电子工业出版社2014年版。

［美］保罗·沃尔克、［日］行天丰雄：《时运变迁：世界货币、美国地位与人民币的未来》，于杰译，中信出版社2016年版。

［美］理查德·勃兰特：《一键下单：杰夫·贝佐斯与亚马逊的崛起》，马志彦译，中信出版社2013年版。

［美］罗伯特·芬斯特拉、魏尚进主编：《全球贸易中的中国角色》，鞠建东、余淼杰主译，北京大学出版社2013年版。

［美］加里·杰里菲等：《全球价值链和国际发展：理论框架、研究发现和政策分析》，曹文、李可译，上海人民出版社2018年版。

［美］帕拉格·康纳：《超级版图：全球供应链、超级城市与新商业文明的崛起》，崔传刚、周大昕译，中信出版社2016年版。

［美］罗伯特·D.卡普兰：《即将到来的地缘战争》，涵朴译，广东人民出版社2013年版。

［美］玛丽娜·克拉科夫斯基：《中间人经济：经纪人、中介、交易商如何创造价值并赚取利润？》，唐榕彬、许可译，中信出版社2018年版。

［美］迈克尔·波特：《竞争优势》，陈小悦译，华夏出版社1997年版。

［美］迈克尔·波特：《国家竞争优势》，李明轩、邱如美译，华夏出版社2002年版。

［美］尼古拉斯·斯皮克曼：《和平地理学：边缘地带的战略》，俞海杰译，上海人民出版社2016年版。

[美]布拉德·斯通：《一网打尽：贝佐斯与亚马逊时代》，李晶、李静译，中信出版社2014年版。

[美]拉里·唐斯、[美]保罗·纽恩斯：《大爆炸式创新》，粟之敦译，浙江人民出版社2014年版。

[美]山姆·沃尔顿、[美]约翰·休伊：《富甲美国：沃尔玛创始人山姆·沃尔顿自传》，杨蓓译，江苏凤凰文艺出版社2015年版。

[葡]若昂·阿马多尔、[意]菲利波·迪毛罗：《全球价值链时代：测算与政策问题》，陶翔等译，上海人民出版社2017年版。

[日]林周二：《流通革命——产品、路径及消费者》，史国安、杨元敏译，华夏出版社2000年版。

[日]松井忠三：《解密无印良品》，吕灵芝译，新星出版社2015年版。

[瑞典]安德斯·代尔维格：《这就是宜家》，彭晶译，中华工商联合出版社2015年版。

[西]科瓦冬佳·奥谢亚：《ZARA：阿曼修·奥尔特加与他的时尚王国》，宋海莲译，华夏出版社2011年版。

[西]大卫·马汀内斯：《ZARA的创新革命》，苏蓝琪译，广东经济出版社2016年版。

[英]彼得·弗兰科潘：《丝绸之路：一部全新的世界史》，邵旭东、孙芳译，浙江大学出版社2016年版。

[英]布莱恩·罗伯茨、[英]娜塔莉·伯格：《向世界零售巨头沃尔玛学应变之道》，崔璇译，中国电力出版社2014年版。

《马克思恩格斯选集》第2卷，人民出版社1972年版。

陈甫军：《"一带一路"经济读本》，经济科学出版社2017年版。

戴翔：《中国攀升全球价值链：实现机制与战略调整》，人民出版社2016年版。

戴翔、张二震：《要素分工与国际贸易理论新发展》，人民出版社2017年版。

丁俊发：《中国供应链管理蓝皮书（2016）》，中国财富出版社2016年版。

杜奇华编著：《国际投资》（第二版），高等教育出版社2011年版。

冯国经等：《在平的世界中竞争》，宋华译，中国人民大学出版社2009年版。

黄永春：《新兴大国发展战略性新兴产业的追赶时机、赶超路径与政策工具——全球价值链视角》，科学出版社 2016 年版。

纪宝成主编：《商业经济学教程》，中国人民大学出版社 2016 年版。

江荣卿：《境外投资法规解读及双边投资保护协定应用》，法律出版社 2013 版。

金明玉：《韩国对外直接投资的发展轨迹及其绩效研究》，中国社会科学出版社 2015 年版。

荆林波、袁平红：《未来二十年中国流通产业发展战略》，经济科学出版社 2014 年版。

荆林波等：《中国中长期贸易战略》，中国社会科学出版社 2015 年版。

林芳竹等：《中国海外投资风险防控体系研究》，经济科学出版社 2014 年版。

刘天永主编：《中国企业境外投资纳税指南》，中国税务出版社 2011 年版。

刘伟全：《中国 OFDI 逆向技术溢出与国内技术进步研究：基于全球价值链的视角》，经济科学出版社 2011 年版。

刘志彪：《经济全球化与中国产业发展》，译林出版社 2016 年版。

柳思维等：《新兴流通产业发展研究》，中国市场出版社 2007 年版。

卢仁祥：《新新贸易理论中的国际分工问题研究——基于全球价值链理论分析》，中国经济出版社 2014 年版。

马克思：《资本论》第 1 卷，人民出版社 1975 年版。

毛凯丰：《中国对美国直接投资的产业选择研究》，经济管理出版社 2017 年版。

毛蕴诗：《重构全球价值链：中国企业升级理论与实践》，清华大学出版社 2017 年版。

王孖弘：《美国资本流动：非成本要素与对外直接投资流向分析》，社会科学文献出版社 2011 年版。

徐从才等：《流通创新与现代生产者服务体系构建》，中国人民大学出版社 2011 年版。

晏维龙：《交换、流通及其制度：流通构造演变理论》，中国人民大学出版社 2003 年版。

杨珍增：《全球价值链视角下的跨国公司直接投资结构研究》，经济科学出版社 2015 年版。

俞正樑等：《全球化时代的国际关系》（第二版），复旦大学出版社 2014 年版。

袁海勇：《中国海外投资政治风险的国际法应对——以中外 BIT 及国际投资争端案例为研究视角》，上海人民出版社 2018 年版。

张磊：《全球价值链下的国际贸易统计》，上海人民出版社 2015 年版。

张明等：《中国海外投资国家风险评级报告（2015）》，中国社会科学出版社 2015 年版。

张宗斌等：《日本大规模对外直接投资的经验教训及借鉴研究》，经济日报出版社 2015 年版。

赵蓓文等：《"一带一路"建设与中国企业对外直接投资新方向》，上海社会科学院出版社 2017 年版。

祝合良等：《中国商品流通的规范与发展》，首都经济贸易大学出版社 2018 年版。

（二）中文论文

曹静：《基于典型相关分析的流通产业与国民经济关联性研究》，《商业经济与管理》2010 年第 5 期。

陈松、刘海云：《东道国治理水平对中国对外直接投资区位选择的影响——基于面板数据模型的实证研究》，《经济与管理研究》2012 年第 6 期。

崔向阳、袁露梦、钱书法：《区域经济发展：全球价值链与国家价值链的不同效应》，《经济学家》2018 年第 1 期。

崔晓敏、余淼杰、袁东：《最低工资和出口的国内附加值：来自中国企业的证据》，《世界经济》2018 年第 12 期。

戴翔、宋婕：《中国 OFDI 的全球价值链构建效应及其空间外溢》，《财经研究》2020 年第 5 期。

戴竹青、蔡冬青：《江苏省服务业 OFDI 区位选择的影响因素研究》，《商业经济研究》2015 年第 31 期。

董誉文、徐从才：《中国商贸流通业增长方式转型问题研究：全要素生产率视角》，《北京工商大学学报》（社会科学版）2017 年第 1 期。

付韶军:《东道国政府治理水平对中国 OFDI 区位选择的影响——基于"一带一路"沿线 59 国数据的实证分析》,《经济问题探索》2018 年第 1 期。

耿伟、杨晓亮:《最低工资与企业出口国内附加值率》,《南开经济研究》2019 年第 4 期。

郭志芳、林季红:《汇率不确定性与对外直接投资——基于日本对亚洲 8 国直接投资的实证分析》,《亚太经济》2013 年第 4 期。

何树全:《中国服务业在全球价值链中的地位分析》,《国际商务研究》2018 年第 5 期。

何宇、张建华、陈珍珍:《贸易冲突与合作:基于全球价值链的解释》,《中国工业经济》2020 年第 3 期。

黄灿、林桂军:《全球价值链分工地位的影响因素研究:基于发展中国家的视角》,《国际商务》(对外经济贸易大学学报),2017 年第 2 期。

黄国雄:《论流通产业是基础产业》,《财贸经济》2005 年第 4 期。

黄漫宇:《FDI 对中国流通产业安全的影响及对策分析》,《宏观经济研究》2011 年第 6 期。

黄卓、郑楠:《我国双向 FDI 对流通价值链的影响机理与优化策略》,《商业经济研究》2017 年第 22 期。

李丹、董琴:《全球价值链重构与"引进来""走出去"的再思考》,《国际贸易》2019 年第 9 期。

李凌:《流通 FDI 对国内流通业态结构优化的调节作用分析》,《商业经济研究》2015 年第 34 期。

李平、李达、杨政银:《应对 VUCA 的认知范式:"第二故乡"战略与全球价值链重构》,《清华管理评论》2020 年第 3 期。

李先玲、童光荣:《流通溢出效应与城乡收入差距:机理和渠道》,《中国流通经济》2014 年第 11 期。

李小萌、陈建先、师磊:《人民币汇率变动对中国 OFDI 的影响——以对东盟十国投资为例》,《国际商务》(对外经济贸易大学学报)2017 年第 3 期。

李晓慧:《技术效率、技术进步与中国流通业生产率增长》,《商业经济与管理》2011 年第 6 期。

李晓慧:《流通业溢出效应的理论和实证分析》,《商业时代》2011 年第

27期。

李杨超、祝合良：《基于投入产出表的流通业产业关联与波及效应分析》，《统计与决策》2016年第6期。

刘海云、毛海欧：《国家国际分工地位及其影响因素——基于"GVC地位指数"的实证分析》，《国际经贸探索》2015年第8期。

刘林青、黄起海、闫志山：《国家空间里的能力加值比赛——基于产业国际竞争力的结构观》，《中国工业经济》2013年第4期。

刘林青、谭力文：《产业国际竞争力的二维评价——全球价值链背景下的思考》，《中国工业经济》2006年第12期。

刘敏、刘金山、李雨培：《母国投资动机、东道国制度与企业对外直接投资区位选择》，《经济问题探索》2016年第8期。

刘晓凤、葛岳静、赵亚博：《国家距离与中国企业在"一带一路"投资区位选择》，《经济地理》2017年第11期。

刘志彪：《全球价值链中我国外向型经济战略的提升——以长三角地区为例》，《中国经济问题》2007年第1期。

刘志彪：《以国内价值链的构建实现区域经济协调发展》，《广西财经学院学报》2017年第10期。

刘志彪、张杰：《从融入全球价值链到构建国家价值链：中国产业升级的战略思考》，《学术月刊》2009年第9期。

刘志彪、张杰：《全球代工体系下发展中国家俘获型网络的形成、突破与对策——基于GVC与NVC的比较视角》，《中国工业经济》2007年第5期。

卢进勇、杨杰、郭凌威：《中国在全球生产网络中的角色变迁研究》，《国际贸易问题》2016年第7期。

陆颢：《全球价值链重构的新特征与中国企业价值权力争夺》，《企业经济》2017年第4期。

罗良清、温婷：《中国服务业参与国际分工的程度和地位测度——基于全球价值链的视角》，《当代财经》2019年第8期。

毛蕴诗、王婕、郑奇志：《重构全球价值链：中国管理研究的前沿领域——基于SSCI和CSSCI（2002—2015年）的文献研究》，《学术研究》2015年第11期。

毛蕴诗、郑奇志：《论国际分工市场失效与重构全球价值链——新兴经济体的企业升级理论构建》,《社会科学文摘》2016 年第 5 期。

孟东梅、姜延书、何思浩:《中国服务业在全球价值链中的地位演变——基于增加值核算的研究》,《经济问题》2017 年第 1 期。

聂名华、马翔:《汇率变动与中国境外直接投资的关系研究》,《理论探讨》2008 年第 6 期。

裴长洪:《别小看跨境电商:平台企业可取代跨国公司》,《中国外资》2018 年第 8 期。

祁春凌、邹超:《东道国制度质量、制度距离与中国的对外直接投资区位》,《当代财经》,2013 年第 7 期。

秦升:《"一带一路":重构全球价值链的中国方案》,《国际经济合作》2017 年第 9 期。

任晓燕、杨水利:《对外直接投资区位选择影响因素的实证研究——基于投资动机视角》,《预测》2016 年第 3 期。

石明明、张小军:《流通产业在国民经济中的角色转换:基于灰色关联分析》,《财贸经济》2009 年第 2 期。

谭人友、葛顺奇、刘晨:《全球价值链重构与国际竞争格局——基于 40 个经济体 35 个行业面板数据的检验》,《世界经济研究》2016 年第 5 期。

陶士贵、相瑞:《对外直接投资中的汇率影响因素:中国样本》,《经济管理》2012 年第 5 期。

田巍、余淼杰:《汇率变化、贸易服务与中国企业对外直接投资》,《世界经济》2017 年第 11 期。

仝若贝:《溢出和挤出视角下 FDI 对我国商贸流通业安全的影响研究》,《商业时代》2014 年第 13 期。

汪旭晖、黄睿:《FDI 溢出效应对我国流通服务业自主创新的影响研究》,《财经问题研究》2011 年第 9 期。

汪旭晖、杨东星:《我国流通服务业 FDI 溢出效应及其影响因素——基于省际面板数据的实证检验》,《宏观经济研究》2011 年第 6 期。

王聪、林桂军:《中国服务贸易强国之路研究——理论内涵、现实问题与政策建议》,《国际贸易》2017 年第 8 期。

王晖:《对外直接投资对中国全球价值链分工地位的影响研究》,博士学位论文,中国地质大学(北京),2019 年。

王疆、江娟:《母国集聚与产业集聚对中国企业对美直接投资区位选择的影响》,《世界地理研究》2017年第4期。

王莉娟、王必锋:《基于HMC-FMEC模型的中国OFDI区位选择机制研究》,《统计与决策》2016年第20期。

王玉明:《基于省际面板数据的OFDI逆向溢出效应与我国流通业发展关系实证研究》,《商业经济研究》2017年第17期。

王子先:《世界经济进入全球价值链时代中国对外开放面临新选择》,《全球化》2014年第5期。

巫景飞、林暐:《本土制造业从商贸流通业的FDI中获益了吗?——来自中国2002—2006年省际面板数据的证据》,《财贸经济》2009年第12期。

吴萌:《FDI对我国商贸流通业集聚的影响——基于省级层面数据的分析》,《商业经济研究》2018年第3期。

夏良科:《汇率、汇率制度与对外直接投资——基于广义脉冲响应函数法的国际比较》,《上海经济研究》2012年第10期。

肖文、周君芝:《国家特定优势下的中国OFDI区位选择偏好——基于企业投资动机和能力的实证检验》,《浙江大学学报》(人文社会科学版)2014年第1期。

谢莉娟:《供应链分工情境下内贸流通研究的理论主题》,《商业经济与管理》2016年第3期。

谢莉娟:《互联网时代的流通组织重构——供应链逆向整合视角》,《中国工业经济》2015年第4期。

谢莉娟、王诗桔:《贸易的技术创新效应——国内外贸易联动与部门间分工的权衡》,《经济理论与经济管理》2017年第4期。

谢莉娟、张昊:《国内市场运行效率的互联网驱动——计量模型与案例调研的双重验证》,《经济理论与经济管理》2015年第9期。

谢孟军、郭艳茹:《法律制度质量对中国对外直接投资区位选择影响研究——基于投资动机视角的面板数据实证检验》,《国际经贸探索》2013年第6期。

杨连星、罗玉辉:《中国对外直接投资与全球价值链升级》,《数量经济技术经济研究》2017年第6期。

杨龙志:《流通产业在国民经济中起到先导性作用了吗——基于 VAR 格兰杰因果的实证研究》,《财贸经济》2013 年第 5 期。

衣长军、刘晓丹、陈初昇:《海外华商网络、多维距离对我国企业 OFDI 区位选择的影响研究》,《国际商务》(对外经济贸易大学学报) 2016 年第 6 期。

张二震、戴翔:《疫情冲击下全球价值链重构及对策》,《南通大学学报》(社会科学版) 2020 年第 5 期。

张晓涛、陈国媚:《国际化程度、OFDI 区位分布对企业绩效的影响研究——基于我国 A 股上市制造业企业的证据》,《国际商务》(对外经济贸易大学学报) 2017 年第 2 期。

张艳梅:《商贸流通业 FDI 对我国本土制造业的渗透效应分析》,《商业时代》2014 年第 27 期。

张运昌:《汇率变动对国际直接投资流的影响》,《上海金融》2003 年第 11 期。

赵霞:《我国流通服务业与制造业互动的产业关联分析与动态比较》,《商业经济与管理》2012 年第 11 期。

祝合良、王明雁:《基于投入产出表的流通业产业关联与波及效应的演化分析》,《中国流通经济》2018 年第 1 期。

二 外文文献

Adam Rapp et al., "Understanding Social Media Effects across Seller, Retailer, and Consumer Interactions", *Journal of the Academy of Marketing Science*, Vol. 41, No. 5, 2013.

Anastasia Griva et al., "Retail Business Analytics: Customer Visit Segmentation Using Market Basket Data", *Expert Systems with Applications*, Vol. 100, 2018.

Anne C. Perry, "The Evolution of the U. S. International Trade Intermediary in the 1980s: A Dynamic Model", *Journal of International Business Studies*, Vol. 21, No. 1, 1990.

Antonio Navarro-García, "Drivers of Export Entrepreneurship", *International Business Review*, Vol. 25, No. 1, 2016.

Barbara M. Fraumenj, "E-commerce: Measurement and Measurement Issues", *American Economic Review*, Vol. 91, No. 2, 2001.

Bart Minten et al., "Global Retail Chains and Poor Farmers: Evidence from Madagascar", *World Development*, Vol. 37, No. 1, 2009.

Bruce Kougut, "Designing Global Strategies: Comparative and Competitive Value-added Chains", *Sloan Management Review*, Vol. 26, No. 4, 1985.

David Hummels Jun Ishii, Kei-Mu Yi, "The Nature and Growth of Vertical Specialization in World Trade", *Journal of International Economics*, Vol. 54, No. 1, 2001.

Eleonora Pantano, Harry Timmermans, "What is Smart for Retailing?", *Procedia Environmental Sciences*, Vol. 22, 2014.

Elhanan Helpman, Marc J. Melitz, Stephen R. Yeaple, "Export versus FDI with Heterogeneous Firms", *American Economic Review*, Vol. 94, No. 1, 2004.

Frederik von Briel, "The Future of Omnichannel Retail: A Four-stage Delphi Study", *Technological Forecasting and Social Change*, Vol. 132, 2018.

Gary Gereffi, "Beyond the Producer-driven/Buyer-driven Dichotomy the Evolution of Global Value Chains in the Internet Era", *IDS Bulletin*, Vol. 32, No. 3, 2001.

G. Gereffi, "Global Value Chains and International Development Policy: Bringing Firms, Networks and Policy-engaged Scholarship back in", *Journal of International Business Policy*, No. 2, 2019.

Guillaume Daudin, Christine Rifflart, Danielle Schweisguth, "Who Produces for Whom in the World Economy?", *The Canadian Journal of Economics*, Vol. 44, No. 4, 2011.

Helge Berglann et al., "Entrepreneurship: Origins and Returns", *Labour Economics*, Vol. 18, No. 2, 2011.

Hongbin Li et al., "Entrepreneurship, Private Economy and Growth: Evidence from China", *China Economic Review*, Vol. 23, No. 4, 2012.

Hyejoon Im, "TheEffects of Regional Trade Agreements on FDI by Its Origin and Type: Evidence from U. S. Multinational Enterprises Activities", *Japan and the World Economy*, Vol. 39, 2016.

Jana Möller, Steffen Herm, "Shaping Retail Brand Personality Perceptions by

Bodily Experiences", *Journal of Retailing*, Vol. 89, No. 4, 2013.

J. B. Ahn et al., "The Role of Intermediaries in Facilitating Trade", *Journal of International Economics*, Vol. 84, No. 1, 2011.

Jeff Shockley, Tobin Turner, "A Relational Performance Model for Developing Innovation and Long-term Orientation in Retail Franchise Organizations", *Journal of Retailing and Consumer Services*, Vol. 32, 2016.

J. Hietanen et al., "Reimagining Society through Retail Practice", *Journal of Retailing*, Vol. 92, No. 4, 2016.

Kiyoyasu Tanaka, "Firm Heterogeneity and FDI in Distribution Services", *The World Economy*, Vol. 38, No. 8, 2015.

Liran Einav et al., "Sales Taxes and Internet Commerce", *American Economic Review*, Vol. 104, No. 1, 2014.

Marianna Marino, Pierpaolo Parrotta, Dario Pozzoli, "Does Labor Diversity Promote Entrepreneurship?", *Economics Letters*, Vol. 116, No. 1, 2012.

Maria Sääksjärvi, Saeed Samiee, "Relationships among Brand Identity, Brand Image and Brand Preference: Differences between Cyber and Extension Retail Brands over Time", *Journal of Interactive Marketing*, Vol. 25, No. 3, 2011.

Mike W. Peng, Anne Y. Ilinitch, "Export Intermediary Firms: A Note on Export Development Research", *Journal of International Business Studies*, Vol. 29, No. 3, 1998.

M. J. Melitz, "The Impact of Trade on Intra-industry Reallocations and Aggregate Industry Productivity", *Econometrica*, Vol. 71, No. 6, 2003.

Monika Hartmann, Jeanette Klink, Johannes Simons, "Cause Related Marketing in the German Retail Sector: Exploring the Role of Consumers' Trust", *Food Policy*, Vol. 52, 2015.

Murali D. R. Chari, Jaya Dixit, "Business Groups and Entrepreneurship in Developing Countries after Reforms", *Journal of Business Research*, Vol. 68, No. 6, 2015.

Nathaniel P. S. Cook, John Douglas Wilson, "Using Trade Policy to Influence Firm Location", *Economics Letters*, Vol. 119, No. 1, 2013.

Niels Bosma et al., "Entrepreneurship and Role Models", *Journal of Econom-*

ic Psychology, Vol. 33, No. 2, 2012.

Niilo Home, "Entrepreneurial Orientation of Grocery Retailers in Finland", Journal of Retailing and Consumer Services, Vol. 18, No. 4, 2011.

Pankaj C. Patel, John A. Pearce, "The Survival Consequences of Intellectual Property for Retail Ventures", Journal of Retailing and Consumer Services, Vol. 43, 2018.

Pankaj C. Patel, Maria João Guedes, John A. Pearce, "The Role of Service Operations Management in New Retail Venture Survival", Journal of Retailing, Vol. 93, No. 2, 2017.

Pia Nilsson, "The Influence of Related and Unrelated Industry Diversity on Retail Firm Failure", Journal of Retailing and Consumer Services, Vol. 28, 2016.

Robert Johnson, Guillermo Noguera, "Accounting for Intermediates: Production Sharing and Trade in Value Added", Journal of International Economics, Vol. 86, No. 2, 2012.

Sanjit Kumar Roy et al., "Constituents and Consequences of Smart Customer Experience in Retailing", Technological Forecasting and Social Change, Vol. 124, 2017.

Simone Guercini, Andrea Runfola, "Business Networks and Retail Internationalization: A Case Analysis in the Fashion Industry", Industrial Marketing Management, Vol. 39, No. 6, 2010.

Virginia Hernández, Torben Pedersen, "Global Value Chain Configuration: A Review and Research Agenda", BRQ Business Research Quarterly, Vol. 20, No. 2, 2017.

W. Chen, H. Tang, "The Dragon is Flying West: Micro-level Evidence of Chinese outward Direct Investment", Asian Development Review, Vol. 31, No. 2, 2014.

Yingchen Yan, Ruiqing Zhao, Zhibing Liu, "Strategic Introduction of the Marketplace Channel under Spillovers from online to offline Sales", European Journal of Operational Research, Vol. 267, No. 1, 2018.

附　　录

附表 1　　瑞士对中国开放流通领域的具体承诺

		分销服务—佣金代理服务（CPC 621 部分）	分销服务—批发服务（CPC 622 部分）	分销服务—零售服务（CPC 631 部分, 632 部分, 6111, 6113, 6121）	分销服务—特许经营（CPC 8929）
市场准入限制	（1）跨境交付	没有限制	没有限制	没有限制	没有限制
	（2）境外消费	没有限制	没有限制	没有限制	没有限制
	（3）商业存在	没有限制	除遵循州和/或市级审批程序，但仍可能会导致授权拒绝的大型分销设施外，没有限制；无市场需求测试和其他市场准入限制	除遵循州和/或市级审批程序，但仍可能会导致授权拒绝的大型分销设施外，没有限制；无市场需求测试和其他市场准入限制	没有限制
	（4）自然人移动	除I部分中内容外，不作承诺	除I部分中内容外，不作承诺	除I部分中内容外，不作承诺；在瑞士要求以商业存在形式的贸易方式	除I部分中内容外，不作承诺

续表

		分销服务——佣金代理服务（CPC 621 部分）	分销服务——批发服务（CPC 622 部分）	分销服务——零售服务（CPC 631 部分，632 部分，6111，6113，6121）	分销服务——特许经营（CPC 8929）
国民待遇限制	（1）跨境交付	没有限制	没有限制	没有限制	没有限制
	（2）境外消费	没有限制	没有限制	没有限制	没有限制
	（3）商业存在	没有限制	没有限制	没有限制	没有限制
	（4）自然人移动	除I部分中内容外，不作承诺	除I部分中内容外，不作承诺	除I部分中内容外，不作承诺；在瑞士要求以商业存在形式的贸易方式	除I部分中内容外，不作承诺
附加承诺		无	无	无	无
备注		佣金代理服务（CPC 621 部分）：不包括进口许可、药品、有毒物质、爆炸物、武器和弹药、以及贵金属的代理服务	批发服务（CPC 622部分）：不包括进口许可证、药品、有毒物质、爆炸物、武器和弹药、以及贵金属	零售服务（CPC 631 部分，632 部分，6111，6113，6121）：不包括与货物进口许可、药品、有毒物质、爆炸物、武器和弹药、以及贵金属的服务；也不包括移动销售单位的零售服务。该分部门包括与机动车辆及其零件相关的批发分销服务，详见CPC 6111、6113、6121。	无

资料来源：《服务开放承诺查询》，2020年2月4日，中国自由贸易区服务网，http://fta.mofcom.gov.cn/ftanew/serviceOpenS.shtml。

附表 2　　　　　智利对中国开放流通领域的具体承诺

		分销服务—批发销售服务 （CPC 622, 61111, 6113, 6121）	分销服务—零售服务 （CPC 632）
市场准入限制	（1）跨境交付	没有限制	没有限制
	（2）境外消费	没有限制	没有限制
	（3）商业存在	没有限制	没有限制
	（4）自然人移动	除水平承诺[①]中内容外，不作承诺	除水平承诺中内容外，不作承诺
国民待遇限制	（1）跨境交付	没有限制	没有限制
	（2）境外消费	没有限制	没有限制
	（3）商业存在	没有限制	没有限制
	（4）自然人移动	除水平承诺中内容外，不作承诺	除水平承诺中内容外，不作承诺
附加承诺		无	无
备注		无	无

资料来源：《服务开放承诺查询》，2020 年 2 月 4 日，中国自由贸易区服务网，http：//fta.mofcom.gov.cn/ftanew/serviceOpenS.shtml。

附表 3　　　　　格鲁吉亚对中国开放流通领域的具体承诺

		分销服务— 佣金代理服务 （CPC 621）	分销服务— 批发服务 （CPC 622）	分销服务— 零售服务 （CPC 631, 632, 611, 612）	分销服务— 特许经营 （CPC 8929）
市场准入限制	（1）跨境交付	没有限制	没有限制	没有限制	没有限制
	（2）境外消费	没有限制	没有限制	没有限制	没有限制
	（3）商业存在	没有限制	没有限制	没有限制	没有限制
	（4）自然人移动	除水平承诺中内容外，不作承诺	除水平承诺中内容外，不作承诺	除水平承诺中内容外，不作承诺	除水平承诺中内容外，不作承诺

---

① "水平承诺"（Horizontal Commitments），是相对"部门承诺"（Sector-specific Commitment）而言的，是指其中列明的内容适用于减让表中所列的所有服务部门和分部门。所谓"部门承诺"，即分部门的承诺表中列明的对各具体部门或分部门所作的承诺。在判断承诺水平时，一般而言，90% 以上的具体承诺必须将减让表中的"水平承诺"和"部门承诺"结合起来，才能确定是否存在限制。

续表

		分销服务—佣金代理服务（CPC 621）	分销服务—批发服务（CPC 622）	分销服务—零售服务（CPC 631，632，611，612）	分销服务—特许经营（CPC 8929）
国民待遇限制	(1) 跨境交付	没有限制	没有限制	没有限制	没有限制
	(2) 境外消费	没有限制	没有限制	没有限制	没有限制
	(3) 商业存在	没有限制	没有限制	没有限制	没有限制
	(4) 自然人移动	除水平承诺中内容外，不作承诺	除水平承诺中内容外，不作承诺	除水平承诺中内容外，不作承诺	除水平承诺中内容外，不作承诺
附加承诺		无	无	无	无
备注		无	无	无	无

资料来源：《服务开放承诺查询》，2020年2月4日，中国自由贸易区服务网，http://fta.mofcom.gov.cn/ftanew/serviceOpenS.shtml。

附表4　哥斯达黎加对中国开放流通领域的具体承诺

		分销服务—佣金代理服务（CPC 621，不包括62112，62113，62117）	分销服务—批发贸易服务（CPC 622，不包括6222，6225，6227）	分销服务—零售服务		分销服务—特许经营（CPC 8929）
				食品零售服务（CPC 631）	非食品零售服务（CPC 632，不包括63211，63297）	
	分部门	—	—	食品零售服务（CPC 631）	非食品零售服务（CPC 632，不包括63211，63297）	—
市场准入限制	(1) 跨境交付	不做承诺	不做承诺	不做承诺	不做承诺	不做承诺
	(2) 境外消费	没有限制	没有限制	没有限制	没有限制	没有限制
	(3) 商业存在	没有限制	没有限制	没有限制	没有限制	没有限制
	(4) 自然人移动	除水平承诺中内容外，不作承诺	除水平承诺中内容外，不作承诺	除水平承诺中内容外，不作承诺	除水平承诺中内容外，不作承诺	除水平承诺中内容外，不作承诺

续表

		分销服务—佣金代理服务（CPC 621，不包括 62112，62113，62117）	分销服务—批发贸易服务（CPC 622，不包括 6222，6225，6227）	分销服务—零售服务		分销服务—特许经营（CPC 8929）
	分部门	—	—	食品零售服务（CPC 631）	非食品零售服务（CPC 632，不包括 63211，63297）	—
国民待遇限制	(1) 跨境交付	不做承诺	不做承诺	不做承诺	不做承诺	不做承诺
	(2) 境外消费	没有限制	没有限制	没有限制	没有限制	没有限制
	(3) 商业存在	没有限制	没有限制	没有限制	没有限制	没有限制
	(4) 自然人移动	除水平承诺中内容外，不作承诺	除水平承诺中内容外，不作承诺	除水平承诺中内容外，不作承诺	除水平承诺中内容外，不作承诺	除水平承诺中内容外，不作承诺
附加承诺		无	无	无	无	无
备注		分销服务：不包括武器、弹药、爆炸物和其他战争物资的分销	分销服务：不包括武器、弹药、爆炸物和其他战争物资的分销	分销服务：不包括武器、弹药、爆炸物和其他战争物资的分销	分销服务：不包括武器、弹药、爆炸物和其他战争物资的分销	分销服务：不包括武器、弹药、爆炸物和其他战争物资的分销

资料来源：《服务开放承诺查询》，2020 年 2 月 4 日，中国自由贸易区服务网，http://fta.mofcom.gov.cn/ftanew/serviceOpenS.shtml。

附表5　　冰岛对中国开放流通领域的具体承诺

		分销服务—佣金代理服务（CPC 621）	分销服务—批发服务（CPC 622）	分销服务—零售服务（CPC 631, 632, 6111, 6113, 6121）	分销服务—特许经营（CPC 8929）
市场准入限制	(1) 跨境交付	没有限制	没有限制	没有限制	没有限制
	(2) 境外消费	没有限制	没有限制	没有限制	没有限制
	(3) 商业存在	没有限制	没有限制	没有限制	没有限制
	(4) 自然人移动	除水平承诺中内容外，不作承诺	除水平承诺中内容外，不作承诺	除水平承诺中内容外，不作承诺	除水平承诺中内容外，不作承诺
国民待遇限制	(1) 跨境交付	没有限制	没有限制	没有限制	没有限制
	(2) 境外消费	没有限制	没有限制	没有限制	没有限制
	(3) 商业存在	没有限制	没有限制	没有限制	没有限制
	(4) 自然人移动	没有限制	没有限制	没有限制	没有限制
附加承诺		无	无	无	无
备注		分销服务：不包括武器、酒精饮料、烟草及药物	分销服务：不包括武器、酒精饮料、烟草及药物	分销服务：不包括武器、酒精饮料、烟草及药物	分销服务：不包括武器、酒精饮料、烟草及药物

资料来源：《服务开放承诺查询》，2020年2月4日，中国自由贸易区服务网，http://fta.mofcom.gov.cn/ftanew/serviceOpenS.shtml。

附 录 / 273

附表6 柬埔寨对中国开放流通领域的具体承诺

分部门	分销服务—佣金代理服务 (CPC 621)	分销服务—批发贸易服务				分销服务—零售服务					分销服务—特许经营 (CPC 8929)
		机动车的批发贸易服务 (CPC 61111)	机动车零部件和附件的销售 (CPC 6113)	摩托车有关零部件和附件的销售 (CPC 6121)	收音机和电视设备、乐器和录音制品、乐谱和磁带的批发贸易服务 (CPC 62244)	机动车的零售服务 (CPC 61112)	机动车的零部件和附件销售 (CPC 6113)	摩托车有关零部件和附件的销售 (CPC 6121)	机动车燃料零售服务 (CPC 613)	食品和非食品的零售服务 (CPC 631, 632)	收音机和电视设备、乐器和录音制品、乐谱和磁带的零售 (CPC 63234)	
市场准入限制	(1) 跨境交付	※	没有限制	没有限制	没有限制	没有限制	没有限制	没有限制	没有限制	没有限制	没有限制	没有限制	※
	(2) 境外消费	※	没有限制	没有限制	没有限制	没有限制	没有限制	没有限制	没有限制	没有限制	没有限制	没有限制	※
	(3) 商业存在	※	没有限制	没有限制	没有限制	没有限制	没有限制	没有限制	没有限制	没有限制	没有限制	没有限制	※
	(4) 自然人移动	8	8	8	8	8	8	8	8	8	8	8	8

274 / 中国流通业对外直接投资

续表

分部门	分销服务—佣金代理服务 (CPC 621)	分销服务—批发贸易服务				分销服务—零售服务						分销服务—特许经营 (CPC 8929)
		机动车的批发贸易服务 (CPC 61111)	机动车零部件和附件的销售 (CPC 6113)	摩托车有关零部件和附件的销售 (CPC 6121)	收音机和电视设备、乐器和录音制品、乐谱和磁带的批发贸易服务 (CPC 62244)	机动车的零售服务 (CPC 61112)	机动车的零部件和附件销售 (CPC 6113)	摩托车有关零部件和附件的销售 (CPC 6121)	机动车燃料零售服务 (CPC 613)	食品和非食品的零售服务 (CPC 631、632)	收音机和电视设备、乐器和录音制品、乐谱和磁带的零售的 (CPC 63234)	
(1) 跨境交付	没有限制	没有限制	没有限制	没有限制	没有限制	没有限制	没有限制	没有限制	没有限制	没有限制	没有限制	没有限制
(2) 境外消费	没有限制	没有限制	没有限制	没有限制	没有限制	没有限制	没有限制	没有限制	没有限制	没有限制	没有限制	没有限制
(3) 商业存在	没有限制	没有限制	没有限制	没有限制	没有限制	没有限制	没有限制	没有限制	没有限制	没有限制	没有限制	没有限制
(4) 自然人移动	∞	∞	∞	∞	∞	∞	∞	∞	∞	∞	∞	∞
国民待遇限制 附加承诺	~	无	无	无	无	无	无	无	无	无	无	~
备注	无	无	无	无	无	无	无	无	⊕	⊙	无	无

注：(1) ※均表示"2008年12月31日前不作承诺，此后，没有限制"。(2) ∞均表示"除水平承诺中内容外，不作承诺"。(3) ~均表示"柬埔寨将从不晚于2009年1月1日起执行承诺"。(4) ⊕表示"a. 摩托车有关零部件和附件的销售 (CPC 6121)；b. 仅限于超市和大型百货商店，医疗和大型百货商店、大型超市和百货商店的面积不得少于2000平方米"。(5) ⊙表示"食品和非食品的零售服务 (CPC 631 + CPC 632)：不包括药品、医疗和整形用品的零售服务 (CPC63211)"。

资料来源：《服务开放承诺查询》，2020年2月4日，中国自由贸易区服务网，http://fta.mofcom.gov.cn/ftanew/serviceOpenS.shtml。

附表7　　　　　　　韩国对中国开放流通领域的具体承诺

		分销服务—佣金代理服务（CPC 621）	分销服务—批发服务（CPC 622）	分销服务—零售服务（CPC 61112, 61130, 61210, 613*, 631*, 632）	分销服务—特许经营（CPC 8929）
市场准入限制	（1）跨境交付	对药品和医疗产品不作承诺	对药品、医疗产品、功能性食品及模式3下不受限项目不作承诺	药品、医疗产品、功能性食品及模式3下受限项目不作承诺	没有限制
	（2）境外消费	没有限制	没有限制	没有限制	没有限制
	（3）商业存在	没有限制	①	②	没有限制
	（4）自然人移动	除水平承诺中内容外，不作承诺	除水平承诺中内容外，不作承诺	除水平承诺中内容外，不作承诺	除水平承诺中内容外，不作承诺
国民待遇限制	（1）跨境交付	没有限制	没有限制	没有限制	没有限制
	（2）境外消费	没有限制	没有限制	没有限制	没有限制
	（3）商业存在	没有限制	没有限制	没有限制	没有限制
	（4）自然人移动	除水平承诺中内容外，不作承诺	除水平承诺中内容外，不作承诺	除水平承诺中内容外，不作承诺	除水平承诺中内容外，不作承诺
附加承诺		无	无	无	无
备注		⊕	—	∞	※

注：①以下服务要求经济需求测试：二手车批发贸易、气体燃料及相关产品批发贸易主要标准：合理定价，现有提供者数量及其对供需平衡的影响、行业发展和贸易秩序。此外，还包括人口密度、交通状况、环境污染情况、区位环境、其他地方特征及公共利益。酒精饮料批发销售提供者必须获得相关税务机关负责人的授权，并满足经济需求测试。健康和福利部控制指定中药材进口批发市场的供需。②二手车和气体燃料的零售服务需通过经济需求测试。主要标准：现有供应商数量及其对现有提供者的影响，人口密度、交通状况、环境污染情况、区位环境、其他地方特征及公共利益。不允许通过电话或电子商务销售酒精饮料。只允许已在韩国设立办事处且获得眼镜商或验光师资格的自然人在韩国提供眼镜或验光服务。只允许注册眼镜商或验光师设立经营办事处，且每个眼镜商或验光师只能设立一家办事处。提供药品（包括中草药）零售分销服务的提供者不能以企业的形式，且不得设立一个以上药店。

⊕表示"（1）分销服务不包括以下服务：枪支、爆炸物及宝剑贸易；艺术品和古董；以下事项的建立、运营和分销服务：a. 被地方政府当局列为公共批发市场的农产品、渔产品和畜牧产品批发市场，b. 由生产者组织或《农产品和渔产品价格稳定法》中规定的公共利益公司建立和运营的联合批发市场，c. 根据《农业合作法》由畜牧业合作社组建和运营的畜牧市场。此外，韩国保留采取或维持任何有关 WTO 关税配额管理的措施的权力。（2）佣金代理服务（CPC

621)：不包括62111、62112和期货合同的佣金代理服务"。

∞表示"（1）分销服务不包括以下服务：枪支、爆炸物及宝剑贸易；艺术品和古董；以下事项的建立、运营和分销服务：a. 被地方政府当局列为公共批发市场的农产品、渔产品和畜牧产品批发市场。b. 由生产者组织或《农产品和渔产品价格稳定法》中规定的公共利益公司建立和运营的联合批发市场。c. 根据《农业合作法》由畜牧业合作社组建和运营的畜牧市场。此外，韩国保留采取或维持任何有关WTO关税配额管理的措施的权力。（2）613 *：不包括与液化石油气相关的零售贸易和加油站服务。（3）631 *：不包括63108、稻米、人参和红参"。

※表示"（1）分销服务不包括以下服务：枪支、爆炸物及宝剑贸易；艺术品和古董；以下事项的建立、运营和分销服务：a. 被地方政府当局列为公共批发市场的农产品、渔产品和畜牧产品批发市场。b. 由生产者组织或《农产品和渔产品价格稳定法》中规定的公共利益公司建立和运营的联合批发市场。c. 根据《农业合作法》由畜牧业合作社组建和运营的畜牧市场。此外，韩国保留采取或维持任何有关WTO关税配额管理的措施的权力。（2）特许经营服务仅限于本减让表中批发贸易服务和零售服务所列项目"。

资料来源：《服务开放承诺查询》，2020年2月4日，中国自由贸易区服务网，http：//fta. mofcom. gov. cn/ftanew/serviceOpenS. shtml。

附表8　　新西兰对中国开放流通领域的具体承诺

		分销服务—佣金代理服务（CPC 6211）	分销服务—批发销售服务（CPC 622）	分销服务—零售服务（CPC 631, 632, 6111, 6113, 6121）
市场准入限制	（1）跨境交付	没有限制	没有限制	没有限制
	（2）境外消费	没有限制	没有限制	没有限制
	（3）商业存在	没有限制	没有限制	没有限制
	（4）自然人移动	—	—	—
国民待遇限制	（1）跨境交付	没有限制	没有限制	没有限制
	（2）境外消费	没有限制	没有限制	没有限制
	（3）商业存在	没有限制	没有限制	没有限制
	（4）自然人移动	—	—	—
附加承诺		无	无	无
备注		佣金代理服务（CPC 6211）：不包括CPC 62111、CPC 62112以及与CPC 2613—2615相关的服务	批发销售服务（CPC 622）：不包括CPC 6221、6222以及与CPC 2613—2615相关的服务	无

资料来源：《服务开放承诺查询》，2020年2月4日，中国自由贸易区服务网，http：//fta. mofcom. gov. cn/ftanew/serviceOpenS. shtml。

附表 9

秘鲁对中国开放流通领域的具体承诺

分部门	分销服务—佣金代理服务（CPC 621）	分销服务—批发销售服务（CPC 622）	分销服务—零售服务 食品的零售服务（CPC 631）	分销服务—零售服务 不可食用产品的零售服务（CPC 632）	分销服务—零售服务 机动车零售服务（CPC 6111）	分销服务—零售服务 机动车组件和配件零售服务（CPC 6113）	分销服务—零售服务 摩托车和雪地汽车及其组件和配件零售服务（CPC 6121）	分销服务—特许专营（CPC 8929）
市场准入限制 (1) 跨境交付	没有限制	没有限制	没有限制	没有限制	没有限制	没有限制	没有限制	没有限制
(2) 境外消费	没有限制	没有限制	没有限制	没有限制	没有限制	没有限制	没有限制	没有限制
(3) 商业存在	没有限制	没有限制	没有限制	没有限制	没有限制	没有限制	没有限制	没有限制
(4) 自然人移动	除水平承诺中内容外，不作承诺	除水平承诺中内容外，不作承诺	除水平承诺中内容外，不作承诺	除水平承诺中内容外，不作承诺	除水平承诺中内容外，不作承诺	除水平承诺中内容外，不作承诺	除水平承诺中内容外，不作承诺	除水平承诺中内容外，不作承诺
国民待遇限制 (1) 跨境交付	没有限制	没有限制	没有限制	没有限制	没有限制	没有限制	没有限制	没有限制
(2) 境外消费	没有限制	没有限制	没有限制	没有限制	没有限制	没有限制	没有限制	没有限制
(3) 商业存在	没有限制	没有限制	没有限制	没有限制	没有限制	没有限制	没有限制	没有限制
(4) 自然人移动	除水平承诺中内容外，不作承诺	除水平承诺中内容外，不作承诺	除水平承诺中内容外，不作承诺	除水平承诺中内容外，不作承诺	除水平承诺中内容外，不作承诺	除水平承诺中内容外，不作承诺	除水平承诺中内容外，不作承诺	除水平承诺中内容外，不作承诺

续表

分部门	分销服务—佣金代理服务（CPC 621）	分销服务—批发销售服务（CPC 622）	分销服务—零售服务					分销服务—特许专营（CPC 8929）
			食品的零售服务（CPC 631）	不可食用产品的零售服务（CPC 632）	机动车零售服务（CPC 6111）	机动车组件和配件零售服务（CPC 6113）	摩托车和雪地汽车及其组件和配件零售服务（CPC 6121）	
	—	—	—	—	—	—	—	—
附加承诺	无	无	无	无	无	—	—	—
备注	佣金代理服务（CPC 621）：不包括燃料	批发销售服务（CPC 622）：不包括碳氢化合物和定义为秘鲁手工艺品的产品	食品的零售服务（CPC 631）：不包括酒类和烟草	—	—	—	—	特许专营（CPC 8929）：仅专营权，不包括其他专有用途权利

资料来源：《服务开放承诺查询》，2020年2月4日，中国自由贸易区服务网，http://fta.mofcom.gov.cn/ftanew/serviceOpenS.shtml。

附表 10　　巴基斯坦对中国开放流通领域的具体承诺

		分销服务—批发贸易服务（CPC 622）	分销服务—零售服务（CPC 631, 632, 6111, 6113, 6121）	分销服务—特许经营（CPC 8929）
市场准入限制	（1）跨境交付	没有限制	不作承诺	没有限制
	（2）境外消费	没有限制	没有限制	没有限制
	（3）商业存在	除外资参股限于70%，没有限制	没有限制，除了外资参股比例限于70%与需要经济需求测试	除外资参股限于70%，没有限制
	（4）自然人移动	除水平承诺中内容外，不作承诺	除水平承诺中内容外，不作承诺	除水平承诺中内容外，不作承诺
国民待遇限制	（1）跨境交付	没有限制	没有限制	没有限制
	（2）境外消费	没有限制	没有限制	没有限制
	（3）商业存在	没有限制	没有限制	没有限制
	（4）自然人移动	除水平承诺中内容外，不作承诺	除水平承诺中内容外，不作承诺	除水平承诺中内容外，不作承诺
附加承诺		无	无	无
备注		分销服务：任何未来适用于外国服务提供者/法人的国内法规，应写入本减让表国民待遇限制一栏。批发贸易服务（CPC 622）：不包括佣金代理服务，（CPC 62226 ［啤酒，葡萄酒，烈酒，酒精饮料等除外］，62242，62247，62263，62264，62281）	无	无

资料来源：《服务开放承诺查询》，2020年2月4日，中国自由贸易区服务网，http://fta.mofcom.gov.cn/ftanew/serviceOpenS.shtml。

附表 11   新加坡对中国开放流通领域的具体承诺

		分销服务—佣金代理服务	分销服务—批发服务	分销服务—零售服务
分部门		佣金代理服务，不包括药品、医疗商品和化妆品（CPC 621，不包括62117）	批发服务，不包括药品、医疗商品、外科和骨科整形外科设备（CPC 622**）	—
市场准入限制	(1) 跨境交付	没有限制	没有限制	没有限制
	(2) 境外消费	没有限制	没有限制	没有限制
	(3) 商业存在	没有限制	没有限制	没有限制
	(4) 自然人移动	除水平承诺中内容外，不作承诺	除水平承诺中内容外，不作承诺	除水平承诺中内容外，不作承诺
国民待遇限制	(1) 跨境交付	没有限制	没有限制	没有限制
	(2) 境外消费	没有限制	没有限制	没有限制
	(3) 商业存在	没有限制	没有限制	没有限制
	(4) 自然人移动	不做承诺	不做承诺	不做承诺
附加承诺		无	无	无
备注		分销服务的市场准入和国民待遇的水平限制：除另行说明，分销服务有关的承诺不包括任何禁止进口和受非自动进口许可管理的产品。新加坡保留对禁止进口和受非自动进口许可管理体制的法律、法规和其他措施规定的产品清单进行修改和/或增加的权利和灵活性	1. 分销服务的市场准入和国民待遇的水平限制：除另行说明，分销服务有关的承诺不包括任何禁止进口和受非自动进口许可管理的产品。新加坡保留对禁止进口和受非自动进口许可管理体制的法律、法规和其他措施规定的产品清单进行修改和/或增加的权利和灵活性 2. ** 符号表示某CPC编号下的具体承诺并不适用于该编号范畴内的所有服务	分销服务的市场准入和国民待遇的水平限制：除另行说明，分销服务有关的承诺不包括任何禁止进口和受非自动进口许可管理的产品。新加坡保留对禁止进口和受非自动进口许可管理体制的法律、法规和其他措施规定的产品清单进行修改和/或增加的权利和灵活性

资料来源：《服务开放承诺查询》，2020年2月4日，中国自由贸易区服务网，http：//fta. mofcom. gov. cn/ftanew/serviceOpenS. shtml。

附表 12　越南对中国开放流通领域的具体承诺

<table>
<tr><th colspan="2"></th><th>分销服务—佣金代理服务 (CPC 621, 61111, 6113, 6121)</th><th>分销服务—批发服务（CPC 622, 61111, 6113, 6121)</th><th>分销服务—零售服务（CPC 631, 632, 61112, 6113, 6121)</th><th>分销服务—特许经营服务 (CPC 8929)</th></tr>
<tr><td rowspan="3">市场准入限制</td><td>(1) 跨境交付</td><td>除对以下商品没有限制外，不作承诺：一供个人使用的商品分销；一供个人和商业使用的合法的计算机软件的分销</td><td>除对以下商品没有限制外，不作承诺：一供个人使用的商品分销；一供个人和商业使用的合法的计算机软件的分销</td><td>除对以下商品没有限制外，不作承诺：一供个人使用的商品分销；一供个人和商业使用的合法的计算机软件的分销</td><td>没有限制</td></tr>
<tr><td>(2) 境外消费</td><td>没有限制</td><td>没有限制</td><td>没有限制</td><td>没有限制</td></tr>
<tr><td>(3) 商业存在</td><td>除以下规定外，没有限制：外商必须与越南合伙人组建合资企业，外商出资比例不能超过 49%。上述出资比例限制将从 2008 年 1 月 1 日起取消。从 2009 年 1 月 1 日起，取消所有限制规定。自本协定生效之日起，允许从事商投资的分销服务的公司从事各种合法进口商品和国产商品的佣金代理，批发和零售服务，但以下商品除外：水泥和水泥熔块；轮胎（不包括飞机轮胎）；纸；拖拉机；机动车；轿车和摩托车；铁和钢；视听设备；葡萄酒</td><td>除以下规定外，没有限制：外商必须与越南合伙人组建合资企业，外商出资比例不能超过 49%。上述出资比例限制将从 2008 年 1 月 1 日起取消。从 2009 年 1 月 1 日起，取消所有限制规定。自本协定生效之日起，允许从事商投资的分销服务的公司从事各种合法进口商品和国产商品的佣金代理，批发和零售服务，但以下商品除外：水泥和水泥熔块；轮胎（不包括飞机轮胎）；纸；拖拉机；机动车；轿车和摩托车；铁和钢；视听设备；葡萄酒</td><td>除以下规定外，没有限制：外商必须与越南合伙人组建合资企业，外商出资比例不能超过 49%。上述出资比例限制将从 2008 年 1 月 1 日起取消。从 2009 年 1 月 1 日起，取消所有限制规定。自本协定生效之日起，允许从事商投资的分销服务的公司从事各种合法进口商品和国产商品的佣金代理，批发和零售服务，但以下商品除外：水泥和水泥熔块；轮胎（不包括飞机轮胎）；纸；拖拉机；机动车；轿车和摩托车；铁和钢；视听设备；葡萄酒</td><td>除外商企业，外商必须与越南合伙人组建合资企业，外商出资比例将从 2008 年 1 月 1 日起，没有限制。从 2009 年 1 月 1 日起，取消所有限制规定。本协议生效三年之后，允许外商投资企业设立分支机构</td></tr>
</table>

续表

		分销服务—佣金代理服务（CPC 621, 61111, 6113, 6121）	分销服务—批发服务（CPC 622, 61111, 6113, 6121）	分销服务—零售服务（CPC 631, 632, 61112, 6113, 6121）	分销服务—特许经营服务（CPC 8929）
市场准入限制	(3) 商业存在	和烈性酒；肥料。从2009年1月1日起，允许外商投资的分销服务公司从事拖拉机、机动车、轿车和摩托车的佣金代理、批发和零售服务。本协定生效后的三年内，将允许外商投资的分销服务公司从事所有合法进口商品和国产商品的佣金代理、批发和零售服务。零售商店（一家以上）的设立需基于"经济需求测试"（ENT）	和烈性酒；肥料。从2009年1月1日起，允许外商投资的分销服务公司从事拖拉机、机动车、轿车和摩托车的佣金代理、批发和零售服务。本协定生效后的三年内，将允许外商投资的分销服务公司从事所有合法进口商品和国产商品的佣金代理、批发和零售服务。零售商店（一家以上）的设立需基于"经济需求测试"（ENT）	和烈性酒；肥料。从2009年1月1日起，允许外商投资的分销服务公司从事拖拉机、机动车、轿车和摩托车的佣金代理、批发和零售服务。本协定生效后的三年内，将允许外商投资的分销服务公司从事所有合法进口商品和国产商品的佣金代理、批发和零售服务。零售商店（一家以上）的设立需基于"经济需求测试"（ENT）	—
	(4) 自然人移动	除水平承诺中的内容外，不作承诺	除水平承诺中的内容外，不作承诺	除水平承诺中的内容外，不作承诺	除水平承诺中的内容外，不作承诺
国民待遇限制	(1) 跨境交付	除市场准入栏中与模式(1)相关的承诺外，不作承诺	除市场准入栏中与模式(1)相关的承诺外，不作承诺	除市场准入栏中与模式(1)相关的承诺外，不作承诺	没有限制
	(2) 境外消费	没有限制	没有限制	没有限制	没有限制
	(3) 商业存在	没有限制	没有限制	没有限制	除分支机构的主管必须是越南居民外，没有限制
	(4) 自然人移动	除水平承诺中的内容外，不作承诺	除水平承诺中的内容外，不作承诺	除水平承诺中的内容外，不作承诺	除水平承诺中的内容外，不作承诺
附加承诺		无	无	无	—

续表

	分销服务—佣金代理服务 (CPC 621, 61111, 6113, 6121)	分销服务—批发服务 (CPC 622, 61111, 6113, 6121)	分销服务—零售服务 (CPC 631, 632, 61112, 6113, 6121)	分销服务—特许经营服务 (CPC 8929)
备注	1. 分销服务：适用于分销服务所有分部门的措施：本部门的承诺不包括香烟和雪茄、报纸和杂志、任何煤质的音像制品、稀有金属和石材、药品和药剂、爆炸品、加工石油和原品、大米、蔗糖和甜菜糖等商品。 2. 药品和药剂：" 药品和药剂" 不包括片剂、胶囊或粉末状药品中非医疗性营养添加剂。 3. "经济需求测试" (ENT)：设立多家零售商店需遵循既定的公开申请程序，并依据客观标准获得许可。"经济需求测试" 的主要标准包括特定地理区域内已有的服务提供商数量、市场的稳定性和地域范围等	1. 分销服务：适用于分销服务所有分部门的措施：本部门的承诺不包括香烟和雪茄、报纸和杂志、任何煤质的音像制品、稀有金属和石材、药品和药剂、爆炸品、加工石油和原品、大米、蔗糖和甜菜糖等商品。 2. 药品和药剂：" 药品和药剂" 不包括片剂、胶囊或粉末状药品中非医疗性营养添加剂。 3. 零售服务 (CPC 631, 632, 6112, 6113, 6121)：受过合格培训并获得许可的越南个体佣金代理也可以从事各级水平的分销服务，并通过任何其他地点提供商品零售支持服务而获取报酬。 4. "经济需求测试" (ENT)：设立多家零售商店需遵循既定的公开申请程序，并依据客观标准获得许可。"经济需求测试" 的主要标准包括特定地理区域内已有的服务提供商数量、市场的稳定性和地域范围等	1. 分销服务：适用于分销服务所有分部门的措施：本部门的承诺不包括香烟和雪茄、报纸和杂志、任何煤质的音像制品、稀有金属和石材、药品和药剂、爆炸品、加工石油和原品、大米、蔗糖和甜菜糖等商品。 2. 药品和药剂：" 药品和药剂" 不包括片剂、胶囊或粉末状药品中非医疗性营养添加剂。	—

资料来源：《服务开放承诺查询》，2020 年 2 月 4 日，中国自由贸易区服务网，http://fta.mofcom.gov.cn/ftanew/serviceOpenS.shtml。

中国流通业对外直接投资调查问卷

尊敬的专家：

您好！

为了解中国流通业对外直接投资状况，提升中国流通业对外直接投资的质量，我们诚挚地邀请您参与此次调查。您的参与，将为中国流通业"走出去"、提升中国流通业对外投资水平提供重要参考。本调查完全基于匿名，并郑重保证所有调查数据仅作研究资料，不会用于商业等其他用途。完成此问卷大概需要耽误您 12 分钟，请您根据自己的实际情况填写。衷心感谢您的支持和协助！

说明：此问卷中，流通业只包括批发业和零售业。

填答方法：请在您认为符合您实际情况的选项后相应的空白处打"√"，或者直接在_____中填写。若无特别说明，每题只选一个答案。

一　中国流通业对外直接投资状况

A1 从行业平均利润率角度，您如何看待中国流通业整体竞争力？

1. 非常低　　　　　　2. 比较低
3. 一般　　　　　　　4. 比较强
5. 特别强

A2 您认为，目前中国已经开展对外直接投资的流通业主要来自中国哪些地区？

1. 东部沿海地区　　　2. 中部地区
3. 西部地区

A3 根据您的了解，从企业性质看，中国开展对外直接投资的流通企业主要以什么类型为主？

1. 国有企业　　　　　2. 民营企业

A4 据您所知，目前中国开展对外直接投资的流通企业主要从事的是什么业务？

1. 批发　　　　　　　2. 零售

3. 批发与零售

A5 根据您的了解，目前中国流通业对外直接投资主要以哪种模式运营？

1. 实体店铺　　　　　2. 电商平台

3. 实体店铺+电商平台

A6 如果从利润率角度衡量，根据您的判断，已经对外直接投资的中国流通企业总体处于什么状态？

1. 亏损状态　　　　　2. 盈利状态

3. 盈亏相抵状态

A7 您认为中国流通业对外直接投资总体规模如何？

1. 规模较小，应当大幅度增加

2. 应当小幅度增加

3. 虽然偏低，但是为了提升质量可以暂时不增加

4. 和中国总体对外直接投资规模相比，规模不算低，不应该增加

A8 根据您的判断，当前中国流通业对外直接投资具有哪些特点？（可多选）

1. 规模小，市场分布小　　2. 增速迅猛

3. 经营主体和经营方式多元化

4. 技术含量不足

5. 竞争力薄弱，盈利能力差

6. 其他_____

A9 根据您的了解，中国流通业对外直接投资的动因是什么？（可多选）

1. 寻找新的需求　　　　2. 进入超额利润市场

3. 对贸易限制做出反应　4. 获取规模经济

5. 对汇率变动做出反应

6. 其他_____

A10 在您看来，中国流通业可以从哪些国家借鉴对外直接投资方面的经验？（可多选）

1. 美国　　　　　　　　2. 德国

3. 日本　　　　　　　　4. 英国

5. 法国　　　　　　　　6. 瑞典

7. 其他_____

二 中国流通业对外直接投资与全球价值链构建

B1 据您的了解,中国流通业目前整体发展处于全球价值链构建的什么阶段?

1. 萌芽阶段　　　　　　2. 起步阶段
3. 发展阶段　　　　　　4. 成熟阶段

B2 中国流通业嵌入全球价值链将对哪些方面产生影响?请您对此逐个作出评价。

对中国流通业竞争力的提高

1. 很有利　　　　　　　2. 比较有利
3. 一般　　　　　　　　4. 比较不利
5. 很不利

对逆向技术溢出效应的产生

1. 很有利　　　　　　　2. 比较有利
3. 一般　　　　　　　　4. 比较不利
5. 很不利

对中国流通业的产业升级

1. 很有利　　　　　　　2. 比较有利
3. 一般　　　　　　　　4. 比较不利
5. 很不利

对流通业国际经营经验的积累

1. 很有利　　　　　　　2. 比较有利
3. 一般　　　　　　　　4. 比较不利
5. 很不利

对流通业跨国管理人才的培养

1. 很有利　　　　　　　2. 比较有利
3. 一般　　　　　　　　4. 比较不利
5. 很不利

对中国农业的产业安全

1. 很有利　　　　　　　2. 比较有利

3. 一般　　　　　　　　4. 比较不利

5. 很不利

对中国制造业的国际分工水平

1. 很有利　　　　　　　2. 比较有利

3. 一般　　　　　　　　4. 比较不利

5. 很不利

对中国物流业的集约化发展

1. 很有利　　　　　　　2. 比较有利

3. 一般　　　　　　　　4. 比较不利

5. 很不利

对中国金融业的发展

1. 很有利　　　　　　　2. 比较有利

3. 一般　　　　　　　　4. 比较不利

5. 很不利

B3 在您看来，在投资目标国的选择上，中国流通业对外直接投资该如何选择？请做出您的判断。

1. 优先到发展中国家投资

2. 优先到发达国家投资

3. 发达与发展中国家投资同时进行

4. 其他_____

B4 中国流通业开展对外直接投资时，要考虑资本的具体去向。您如何看待东道国的下列因素对中国流通业对外直接投资的区位选择带来的影响？请您对此逐个进行评判。

东道国的经济发展水平

1. 非常重要　　　　　　2. 比较重要

3. 重要　　　　　　　　4. 不重要

5. 根本不重要

东道国的流通业发展水平

1. 非常重要　　　　　　2. 比较重要

3. 重要　　　　　　　　4. 不重要

5. 根本不重要

东道国其他产业的发展水平
1. 非常重要　　　　　　　2. 比较重要
3. 重要　　　　　　　　　4. 不重要
5. 根本不重要

东道国的人口规模与结构
1. 非常重要　　　　　　　2. 比较重要
3. 重要　　　　　　　　　4. 不重要
5. 根本不重要

东道国流通业的市场饱和度
1. 非常重要　　　　　　　2. 比较重要
3. 重要　　　　　　　　　4. 不重要
5. 根本不重要

东道国流通业的法律法规
1. 非常重要　　　　　　　2. 比较重要
3. 重要　　　　　　　　　4. 不重要
5. 根本不重要

东道国的地理位置
1. 非常重要　　　　　　　2. 比较重要
3. 重要　　　　　　　　　4. 不重要
5. 根本不重要

东道国与投资国的地理距离
1. 非常重要　　　　　　　2. 比较重要
3. 重要　　　　　　　　　4. 不重要
5. 根本不重要

东道国的制度环境
1. 非常重要　　　　　　　2. 比较重要
3. 重要　　　　　　　　　4. 不重要
5. 根本不重要

东道国与中国的文化差异
1. 非常重要　　　　　　　2. 比较重要
3. 重要　　　　　　　　　4. 不重要

5. 根本不重要

东道国的华人商业网络

1. 非常重要　　　　　　　2. 比较重要
3. 重要　　　　　　　　　4. 不重要
5. 根本不重要

东道国的对外开放程度

1. 非常重要　　　　　　　2. 比较重要
3. 重要　　　　　　　　　4. 不重要
5. 根本不重要

东道国的汇率制度

1. 非常重要　　　　　　　2. 比较重要
3. 重要　　　　　　　　　4. 不重要
5. 根本不重要

东道国对外商投资的税收政策

1. 非常重要　　　　　　　2. 比较重要
3. 重要　　　　　　　　　4. 不重要
5. 根本不重要

东道国的物价水平

1. 非常重要　　　　　　　2. 比较重要
3. 重要　　　　　　　　　4. 不重要
5. 根本不重要

东道国的政治稳定性

1. 非常重要　　　　　　　2. 比较重要
3. 重要　　　　　　　　　4. 不重要
5. 根本不重要

东道国加入的区域贸易协定

1. 非常重要　　　　　　　2. 比较重要
3. 重要　　　　　　　　　4. 不重要
5. 根本不重要

东道国与中国的经贸往来

1. 非常重要　　　　　　　2. 比较重要

3. 重要　　　　　　　　4. 不重要

5. 根本不重要

B5 在您看来，基于全球价值链的中国流通业对外直接投资面临哪些障碍？（可多选）

1. 东道国的市场进入限制

2. 在东道国的投资安全没有保障

3. 东道国市场趋于饱和

4. 商业品牌价值低，资源整合能力差

5. 东道国税收政策限制

6. 跨国管理人才缺乏

7. 跨国经营能力不足

8. 关联产业的发展水平低

9. 与东道国的文化差异大

10. 跨境供应链的整合难度大

11. 其他_____

B6 从全球价值链视角出发，在您看来，开展对外直接投资的中国流通企业要处理好哪些关系？（可多选）

1. 母公司全球化的思维与东道国本土化运作的关系

2. 东道国业务单元核心业务标准化与其他业务本土化的关系

3. 东道国当地商品采购与全球采购的比例关系

4. 东道国当地员工与母公司外派员工之间的协作关系

5. 东道国战略业务单元与母公司总体战略之间的匹配

6. 母公司战略定位与母国国家发展战略的兼容

7. 母公司国内价值链的深化与全球价值链构建的协同关系

8. 母公司对外投资战略与"一带一路"战略实施的同步关系

9. 母公司企业文化与东道国文化的兼容问题

10. 其他关系_____

B7 从全球价值链出发，开展对外直接投资的中国流通业企业在选择供应商时，您认为这些流通企业应该选择什么样的供应商？（可多选）

1. 母国供应商　　　　　2. 东道国供应商

3. 国际供应商　　　　　4. 兼顾各类供应商

B8 从全球价值链视角出发,您认为中国流通业对外直接投资应该树立什么样的战略?

1. 全球整体扩散　　　　2. 区域相对集中

3. 全球整体扩散+区域相对集中

4. 其他

B9 在国际化经营中,您认为中国流通业对外直接投资的跨境供应链应如何定位?

1. 节约导向型　　　　　2. 顾客响应速度型

3. 以上两者兼顾

三　参与调查的人员信息

C1 您的性别

1. 男　　　　　　　　　2. 女

C2 您的年龄

1. 30 岁及以下　　　　　2. 31—40 岁

3. 41—50 岁　　　　　　4. 51—60 岁

5. 61 岁及以上

C3 您的最高学历(经历)

1. 本科　　　　　　　　2. 硕士

3. 博士　　　　　　　　4. 博士后

5. 其他

C4 您的职称

1. 无(或者在读学生)　　2. 初级

3. 中级　　　　　　　　4. 副高

5. 正高

C5 您目前主要研究方向的所属学科是哪一个?

1. 经济学　　　　　　　2. 管理学

3. 法学　　　　　　　　4. 宗教学

5. 哲学　　　　　　　　6. 社会学

7. 其他(请注明)　_____

C6 如果方便,请告知您以下相关信息,谢谢!

工作单位(或就读学校):_____ 所在部门(或所在院系):_____

行政职务(学生可不填):_____ 联系电话:_____

如您有关于本问卷和我们的工作有任何好的建议和意见,欢迎您与我们联系!